基于数字孪生的高校图书馆智慧服务用户接受驱动机理研究

王　静　著

中国矿业大学出版社
·徐州·

内容提要

本书以高校用户对基于数字孪生的高校图书馆智慧服务的接受意愿及其驱动因素为研究对象，结合复杂适应系统理论、信息技术用户接受理论和整合型技术接受理论，分析基于数字孪生的高校图书馆智慧服务用户接受驱动的内在机理。构建基于数字孪生的高校图书馆智慧服务用户接受体系，提出基于数字孪生的高校图书馆智慧服务用户接受模型，揭示该智慧服务用户接受中关键的驱动因素及相互作用。通过用户视角，将整合型技术接受理论扩展到基于数字孪生的高校图书馆智慧服务领域，对所构建的模型进行实证研究，从理论上明晰基于数字孪生的高校图书馆智慧服务用户接受的驱动机理，为信息技术用户接受理论在高校图书馆相关智慧服务领域的研究提供了新视角。

本书可供高等院校图书馆学和情报学领域的师生使用，也可供高校图书馆工作人员使用。

图书在版编目(CIP)数据

基于数字孪生的高校图书馆智慧服务用户接受驱动机理研究 / 王静著. —徐州：中国矿业大学出版社，2023.12

ISBN 978-7-5646-6090-1

Ⅰ. ①基… Ⅱ. ①王… Ⅲ. ①院校图书馆—图书馆服务—研究 Ⅳ. ①G258.6

中国国家版本馆 CIP 数据核字(2023)第 238944 号

书　　名 基于数字孪生的高校图书馆智慧服务用户接受驱动机理研究
著　　者 王　静
责任编辑 马晓彦
出版发行 中国矿业大学出版社有限责任公司
（江苏省徐州市解放南路　邮编 221008）
营销热线 (0516)83885370　83884103
出版服务 (0516)83995789　83884920
网　　址 http://www.cumtp.com　**E-mail**:cumtpvip@cumtp.com
印　　刷 江苏凤凰数码印务有限公司
开　　本 787 mm×1092 mm　1/16　**印张** 13　**字数** 248 千字
版次印次 2023 年 12 月第 1 版　2023 年 12 月第 1 次印刷
定　　价 58.00 元
（图书出现印装质量问题，本社负责调换）

前　言

2020年，国家发展改革委、中央网信办发布《关于推进“上云用数赋智”行动 培育新经济发展实施方案》，其中多次提到数字孪生技术。这表明数字孪生技术已受到国家的高度关注。高校图书馆智慧服务需要紧跟信息技术的发展趋势，积极探索数字孪生技术在图书馆智慧服务中的潜力，以更好地满足用户需求，不断发展自身使命与价值。目前，基于数字孪生的高校图书馆智慧服务已经成为新的发展方向，因此，我们需要深入研究。然而，目前国内外学者的研究大多集中在数字孪生技术和图书馆智慧服务的结合方面，较少涉及用户接受层面的研究。本书围绕基于数字孪生的高校图书馆智慧服务用户接受展开相关理论研究，对于完善图书馆智慧服务理论，提升图书馆智慧服务用户体验效果，促进高校创新发展具有重要的理论价值与实践意义。

为实现研究目标，本书采用文献分析、问卷调查和结构方程建模等研究方法开展相关研究，主要内容涵盖如下：

一是运用文本挖掘方法分析图书馆智慧服务、数字孪生、整合型技术接受理论(UTAUT)的研究热点和发展趋势。通过挖掘已有文献和研究发现，图书馆智慧服务领域重视智能技术分析。数字孪生技术主题相关研究多集中在智能制造、工业4.0、智慧城市、未来图书馆等领域。此外，通过文本挖掘分析，研究UTAUT主题在不同领域的应用，以了解其如何被用来解释用户接受新技术和服务的行为。

二是针对基于数字孪生的高校图书馆智慧服务用户接受体系，首先深入探讨了数字孪生的核心技术与技术体系，分析基于数字孪生的高校图书馆智慧服务内容，并总结其特征。此外，研究该智慧服务的典型案例,探讨其应用场景。然后构建基于数字孪生的高校图书馆智慧服务五维模型,提出该智慧服务用户接受原则,并对相应用户接受过程的组成因素开展分析。最后提出基于数字孪生的高校图书馆智慧服务体系的组成内容。研究发现:该图书馆智慧服务体系主要包括数据保障层、建模计算层、功能层、沉浸式体验层、用户界面交互层、数据分析和决策支持层六个方面。

三是提出基于数字孪生的高校图书馆智慧服务用户接受驱动概念模型构建的总体思路,即以UTAUT模型为基础,结合高校图书馆的行业特征和数字孪生技术特性对模型进行拓展。与此同时,对国内外已有的关于数字孪生及其核心技术采纳研究的文献进行整理和分析,以确定最重要的影响因素。此外,对本研究模型的变量进行选择和定义,提出相应假设,并构建了基于数字孪生的高校图书馆智慧服务用户接受驱动概念模型。

四是参考信息技术采纳影响因素的相关研究成果,并借鉴已有的国内外研究的成熟量表,首先构建基于数字孪生的高校图书馆智慧服务用户接受驱动模型中各研究变量的测度指标体系。然后设计相应的调查问卷,并通过专家咨询、深度访谈和预测试对问卷内容进行多次修订和完善,得到问卷最终版本。最后对调研方法进行设计,进行大规模问卷调查,获取样本数据。

五是运用数据分析的方法对概念模型和相关假设进行实证检验。首先对调研所得样本数据进行描述性统计,分析相关研究变量的基本情况和背景变量对其他变量的影响情况。然后对调研数据质量进行评估,检验量表的信度和效度。最后利用结构方程模型方法对模型和相关假设进行验证,尤其是验证新引入变量的真实有效性。

六是构建基于数字孪生的高校图书馆智慧服务用户接受驱动模型,揭示出基于数字孪生的高校图书馆智慧服务用户接受的关键驱动因素及相互的作用关系,在驱动因素的考察上充分考虑到高校图书馆的特征,从用户视角和智慧服务体系视角提出满足用户个性化创新需求的智慧服务等的对策与建议，为高校图书馆针对性地进行基于数字孪生的智慧服务提供理论依据。

基于数字孪生的高校图书馆智慧服务技术采纳理论、方法与实践正处于积极的发展阶段，需要持续不断地积累和完善。由于作者水平有限，本书难免存在不妥之处，欢迎专家和广大读者批评指正。

作　者

2023 年 8 月

目　录

第1章 绪　论

1.1 研究背景及问题

随着物联网、大数据、人工智能等技术的日臻成熟,数字孪生技术正从抽象的概念阶段走向实际应用,对高校用户的学习和工作模式的转变起到了巨大的推动作用。该技术正在改变我们发现、认知和改造世界的方式,其和智慧服务的结合将高校智慧图书馆建设推入新阶段。新型智慧图书馆以新一代信息技术为基础,通过基于数字孪生的高校图书馆智慧服务实现物理图书馆和虚拟图书馆精准映射。在数字孪生技术主题的创新赋能下,基于数字孪生的高校图书馆智慧服务塑造高质量发展新优势,正在成为高校图书馆智慧化转型升级的驱动力量。相较于传统高校图书馆服务领域,基于数字孪生的高校图书馆智慧服务直接与用户面对面,这要求我们要重视用户的体验和感受。高校图书馆如果想要真正实现"以人为本"的基于数字孪生的高校图书馆智慧服务的大发展,就必须要深入了解用户对基于数字孪生的高校图书馆智慧服务接受的驱动因素及影响机理,这也是目前高校图书馆领域和理论界亟须探讨的核心问题。

1.1.1 研究背景

高校智慧服务建设在我国已经开展多年,从2006年集美大学率先建成国内第一家RFID(射频识别)智慧图书馆开始,有数百个高校图书馆加入智慧图书馆建设行列,如清华大学图书馆、北京大学图书馆、上海交通大学图书馆、南京大学图书馆、中国矿业大学图书馆等。国家图书馆馆长饶权[1]在《人民日报》发表了《现代图书馆越来越智慧》一文,他指出:智慧图书馆的建设与发展必将引领图书馆行业进入崭新发展阶段,以高质量知识服务,为国家创新发展和人的全面发展提供更加强有力的支撑。《中华人民共和国国民经济和社会发展第十四个五年规划和2035年远景目标纲要》(以下简称《纲要》)指出推进线上线下公共服务共同发展、深度融合,积极发展智慧图书馆等,《纲要》为推进高校图书馆事业高质量转型明确了方向。

与此同时,国家发展改革委、中央网信办于2020年发布了《关于推进"上云用数赋智"行动 培育新经济发展实施方案》,其中数字孪生技术被多次提及,受关注程度已经上升到国家高度。数字孪生概念由 M. Grieves 等[2]提出，美国国家航空航天局和空军实验室把数字孪生运用到飞行器的健康运维中，此后全球范围开始关注数字孪生，它为物理空间和虚拟空间建立了沟通的桥梁，是一种实现信息世界与物理世界交互融合的有效手段，成为推动人类社会经济增长的新动能。数字孪生概念模型如图 1-1 所示。

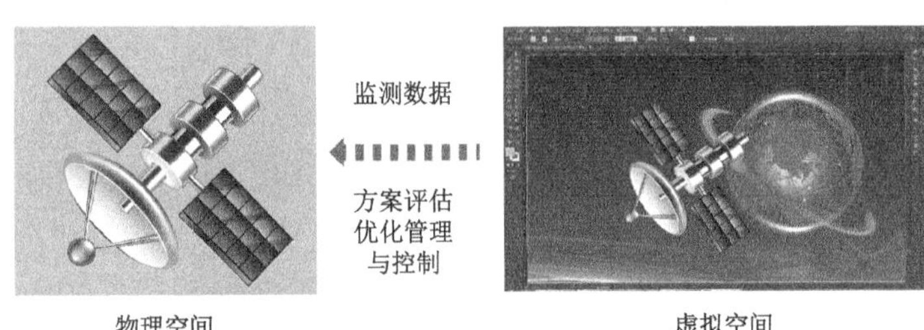

图 1-1 数字孪生概念模型

当前，数字孪生已经成为全球信息技术发展的新焦点，2017—2019 年，美国知名咨询及分析机构 Gartner 连续三年将数字孪生列为十大战略科技发展趋势，Gartner 认为数字孪生正在逐渐成为应用的主流，如图 1-2 所示。

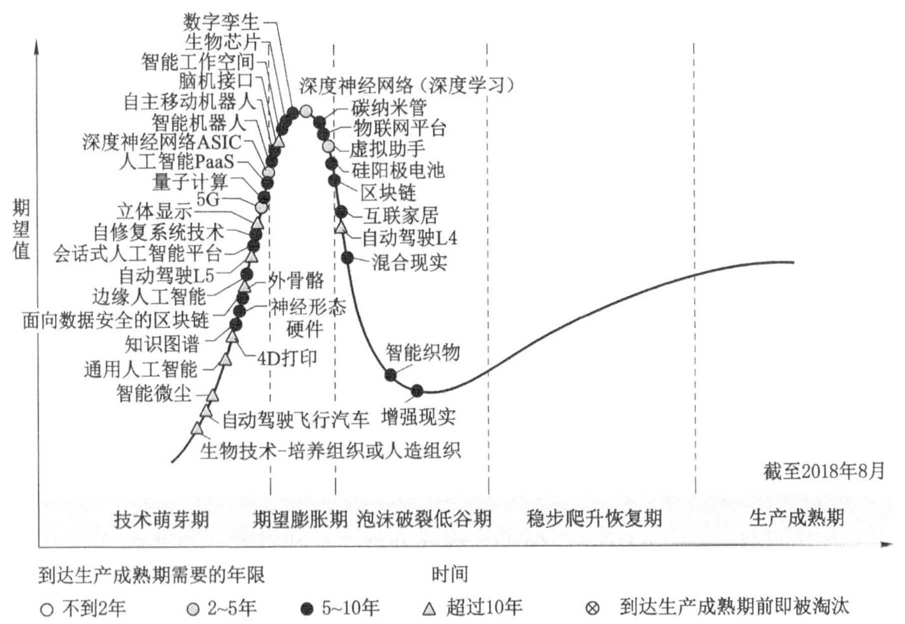

图 1-2 Gartner 发布的新兴技术成熟度曲线图

目前，诸多国家已对数字孪生技术提出了国家级的战略政策，如表1-1所示。2020年Gartner和树根互联共同发布的行业白皮书《如何利用数字孪生帮助企业创造价值》中预测，到2024年将有超过25%的全新数字孪生作为新型物联网原生业务应用的绑定功能被采用[3]。

表1-1　部分西方国家出台的数字孪生相关政策

国家	时间	政策名称	政策内容
德国	2019年3月	德国"工业4.0"	数字孪生体不是单个对象或单一的数据模型，而是包括数字化展示、功能性、模型、接口等诸多不同的方面
美国	2020年2月	工业应用中的数字孪生：定义、行业价值、设计、标准及应用案例	从工业互联网的视角阐述了数字孪生的定义、商业价值、体系架构以及实现数字孪生的必要基础，通过不同行业实际应用案例描述工业互联网与数字孪生的关系
英国	2020年4月	英国国家数字孪生体原则	构建国家级数字孪生体的价值、标准、原则及路线图，以便统一各独立行业开发数字孪生体的标准，实现孪生体间高效、安全的数据共享，释放数据资源整合价值，优化社会、经济、环境发展方式

随着物联网、人工智能、大数据等技术的不断发展，并且在机械制造、航空航天、智慧城市等领域发展的刺激下，以及国家利好政策的助力下，我国数字孪生技术市场发展迅速，数字孪生核心市场规模已经从2014年的27亿元发展到2020年的137亿元，年均复合增长率约为31.2%。因此，数字孪生技术在我国的应用具有深远的发展潜力。2021年3月，"探索建设数字孪生城市"被写入了《纲要》，数字孪生技术也被赋予更多崭新的应用价值。作为首次实现"数字城市"和"物理城市"齐头并进的雄安新区，引领智慧城市迈向数字孪生新阶段，如图1-3所示。

数字孪生技术的快速发展改变了高校用户传统的学习和工作方式，提供了一种前所未有的互动方式，让用户可以与虚拟世界中的资源进行亲密互动。这种互动不仅仅是信息的检索，还包括虚拟试验、数字化协作和智能推荐等方面。用户不再仅仅是信息的被动接受者，而是参与者和共同创造者。例如：在实践课等学习场域中可以结合数字孪生技术搭建科研实践场景，为用户营造虚实交互的学习环境，使其能够产生一种沉浸式的学习体验，有效提升高校用户的学习动力。目前，已经有部分高校将数字孪生技术纳入教学课程，例如：斯坦福大学在多个实践课程中将数字孪生技术应用于建筑、施工和工程教学方面。作为

图 1-3 基于数字孪生的雄安新区规划建设管理平台

当前优化社会文化的承担者与领航者，高校图书馆在数字化转型的大潮中，需要抓住发展契机，利用先进的数字孪生技术推动新型高校图书馆智慧服务的升级发展。基于数字孪生的高校图书馆智慧服务是在科技赋能之下的高校图书馆智慧服务与数字孪生技术主题的结合，数字孪生技术不再仅是一项单纯的技术，它将逐渐融入高校图书馆各个领域，比如：数字孪生技术为高校图书馆提供了大量的数据和用户行为信息。通过对这些数据的分析，高校图书馆可以更好地了解用户的需求和偏好，进而改进服务质量和效率。该技术可以解决传统高校图书馆被动服务的痛点，推动高校图书馆智慧服务的创新发展，更好地满足高校用户的个性化需求。当然，如果要实现数字孪生技术和智慧服务的完美融合，我们必须充分考虑用户的需求和期望。从一定程度上来说，用户对于基于数字孪生的高校图书馆智慧服务的理解和接受，即是对高校图书馆智能新技术的理解和接受。

综上所述，基于数字孪生的高校图书馆智慧服务带来的服务模式创新，推动了新型高校图书馆智慧服务体系的建设，进而提升了高校图书馆智慧服务水平。本书将深入研究用户对基于数字孪生的高校图书馆智慧服务接受的驱动因素，为高校图书馆有针对性地开展创新服务决策提供建议，为推动高校图书馆智慧服务方面监管政策的制定和完善提供参考，进而推进我国高校图书馆基于数字孪生的智慧服务不断拓展深化，这是当前我国高校图书馆基于数字孪生的智慧服务发展面临的现实问题。

1.1.2 研究问题

基于数字孪生的高校图书馆智慧服务是传统高校图书馆服务在数字孪生

技术发展及高校图书馆科技赋能下的智慧服务模式创新的产物，相应的用户信息技术采纳行为也在随之发生改变。而基于数字孪生的高校图书馆智慧服务的发展最终要靠用户的接受和认可，才能实现真正的可持续发展，所以用户接受是其长远发展的关键所在。对于高校图书馆未来发展而言，基于数字孪生的高校图书馆智慧服务是高校图书馆适应科技发展与用户需求变化的一次巨大变革，能够推动该智慧服务的发展动力主要来自对高校用户心理和行为的研究，需要紧密关注用户体验，确保用户能够方便地使用这一服务，并从中获得实践价值。此外，需要准确定位用户需求，从用户的信息技术接受意愿去研究基于数字孪生的高校图书馆智慧服务的驱动机理。

当前，信息技术用户接受的重要性已被许多学者所关注，对信息技术用户接受的理论模型国内外学者亦有研究，并发现不同个体特征的用户对于信息技术的接受行为有明显差异。本研究在梳理前人研究的基础之上，基于用户角度重点研究其对于基于数字孪生的高校图书馆智慧服务接受的驱动机理，主要包括以下四个方面问题：

(1) 基于数字孪生的高校图书馆智慧服务接受过程的各阶段用户行为特征有哪些？基于数字孪生的高校图书馆智慧服务体系的组成因素有哪些？其相关关系是怎样的？

(2) 用户对基于数字孪生的高校图书馆智慧服务接受的驱动因素有哪些？在基于数字孪生的高校图书馆智慧服务场景下，是否存在影响用户接受的整合型技术接受模型原有影响因素之外的未知因素？

(3) 影响用户对基于数字孪生的高校图书馆智慧服务接受的驱动因素之间存在怎样的逻辑关系？这些因素如何构建基于数字孪生的高校图书馆智慧服务用户接受模型？其内在联系和作用机理是怎样的？

(4) 性别和年龄作为调节变量，对用户基于数字孪生的高校图书馆智慧服务接受行为是否存在影响？

1.2 研究目的与意义

1.2.1 研究目的

本书研究目标是探究基于数字孪生的高校图书馆智慧服务用户接受驱动因素及其内在驱动机理，研究目的具体包括：① 辨析有关智慧服务、数字孪生概念，明确提出基于数字孪生的高校图书馆智慧服务定义，通过文本挖掘方法揭示图书馆智慧服务、数字孪生与整合型技术接受理论(UTAUT)的研究热点及相关变化趋势。② 开展基于数字孪生的高校图书馆智慧服务用户接受过程的系统构建,明确基于数字孪生的高校图书馆智慧服务内容,探讨基于数字孪生的高校图书馆智慧服务体系的组成内容。③ 结合数字孪生及其核心技术用户接受文献分析归纳驱动因素,构建基于数字孪生的图书馆智慧服务用户接受概念模型,设计基于数字孪生的高校图书馆智慧服务用户接受驱动变量的测量指标。④ 采用问卷调查的方法开展实证研究,揭示基于数字孪生的高校图书馆智慧服务用户接受驱动机理,为探究用户对基于数字孪生的高校图书馆智慧服务接受提供了理论基础和实践策略。

1.2.2 研究意义

1.2.2.1 理论意义

从理论意义来看,目前基于数字孪生的图书馆服务相关研究处于起步阶段,对基于数字孪生的高校图书馆智慧服务用户接受的研究尚不多见。基于数字孪生的高校图书馆智慧服务是一项充满前景的领域,其理论研究对于推动智慧图书馆的发展和提升用户体验具有重要的理论意义。本书通过文本挖掘方法提出基于数字孪生的高校图书馆智慧服务的定义。通过将复杂适应系统理论、信息技术用户接受理论和 UTAUT 运用到高校图书馆智慧服务用户接受研究领域中,将不同领域的理论相互融合,进一步拓宽了相关研究方法的边界。目前,基于数字孪生的高校图书馆智慧服务仍然是一个新兴领域,高校图书馆通过数字孪生技术可以将实体空间与虚拟空间相结合,为用户提供更加智能、个性化的服务。这种模式的转变不仅提高了用户的便利性,还加速了知识的传播和获取。因此,这一领域的理论研究对于探讨数字化时代下高校图书馆的未来发展方向至关重要。本研究从用户角度分析基于数字孪生的高校图书馆智慧服务接受的驱动因素,进一步充实了智慧图书馆用户接受相关领域课题的研究。本书构建了高校图书馆基于数字孪生的智慧服务用户接受概念模型,结合结构方程建模方法对相关模型进行实证检验,将感知信任、感知交互性、感知风险和用户创新性等因素作为衡量基于数字孪生的高校图书馆智慧服务用户接受的驱动因素。此外,本书还深入分析了中介效应和调节效应等内容,拓展了该领域的研究深度。通过运用结构方程建模方法对相关模型进行实证检验,本书为研究者提供了坚实的实证研究成果,从而进一步加深了对基于数字孪生的高校图书馆智慧服务用户接受驱动机理的理论认识。这些研究成果为高校图书馆提供了有力的理论支持,有助于其更好地规划和改进基于数字孪生的智慧服务。

1.2.2.2 实践意义

从实践意义来看，突如其来的新冠肺炎疫情是对我国治理体系和治理能力的深度检验，也是对各地智慧图书馆建设水平的综合考验。随着物联网、大数据、人工智能等技术的日益成熟，图书馆已经开始将数字孪生技术应用于服务中，为用户提供更加便捷和智能的体验。数字孪生技术的发展与实践应用将为高校智慧图书馆空间重构、用户个性化智慧服务等方面提供更多的可能。本书通过对基于数字孪生的高校图书馆智慧服务用户接受驱动机理的实证研究，了解现阶段我国高校图书馆智慧服务用户对数字孪生技术的接受状况，提出用户接受基于数字孪生的图书馆智慧服务的对策和建议，促进用户与基于数字孪生的高校图书馆智慧服务的良性互动。通过深入研究用户接受驱动机理，我们可以更好地了解用户的需求和期望，为他们提供更加智能、个性化的服务。这一领域的不断发展和创新将为高校图书馆的智慧化转型和提升用户体验带来新的机遇和挑战。本研究成果通过探索基于数字孪生的高校图书馆智慧服务用户接受驱动机理，进一步深化了用户对基于数字孪生的高校图书馆智慧服务发展重要性的认识，增强了高校图书馆与数字孪生技术服务商之间的合作意识，有助于开辟智慧图书馆与新兴科技融合发展的新路径。在未来，我们期待看到更多的高校图书馆充分利用数字孪生技术为用户提供更加便捷、智能和创新的服务，推动高等教育的发展和知识的传播。

1.3 研究内容

本书结合复杂适应系统理论、信息技术用户接受理论和整合型技术接受理论分析了基于数字孪生的高校图书馆智慧服务用户接受驱动的内在机理。本研究的重点和难点在于：构建基于数字孪生的高校图书馆智慧服务用户接受概念模型，客观考察影响基于数字孪生的高校图书馆智慧服务用户接受的驱动因素。在此基础上通过问卷调查收集数据，运用结构方程建模方法对基于数字孪生的高校图书馆智慧服务用户接受概念模型进行验证。全书研究内容具体分为七章，各章主要内容如下：

第 1 章　绪论。阐述基于数字孪生的高校图书馆智慧服务用户接受驱动机理的研究背景、问题、目的与意义，介绍本书的研究内容、思路及方法，阐释相关创新点内容。

第 2 章　理论基础与文献综述。首先，本章介绍图书馆智慧服务、数字孪生的相关定义，提出基于数字孪生的高校图书馆智慧服务的定义。其次，本章论述本书的相关理论基础：复杂适应系统理论、用户接受理论、UTAUT。最后，本章运用文本挖掘方法全面梳理图书馆智慧服务、数字孪生和 UTAUT 相关文献的研究热点和发展趋势。

第 3 章　基于数字孪生的高校图书馆智慧服务用户接受体系构建。首先，本章在介绍数字孪生核心技术与技术体系的基础上，分析基于数字孪生的高校图书馆智慧服务内容。其次，构建基于数字孪生的高校图书馆智慧服务五维模型，剖析基于数字孪生的高校图书馆智慧服务用户需求，揭示相关服务的用户接受驱动成因。再次，本章提出基于数字孪生的高校图书馆智慧服务用户接受原则、组成因素。最后，本章对基于数字孪生的高校图书馆智慧服务用户接受过程展开系统分析，并提出基于数字孪生的高校图书馆智慧服务体系组成内容。

第 4 章　基于数字孪生的高校图书馆智慧服务用户接受概念模型构建。首先，本章提出基于数字孪生的高校图书馆智慧服务用户接受驱动模型构建的总体思路，即以 UTAUT 为基础，对数字孪生及核心技术的用户采纳相关文献进行梳理。其次，本章结合部分高校师生小范围访谈，对本书中模型变量进行选取并对其内涵进行界定。最后，本章构建基于数字孪生的高校图书馆智慧服务用户接受概念模型，归纳相关研究假设。

第 5 章　基于数字孪生的高校图书馆智慧服务用户接受驱动模型检验方法设计。首先，本章借鉴 UTAUT 相关研究中的成熟量表，构建基于数字孪生的高校图书馆智慧服务用户接受驱动因素的测量量表。其次，本章在实地调研、文献研究、专家咨询和访谈基础上形成初步调查问卷，并邀请有关专家对问卷进行进一步交流沟通，从研究问题角度不断完善问卷设计，形成最终调查问卷。再次，本章结合调查总体思路，完成本书样本数据收集工作。最后，本章介绍相关数据分析工具与方法。

第 6 章　基于数字孪生的高校图书馆智慧服务用户接受驱动模型拟合与假设检验。首先，本章结合频数分析、描述分析等对调研所得样本数据进行描述性统计分析。其次，本章对基于数字孪生的高校图书馆智慧服务用户接受驱动因素的测量量表信效度展开分析。再次，本章采用结构方程模型来检验相关假设的有效性，通过群组分析验证相关调节变量的情况。最后，本章阐述实证研究结果，分析基于数字孪生的高校图书馆智慧服务用户采纳意愿和采纳行为的驱动因素，探讨性别和年龄对本研究用户接受驱动的调节作用。

第 7 章　研究结论与对策建议。本章归纳本书的主要研究结论，提出基于数字孪生的高校图书馆智慧服务用户接受驱动的对策和建议，通过总结和反思研究不足，提出未来研究方向。

1.4 研究思路及方法

1.4.1 研究思路

本书结合对图书馆智慧服务、数字孪生、UTAUT研究热点和发展态势的分析，探究基于数字孪生的高校图书馆智慧服务用户过程的系统构建，开展相关智慧服务的用户接受驱动实证研究，包括用户接受概念模型构建、模型检验方法设计和概念模型检验，提出基于数字孪生的高校图书馆智慧服务用户接受驱动的对策建议。本书的研究思路如图1-4所示。

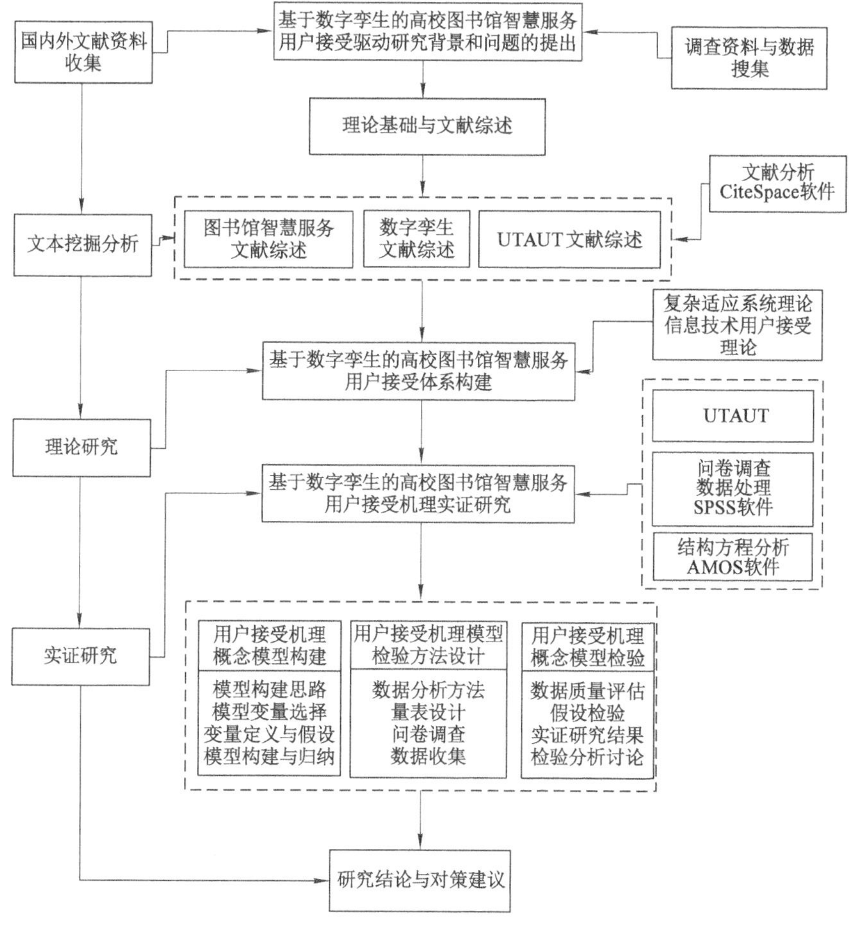

图1-4　研究思路

1.4.2 研究方法

1.4.2.1 文献分析法

文献分析法重在回顾国内外相关研究的基本状况，为本书的内容研究提供相应的文献支撑。该方法是研究中的一项重要方法，其主要目的是通过回顾国内外相关研究的基本状况，为当前研究提供文献支撑，有助于明确研究的定位、发展方向以及在特定领域的创新点。通过对文献的回顾，研究者可以建立起对研究领域的深刻理解，为自己的研究提供有力的理论和实证支持。特别是在涉及新兴领域和前沿技术的研究中，文献分析法能够帮助研究者把握最新动态，从而更好地定位自己的研究方向。本书运用文本挖掘方法对国内外的文献进行了计量分析。这种方法基于自然语言处理和数据挖掘技术，可以将大量的文本数据转化为可视化的信息，以便更好地理解文献中的模式和趋势。通过文本挖掘，我们可以识别出在图书馆智慧服务、数字孪生和 UTAUT 领域中的关键词、主题、作者合作网络等信息，发现相关研究领域的研究热点和发展趋势。这些可视化结果有助于我们深入挖掘文献中的知识，全面了解图书馆智慧服务、数字孪生和 UTAUT 领域的研究动态，同时也为研究者和决策者提供了有关该领域的重要见解。

1.4.2.2 问卷调查法

问卷调查法是指由社会调查者向被调查者提供问卷并请其对问卷中的问题作答而搜集有关社会信息的一种社会调查方法。该方法是社会科学研究中广泛使用的一种数据收集方法，旨在获取有关社会信息和个体观点的数据。在问卷的形式上，有两种主要类型：开放式问卷和封闭式问卷。其中，开放式问卷是一种灵活的调查方法，它为被调查者提供问题，但不提供具体答案选项。被调查者需要根据自己的认知和观点，自由填写答案。这种形式的问卷通常用于探索新领域、收集深度信息或获取关于个人观点和经验的详细见解。相比之下，封闭式问卷在提出问题的同时，为被调查者提供了若干个答案选项，被调查者只需从这些给定的答案选项中选择一个或多个答案，而不需要自己编写答案。封闭式问卷通常用于定量研究，因为它们能够生成易于分析和比较的数据。本书在总结前人相关研究的基础上，设计出基于数字孪生的高校图书馆智慧服务用户接受驱动因素的测量量表，通过封闭式问卷调查实证分析相关智慧服务用户接受的驱动因素。

1.4.2.3 结构方程模型法

结构方程模型法是一种强大的统计分析方法，综合运用因子分析、回归分析和路径分析等多元统计方法，旨在建立、估计和检验因果关系模型。其独特之处在于它能够同时处理多个潜在变量之间的复杂关系，从而帮助研究者深入理解各种复杂现象的内在结构。此外，它可以同时考虑测量误差和观测变量之间的关系，因此能够更全面地理解研究对象的行为和影响因素。本书以UTAUT为基础，应用结构方程模型分析基于数字孪生的高校图书馆智慧服务用户接受驱动模型。通过应用结构方程模型方法，识别关键驱动因素之间的关系，并进行模型检验以验证研究假设，量化各个因素对于基于数字孪生的高校图书馆智慧服务用户接受行为的贡献程度，进一步深化对数字孪生技术在高校图书馆智慧服务中的作用机制的理解。

1.5 创新点

(1) 目前关于基于数字孪生的高校图书馆智慧服务用户接受过程的研究较少，本书从信息技术用户接受视角分析了相关智慧服务用户接受各阶段行为特征，结合复杂适应系统理论提出用户接受驱动原则，研究了基于数字孪生的高校图书馆智慧服务体系的组成要素及关系，进一步丰富和完善了基于数字孪生的高校图书馆智慧服务用户信息采纳行为的基础理论研究。

(2) 针对基于数字孪生的高校图书馆智慧服务中用户接受驱动因素缺乏分析与解释的困难，通过文本挖掘方法研究数字孪生及其核心技术的用户接受驱动因素，在UTAUT模型的基础之上，发现新的驱动因素(感知信任、感知风险、感知交互性和用户创新性)，拓展了UTAUT模型的驱动因素，设计了相关智慧服务用户接受驱动的测量量表。

(3) 针对现有基于数字孪生的高校图书馆智慧服务新情境下信息技术用户接受研究不足的问题，本书拓展了UTAUT模型在用户视角下的UTAUT研究，构建了基于数字孪生的高校图书馆智慧服务用户接受概念模型，揭示了驱动因素之间的作用关系，从理论上厘清了基于数字孪生的高校图书馆智慧服务用户接受驱动机理。

(4) 针对当前基于数字孪生的高校图书馆智慧服务的用户个体特征因素(如性别、年龄等)在相关用户接受模型中调节关系研究不足的问题，本书运用结构方程模型方法结合实证分析验证了性别和年龄在基于数字孪生的高校图书馆智慧服务用户接受模型中的调节作用，拓展了信息技术用户接受理论在高校图书馆相关智慧服务领域中的研究。

1.6 本章小结

本章首先深入分析了选题的背景，指出基于数字孪生的高校图书馆智慧服务在未来有着较大的发展潜力和空间。然而，当前这一领域涉及用户接受的相关研究缺乏，有待进一步深入探索。本章在背景分析的基础上，指出对于基于数字孪生的高校图书馆智慧服务的未来发展而言，了解和掌握用户对其接受的真实需求、驱动因素及其作用机制是基于数字孪生的高校图书馆智慧服务发展的关键，从而提出了需要对其开展研究的问题。其次，本章还对研究的目的进行了阐述，强调了基于数字孪生的高校图书馆智慧服务用户接受驱动研究的理论意义和实践意义；针对相关问题制订了研究计划，确定了研究思路、方法、内容等。最后，详细阐述了本书研究内容的创新之处，以更清晰地呈现研究的独特贡献。

第 2 章　理论基础与文献综述

2.1　相关概念界定

2.1.1　图书馆智慧服务

M. Aittola 等[4]提出图书馆是一个能够随时随地提供图书资料的移动知识服务平台,促进了图书馆与智慧服务的发展。图书馆作为人类文明发展中生长着的有机体,与人类社会共同脉动,承担着不可取代、不断创新的社会职能。早在 17 世纪,现代图书馆的先驱 G. Naudé 明确指出创办图书馆的目的就是为公众服务。美国图书馆学大师谢拉曾经说过,服务是图书馆的基本宗旨①。1910 年,我国图书馆事业先驱者韦棣华女士和沈祖荣先生提出以"智慧与服务"作为"文华公书林"的馆训。图书馆智慧服务在"服务""智慧与服务"理念下逐渐演绎出符合图书馆本质属性和发展趋势的服务模式。

国内最早进行图书馆智慧服务研究的学者是刘志勇[5],他认为智慧服务是一种新型服务理念,它需要充分考虑用户的需求以及用户吸收、利用信息的模式和规律性,最大限度地实现图书馆价值。王世伟[6]提出图书馆在智能技术支持下可以实现"书书相联、书人相联、人人相联"。目前业界专家对智慧服务没有统一的定义,初景利等[7]基于信息技术视角提出图书馆智慧服务是在物联网和人工智能等智能技术的驱动下,将"以人为本"作为其服务的核心理念。刘炜等[8]认为图书馆智慧服务是指在合适的时间、合适的地点以合适的方式向用户提供其所需的资源或服务。该过程具有人性化、个性化、自动化和交互式的特点,有时并不需要用户提出服务请求,就可以通过历史信息或其他数据分析感知用户的需求并提供相应服务。业界部分学者对图书馆智慧服务的理解或定义如表 2-1 所示。

① (美)谢拉. 图书馆学引论[M]. 张沙丽,译. 兰州:兰州大学出版社,1986.

表 2-1　业界部分学者对图书馆智慧服务的理解或定义

业界学者	对图书馆智慧服务的理解或定义
刘志勇(2004)	智慧服务是一种新型服务理念,它需要充分考虑用户的需求以及用户吸收、利用信息的模式和规律性,最大限度地实现图书馆价值[5]
严栋(2010)	图书馆结合最新的物联网技术推进了图书馆向智慧图书馆发展,给用户提供各种智慧化服务[9]
梁光德(2011)	图书馆智慧服务需要融入用户解决具体问题的过程中,结合知识搜寻、组织、分析、重组为用户提供知识应用和知识创新的服务[10]
王世伟(2011)	图书馆智慧服务理念是在智能技术支持下实现"书书相联、书人相联、人人相联"和"任何时间可用、任何方式可用"[6]
乌恩(2012)	图书馆智慧服务是运用创造性智慧对知识进行搜集、组织、分析、整合,形成全新的知识增值产品,支持用户的知识应用和知识创新,并将知识转化为生产力的服务[11]
张延贤等(2013)	图书馆智慧服务是图书馆人对用户工作的一种积极进取的自主选择,其内涵主要包括智能性的图书馆智慧服务、知识性的图书馆智慧服务和理念性的图书馆智慧服务[12]
田梅(2014)	图书馆智慧服务是基于图书馆人智慧的知识服务,是对信息资源进行深度知识挖掘以及具有用户需求分析功能的专家系统服务[13]
陈远等(2015)	图书馆智慧服务包含两个层面:智慧的服务和为智慧而服务。智慧的服务阐释了技术智慧和服务智慧,结合新技术以用户满意为目标从图书馆的场馆、管理、人员等方面体现服务的智慧化。为智慧而服务则体现了人文智慧,能够激发用户的知识创新,创造出新的知识价值[14]
李后卿等(2016)	图书馆智慧服务是以用户需求为导向,做到哪里有用户需求,哪里就有图书馆服务,使用户可以不受时空限制,不受环境影响与设备限制,能够快捷方便地从图书馆获得自己所需要的信息,形成全方位的立体化的智慧服务新模式[15]
刘宝瑞等(2017)	智慧图书馆是一种基于用户位置感知的智慧服务,能帮助用户不受时空限制在分布式的图书馆中找到所需要的书籍和其他资料——纸质文献、电子文献以及智慧服务,从而获得视觉、听觉以及触觉上的感知体验[16]
初景利等(2018)	图书馆智慧服务是在物联网和人工智能等智能技术的驱动下,将"以人为本"作为其服务的核心理念,实现"服务场所泛在化、服务空间虚拟化、服务手段智能化、服务方式集成化、服务体验满意化"的智慧服务愿景[7]

表 2-1(续)

业界学者	对图书馆智慧服务的理解或定义
刘炜等(2018)	图书馆智慧服务是指在合适的时间、合适的地点以合适的方式向用户提供其所需的资源或服务。该过程具有人性化、个性化、自动化和交互式的特点,有时并不需要用户提出服务请求,就可以通过历史信息或其他数据分析感知读者的需求并提供相应服务[8]
夏立新等(2018)	图书馆智慧服务是围绕用户知识需求,合理运用技术手段,重新组织与融合资源、人和空间等图书馆核心要素,构建从空间感知与知识的细粒度组织到智慧服务的过程[17]
柯平(2021)	智慧图书馆不能停留在信息服务层面,必须将数字图书馆的服务上升到知识服务和智慧服务层面。大数据、云计算、物联网和人工智能等新技术正在给图书馆赋能,形成智慧图书馆的技术基础,特别是 5G 在图书馆中的应用场景奠定了智慧服务的基础[18]
程焕文等(2021)	图书馆智慧服务是智慧图书馆的终极目标。怎样实现图书馆服务的智慧化,从而创造价值、提升效能,依赖于智慧服务体系的良好设计和运行[19]
邵波等(2021)	图书馆智慧服务是指面向用户的、从资源收集到运用和决策的整个过程各方面的智慧化,优化用户服务始终是图书馆的变革初心[20]
胡娟等(2022)	图书馆首要任务是系统设计图书馆智慧化建设方案,以智慧服务为目标,推动图书馆各项要素的智慧化升级,有机协调物、人和服务的智慧发展[21]

2.1.2　数字孪生

数字孪生起源于计算机驱动的产品设计的仿真技术。最早数字孪生的概念雏形是由美国密歇根大学教授 M. Grieves 在 PLM(产品生命周期管理)课程中提出的,包括现实空间、虚拟空间、从现实空间到虚拟空间的数据流链接、从虚拟空间到现实空间以及虚拟子空间的信息流链接,如图 2-1 所示。M. Grieves 教授定义数字孪生为[2]:一组虚拟信息结构,可从微观原子级别到宏观几何级别全面描述潜在的或者实际的物理制成品。在最佳状态下,可以通过数字孪生获得任何物理制成品的信息。

2010 年,"数字孪生"一词在 NASA(美国国家航空航天局)的技术报告中被正式提出,并被定义为"是充分利用物理模型、传感器更新、运行历史等数据,集成多学科、多物理量、多尺度、多概率的仿真过程,在虚拟空间中完成映射,从而

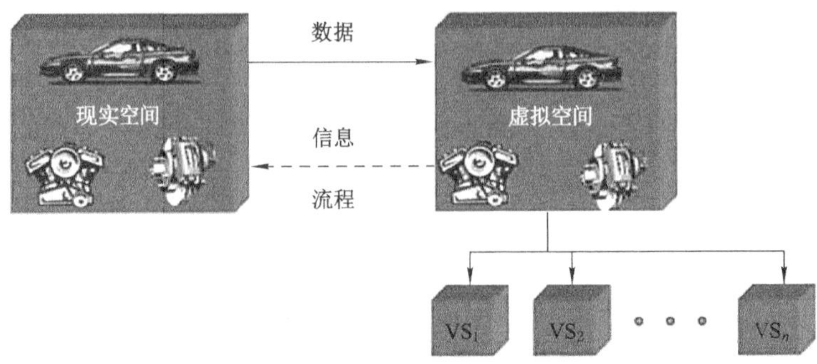

图 2-1 PLM 的概念性设想

反映相对应的实体装备的全生命周期过程”。2012 年,美国国家航空航天局与美国空军指出数字孪生是未来飞行器的关键技术[22]。数字孪生形成物理世界中某一生产流程的模型及其在数字世界中数字化镜像的过程和方法,其运作方式如图 2-2 所示。数字孪生[23]有五大驱动要素——物理世界的传感器、数据、集成、分析和促动器以及持续更新的数字孪生应用程序。

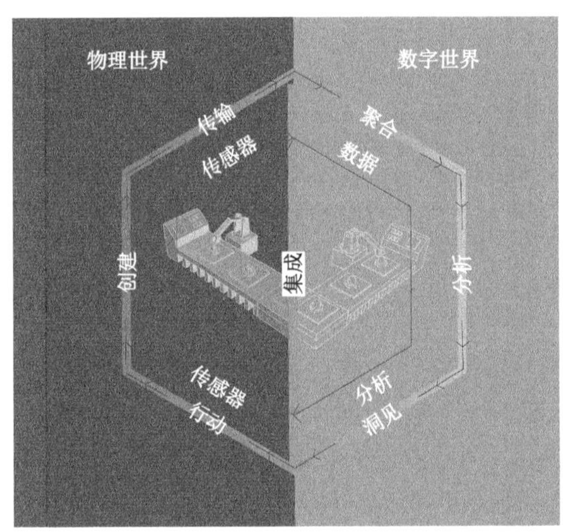

图 2-2 数字孪生运作方式[23]

目前,随着新一代信息技术的发展,数字孪生技术发展正进一步优化和完善。国内外不同的知名学者或研究机构提出了自己对数字孪生的理解或定义,如表 2-2 所示。

表 2-2　知名学者或研究机构对数字孪生的理解或定义

知名学者/研究机构	对数字孪生的理解或定义
M. Grieves 等(2003)	数字孪生是一组虚拟信息结构,可从微观原子级别到宏观几何级别全面描述潜在的或者实际的物理制成品。在最佳状态下,可以通过数字孪生获得任何物理制成品的信息[2]
刘大同等(2018)	数字孪生是指在信息化平台内建立、模拟一个物理实体、流程或者系统。借助数字孪生在信息化平台上了解物理实体的状态,并对物理实体里面预定义的接口元件进行控制。通过集成物理反馈数据,辅以人工智能、机器学习和软件分析,在信息化平台内建立数字化模拟,根据反馈随着物理实体的变化而自动做出相应的变化[24]
陶飞、张臣源等(2019)	数字孪生是基于五维模型的综合体,由物理实体、虚拟模型、孪生数据、服务及交互连接五部分组成,通过多维虚拟模型和融合数据双驱动及虚实闭环交互,来实现监控、仿真、评估、预测、优化、控制等功能服务和应用需求,从而在单元级、系统级和复杂系统多个层次的工程应用中监控物理世界的变化,模拟物理世界的行为,评估物理世界的状态,预测物理世界的未来趋势,优化物理世界的性能,并控制物理世界运行[25-26]
赵沁平(2020)	数字孪生由三部分组成:现实世界物理对象、与物理对象等同的虚拟对象以及两者之间的数据通道。数字孪生应用使得物联网连接对象扩展为实物及其虚拟孪生,将实物对象空间与虚拟对象空间联通,成为一种虚实混合空间[27]
赵敏等(2020)	数字孪生通过软件定义和数据驱动,在数字虚体空间中创建的虚拟事物与物理实体空间中的现实事物形成了在形态、质地、行为和发展规律上都极为相似的虚实精确映射关系,让物理孪生体与数字孪生体具有多元化映射关系,具备不同的保真度(逼真、抽象等)[28]
李培根(2020)	数字孪生是"物理生命体"的数字化描述。"物理生命体"是指"孕育"(实体设计开发)和服役过程(运行、使用)中的物理实体。数字孪生体是"物理生命体"在其服役和孕育过程中的数字化模型。数字孪生体不只是物理实体镜像,而是与物理实体共生[29]
美国国家航空航天局(2012)	数字孪生是充分利用物理模型、传感器更新、运行历史等数据,集成多学科、多物理量、多尺度、多概率的仿真过程,在虚拟空间中完成映射,从而反映相对应的实体装备的全生命周期过程[22]
欧洲空客公司(2017)	数字孪生是一种贯穿概念、设计到使用和服务的整个产品生命周期与真实产品等价的数字化对应物,通过它能了解产品的过去、当前和可能的未来状态,并促进与产品相关的智能服务的开发[30]

表 2-2(续)

知名学者/研究机构	对数字孪生的理解或定义
美国 ANSYS 公司 (2020)	数字孪生是通过数字方法建立系统中关键部件、关键数据流路径和各个检测点传感器等器件的数学模型,并将数学模型根据系统逻辑进行连接生成数字化仿真模型,通过外部传感器采集真实系统载荷量,通过有线或无线传输将信号注入仿真模型,驱动仿真模型与真实系统同时工作,从而运维人员可以在数字仿真模型中很直观地观察到真实系统无法测量或难以测量的实时监测数据[31]

2.1.3 基于数字孪生的智慧服务

本书所指的基于数字孪生的智慧服务是以用户需求为导向,基于数字孪生技术将智慧服务的全要素进行数字化还原,进而为智慧服务精细化管理提供一体化解决措施。数字孪生能够突破智慧服务的物理条件限制,通过数据和模型双驱动的仿真、预测、监控、评估、优化和控制,实现智慧服务的持续创新、用户需求的即时响应。基于数字孪生的智慧服务融合了数字孪生技术与传统智慧服务,以数字模型和物理世界之间的互动为核心,赋予服务提供者和用户前所未有的体验。基于数字孪生的智慧服务与传统智慧服务相比,具有以下独特特征:

(1) 虚拟建模与仿真:基于数字孪生的智慧服务使用数字孪生技术,允许对物理实体或过程进行数字化建模和仿真。这意味着在基于数字孪生的智慧服务中,可以创建虚拟的实体、环境或过程,以进行各种测试、分析和模拟,而无须干预实际物体。例如,在制造业中可以使用数字孪生创建产品的虚拟原型,以测试设计和生产流程。

(2) 实时数据同步:基于数字孪生的智慧服务通常涉及将物理世界的数据与数字模型同步更新。实际物体或系统的状态和性能数据会不断传输到数字孪生模型中,这意味着基于数字孪生的智慧服务可以提供实时的、准确的数据反馈,使决策者能够及时做出反应。这在应对紧急情况或需要快速决策的情况下尤其重要。传统智慧服务通常依赖于离散的数据点,无法做到实时性。

(3) 个性化和精准性:基于数字孪生的智慧服务可以根据个体需求创建定制的模型和服务。数字孪生模型可以为用户提供更个性化、精准的体验和服务。例如,在医疗保健中,可以使用数字孪生技术创建患者的虚拟生理模型,以便根据其特定情况提供个性化的治疗建议。而传统智慧服务往往是通用化,无法提供同样程度的个性化。

(4) 协同性和远程操作:基于数字孪生的智慧服务可以促进协同工作和远

程操作。多个参与者可以同时访问和与数字孪生模型互动，而无须身临其境。这对于跨地理位置的团队协作和远程维护等应用非常有益。传统智慧服务通常需要实际物理接触或存在于特定位置。

(5) 故障诊断和预测：基于数字孪生的智慧服务可以监测和分析实体或系统的状态，并进行故障诊断和预测。这将帮助管理者在智慧服务中及时发现问题并采取预防性措施，从而提高效率和可靠性。而传统智慧服务通常无法提供这种主动性的故障诊断与预测服务。

(6) 可扩展性和可复制性：基于数字孪生的智慧服务通常可以轻松扩展和复制。这意味着可以在不同领域和应用服务场景中重复使用数字模型，从而降低智慧服务的成本。而传统智慧服务通常需要更多的服务资源进行扩展和复制。

2.1.4　基于数字孪生的高校图书馆智慧服务

高校图书馆是图书馆系统的重要组成部分，本书中基于数字孪生的高校图书馆智慧服务主要是由物理图书馆、虚拟图书馆、智慧服务、数字孪生数据及连接五部分组成，利用物理图书馆感知设备采集用户行为数据、监测智慧服务中全要素轨迹数据，在虚拟图书馆中建立虚拟模型，并对该模型实行数据和模型双驱动，实现高校图书馆智慧服务全生命周期的虚实交互闭环优化。基于数字孪生的高校图书馆智慧服务融合了数字孪生技术与传统高校图书馆服务的理念，以数字孪生技术为核心，实现了对高校图书馆的智能化管理和用户服务。相对于传统高校图书馆智慧服务，基于数字孪生的高校图书馆智慧服务在多个方面表现出显著的差异和优势：

(1) 数字孪生技术的应用：基于数字孪生的高校图书馆智慧服务的首要特点是将数字孪生技术引入服务模式。数字孪生是一种虚拟建模技术，通过数字化方式模拟、反映和同步实际图书馆的运行状态和资源情况。这一虚拟模型具有高度精确性，可以实时更新，使图书馆管理者和用户可以在虚拟环境中获取到准确的信息和服务。

(2) 实时数据同步：传统高校图书馆智慧服务的一个限制是信息的时效性。但基于数字孪生的高校图书馆智慧服务通过实时数据同步，将虚拟模型与实际图书馆数据保持同步，用户可以获取到最新的资源、服务信息以及图书馆的实际运行状态。这消除了信息滞后性，提供了用户所需的实时性数据。

(3) 个性化用户体验：基于数字孪生的高校图书馆智慧服务通过分析用户的行为、需求和偏好，能够提供个性化的精准服务。例如：系统可以为每位用户推荐定制的资源和服务，以满足其特定需求。对于传统高校图书馆智慧服务而言,其往往提供通用性的用户体验服务。

(4) 远程协同操作:数字孪生服务具备远程协同操作的能力。多个用户可以跨越地理位置,在虚拟图书馆环境中一起工作、学习和合作,无须实际到达图书馆。而传统高校智慧服务通常需要用户实际到达图书馆才能使用,这限制了高校用户协同和合作的机会。

(5) 智能故障诊断和预测:基于数字孪生的服务可以监测高校图书馆设施和资源的状态,并进行故障诊断和预测。通过分析虚拟模型,系统可以预测可能的故障和问题,并提前采取措施,以确保高校图书馆的正常运营。而传统高校图书馆智慧服务通常无法提供这种智能故障诊断和预测管理。

(6) 资源管理的优化:数字孪生技术还可以用于高校图书馆资源的优化管理。通过模拟和分析资源的使用情况,高校图书馆可以更好地规划和配置资源,以满足用户需求。这有助于图书馆更有效地利用有限资源,提高服务效率。

(7) 沉浸式体验:基于数字孪生的高校图书馆智慧服务为用户提供了沉浸式体验。用户可以在虚拟图书馆中浏览、检索资源,与其他用户进行虚拟互动,甚至参与虚拟学术活动。这种体验是传统高校图书馆智慧服务难以提供的,这种新型智慧服务为用户带来了更具吸引力的学习和研究环境。

2.2 相关理论基础

2.2.1 复杂适应系统理论

复杂适应系统(CAS)理论是复杂性科学的重要分支学科,是在1994年由美国教授J. H. Holland提出的理论,其核心思想是适应产生复杂性。复杂系统中的成员被称为有适应性的主体。所谓具有适应性是指它能够与环境以及其他主体进行交互作用。主体在这种持续不断的交互作用的过程中,不断地学习或者积累经验,并且根据学习到的经验改变自身的结构和行为方式。J. H. Holland将复杂适应系统定义为“由用规则描述的、相互作用的适应性主体组成的系统”。他认为,系统整体与要素之间的关系绝非简单的线性因果或主次关系,作为系统组成部分的要素是具有适应能力的个体,而且正是主体的这种适应性造就了系统的复杂性。复杂适应系统是由大量的主体组成的,主体之间存在复杂的相互作用,主体不断地学习或积累经验,调整自身状态、参数,或与其他主体进行协同、合作或竞争,产生适应性行为。与此同时,主体的相互作用和行为影响着系统赖以生存的环境,而主体和环境相互不间断的影响,又改变着较高层次的系统。在这里,主体的能动性和适应性、主体与环境(包括主体之间)的非线性交互，是系统发展和演化的基本动因。复杂适应系统研究问题的方法与传统方法不同，其建模方法的核心是通过在局部细节模型间的循环反馈和校正，来研究局部细节变化如何反映整体的全局行为。柯平[18]指出智慧图书馆要基于图书馆业态研究，加强智慧环境研究，包括智慧图书馆内部环境和外部环境研究，解决智慧图书馆系统的复杂自适应问题。

2.2.2　信息技术用户接受理论

信息技术用户接受理论研究主要是从社会心理学、行为科学角度研究用户对信息技术的接受意愿及影响因素[32]。目前信息技术用户接受的理论基础模型主要包括理性行为理论（TRA）、技术接受模型（TAM）、计划行为理论（TPB）、TAM 与 TPB 的组合模型（C-TAM-TPB）和创新扩散理论（IDT）等。

（1）TRA 是由美国学者 I. Ajzen 等[33]于 1975 年提出的，该理论认为一个人执行某项行为是由他的采纳意愿所决定的，采纳意愿是由某人对某项行为的态度和主观规范共同决定的。TRA 的基本假设是个体在采取行动之前会仔细考虑这个行为，评估它是否对他们有益。因此，对于任何特定行为，个体的态度变得至关重要。此外，另一个重要的因素是主观规范，其是个体感知到的社会压力或他人期望，这些期望可能会影响他们是否采取某一行为。TRA 模型强调个体的行为意愿是态度和主观规范两者的综合结果，其特点是将个体的态度和主观规范视为独立的因素，对采纳意愿的影响进行考虑。这种独立性使研究者能够更好地理解个体采取行为的动机，并识别影响他们行为意愿的主要因素。此外，TRA 模型的应用范围广泛，它不仅可以用来解释个体的个人行为，还可以用于研究组织和社会层面的行为。TRA 模型如图 2-3 所示。

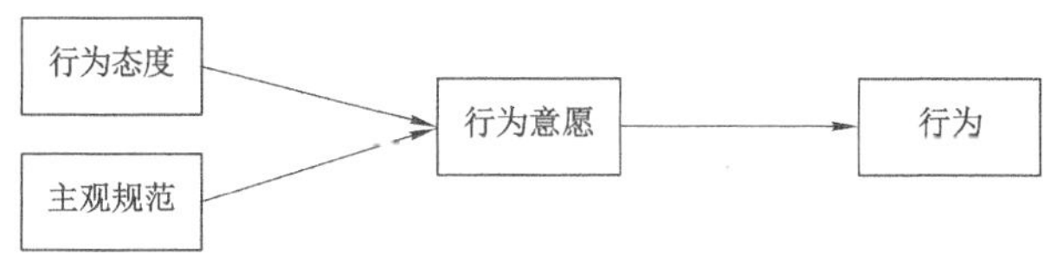

图 2-3　TRA 模型

（2）TAM 由美国教授 F. D. Davis 等[34]为了深入探讨信息技术的接受问题时提出的一个模型，该模型以理性行为理论为基础，吸取了期望理论模型、自我效能理论等相关理论和模型。该模型为深入探讨为什么人们会选择接受或拒绝使用新技术提供了重要的理论基础。在这里，TAM 引入了两个核心因素，即感知有用性和感知易用性。感知有用性是指用户主观认为某一系统能提高其工作绩效的程度，这意味着用户是否认为新技术对他们的工作或生活具有实际价值。感知易用性则是指用户认为信息技术易于使用的程度,这包括了技术的用户界面是否友好,是否需要大量的培训或学习以及用户是否感到技术的使用是轻松愉快的。TAM 的关键假设是感知有用性和感知易用性,是用户决定接受或拒绝信息技术的主要因素,其特点是它将技术接受看作一个心理过程,这意味着用户的主观看法和情感也在决定中起着重要作用。TAM 如图 2-4 所示。

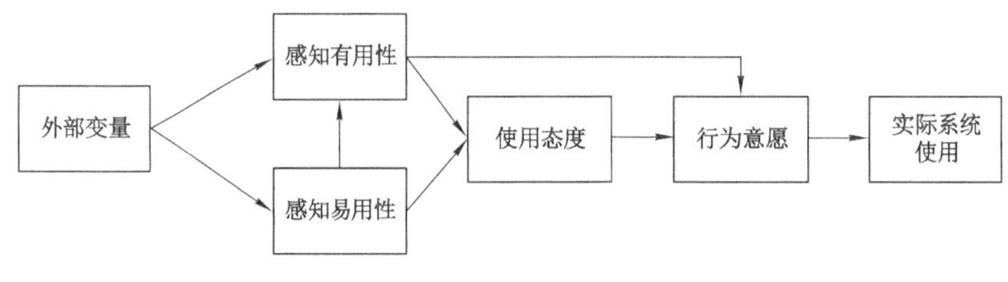

图 2-4 TAM

(3) TPB 是由 I. Ajzen[35] 于 1985 年提出的,其在 TRA 的基础上引入了感知行为控制,被认为是理性行为理论的延伸,也是一个解释用户行为决策过程的社会心理学理论。TPB 的核心观点是个体的行为意愿和实际行为是由行为态度、主体规范和感知行为控制因素共同塑造的。其中:行为态度是指个体对特定行为的积极或消极评价;主体规范是指个体对他人期望的看法,尤其是重要他人,如家人、朋友或同事。TPB 认为,这三个因素相互作用,共同塑造了个体的行为意愿和最终行为。这一理论的重要性在于它不仅关注了个体的态度和主体规范,还考虑了个体是否有能力来执行某项行为。TPB 模型如图 2-5 所示。

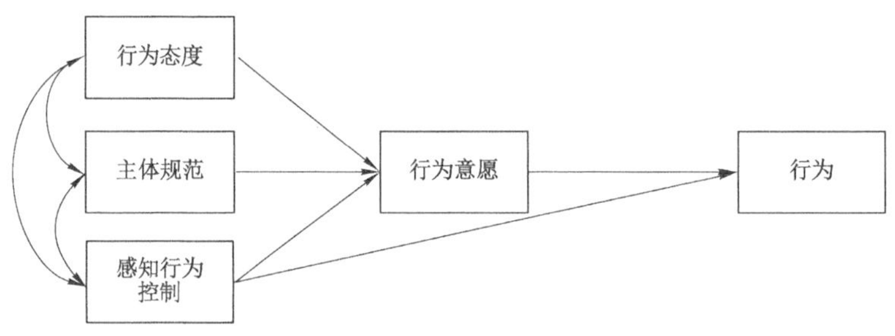

图 2-5 TPB 模型

(4) C-TAM-TPB 是通过 TAM 和 TPB 改良后的衍生模型,该模型是由 S. Taylor 等[36] 于 1995 年提出的,该模型旨在更全面地解释和预测信息技术采纳行为的关键因素。C-TAM-TPB 将 TAM 和 TPB 融合在一起,将主观规范和感知行为控制纳入 TAM 模型，从而形成一个更综合的模型。研究者可以同时考虑信息技术的感知有用性、感知易用性，以及个体对采纳行为的态度、主体规范和感知行为控制。C-TAM-TPB 的优势在于它提供了更广泛的因素，有助于更全面地理解信息技术采纳行为。C-TAM-TPB 模型如图 2-6 所示。

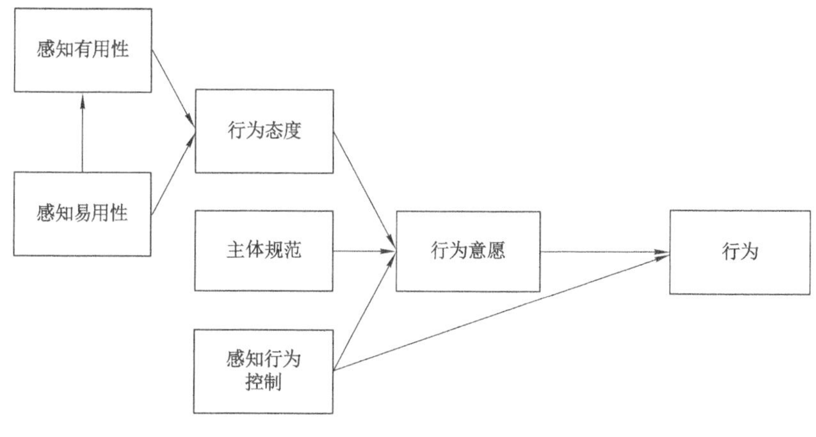

图 2-6　C-TAM-TPB 模型

(5) IDT 研究创新包括新思想、新工具和新发明等如何从最初的创造者那里扩散到整个社会，成为广泛接受的社会现象。E. M. Rogers[37] 提出影响创新扩散程度的因素主要包括相对优势、兼容性、复杂性、可观察性和可试验性。其中，相对优势因素是指人们认为采用创新相对于传统方法或产品有何种优越性。此外，其他学者也对 IDT 进行了扩展和修改，引入了一些新的影响因素，以更全面地解释创新的扩散过程。例如，G. C. Moore 等[38] 在 E. M. Rogers 的研究基础上加入新的影响因素，主要包括相对优势、兼容性、易用性、结果展现度、公众形象、可视性和自愿性。其中，易用性表示一个创新的简单程度，包括学习和使用的难易程度。这些因素共同影响着创新的扩散过程，研究者和决策者可以通过了解和考虑这些因素来更好地推广和促进创新的接受和应用。

2.2.3　UTAUT

UTAUT 是由美国 V. Venkatesh 等[39] 于 2003 年提出的，是测试组织中用户对信息技术的接受行为研究中综合性和解释能力较强的理论模型。在 UTAUT 模型中，绩效期望、努力期望、社会影响及促成因素对用户采纳意愿具有直接影响。此外，UTAUT 模型还考虑了一些调节因素，包括性别、年龄、经验和自愿性。UTAUT 模型如图 2-7 所示。

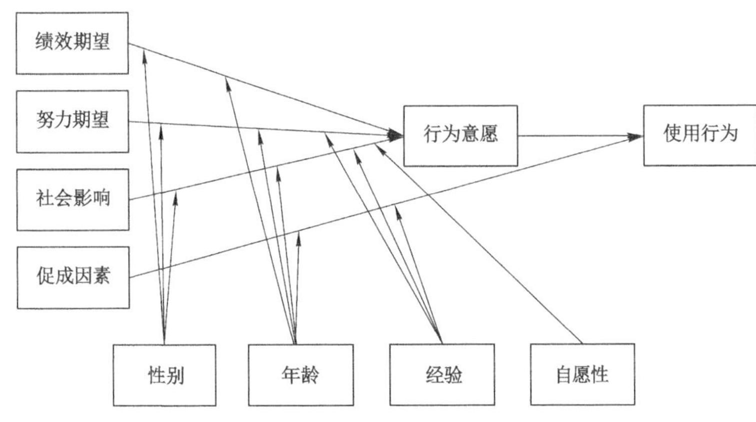

图 2-7 UTAUT 模型

该理论模型整合了八个用户接受模型，包括 TRA、TAM、TPB、C-TAM-TPB、PC 使用模型（MPCU）、动机模型（MM）、IDT、社会认知理论（SCT）。通过整合这些模型，UTAUT 提供了更全面的框架来解释用户对信息技术的接受行为，它不仅关注了用户个体层面的因素，还考虑了社会和组织背景的影响。这使得 UTAUT 成为信息技术采纳研究领域的重要理论，帮助组织更好地理解和促进员工对新技术的接受与应用。UTAUT 模型的基础理论如表 2-3 所示。

表 2-3 UTAUT 模型的基础理论

理论	说明
TRA	TRA 认为个体表现出特定行为是受到采纳意愿的影响，而采纳意愿则共同取决于行为态度和主观规范，并且行为态度和主观规范之间也会产生相互影响[33]
TAM	TAM 是以 TRA 和 TPB 为基础发展出来的理论模型，TAM 主要主张：感知有用性、感知易用性是行为意愿的主要决定因素[34]
TPB	TPB 起源于 TRA，主要用来预测和了解个体行为，主要影响因素是行为态度、主观规范和感知行为控制等[35]
C-TAM-TPB	C-TAM-TPB 是 TAM 与 TPB 两种模型的结合，主要影响因素是行为态度、主观规范、感知行为控制、感知有用性、感知易用性[36]
IDT	IDT 起源于社会学家 E. M. Rogers 提出的普通类型创新及扩散的研究。G. C. Moore 等在 E. M. Rogers 的研究基础上加入新的变量形成七个影响因素，主要包括相对优势、兼容性、易用性、结果展现度、公众形象、可视性和自愿性[37-38]

表 2-3(续)

理论	说明
MPCU	PC 来源于 Triandis 的人际行为理论,R. L. Thompson 等将模型应用到信息系统,用来预测个体对计算机的使用情况。该模型主张长期重要性、工作相关度、复杂性、使用感觉、社会影响和促成因素是使用行为的主要影响因素[40]
MM	MM 起源于心理学研究领域,F. D. Davis 等应用动机模型解释个体对信息技术的接受和使用[41]。在该模型中,外显动机(如工作绩效等)和内隐动机(如对某一过程具有爱好)是使用行为发生的主要影响因素
SCT	SCT 是用于解释社会学习过程的理论,认为个体、行为和环境三个因素相互作用和影响。SCT 主要影响因素包括绩效期望、自我效能、情感偏好和焦虑因素等[42]

2.3 文献综述

2.3.1 图书馆智慧服务的文献综述

文献计量分析软件是一类专门用于处理和分析学术文献数据的工具,在多个领域有广泛的应用,包括科研评估、学科发展分析、期刊评价以及学术合作研究等方面。通过文献计量分析软件,研究者可以更好地了解自己领域的研究趋势,从而指导研究方向和决策。本书使用 CiteSpace 文献计量分析软件进行可视化知识图谱分析。CiteSpace 是由华人学者陈超美博士于 2004 年针对 Web of Science 数据库开发的一种知识可视化软件,它是一个由 Java 语言编写的可视化软件①。CiteSpace 文献计量分析软件旨在分析学术文献中的引用关系,帮助用户发现研究热点和学术合作网络,以便研究者更好地了解研究领域的知识结构和演化。

2.3.1.1 图书馆智慧服务的国内研究现状

(1) 国内图书馆智慧服务数据来源和统计

本书以 CNKI 数据库中收录的中文核心期刊作为研究对象,检索策略是"(主题=图书馆 and 智慧服务)时间跨度:2004—2021"。通过对 CNKI 中的文献进行人工筛选和整理,最终得到 430 篇文献作为数据源进行分析。

(2) 国内图书馆智慧服务结构演化的主要议题

---

① 李杰,陈超美. Cite Space 科技文本挖掘及可视化[M]. 北京:首都经济贸易大学出版社,2016:2-8.

从图书馆智慧服务的中文关键词来看，选择“indexing term”进行关键词聚类，最终聚类得到15类群体，如图2-8所示。

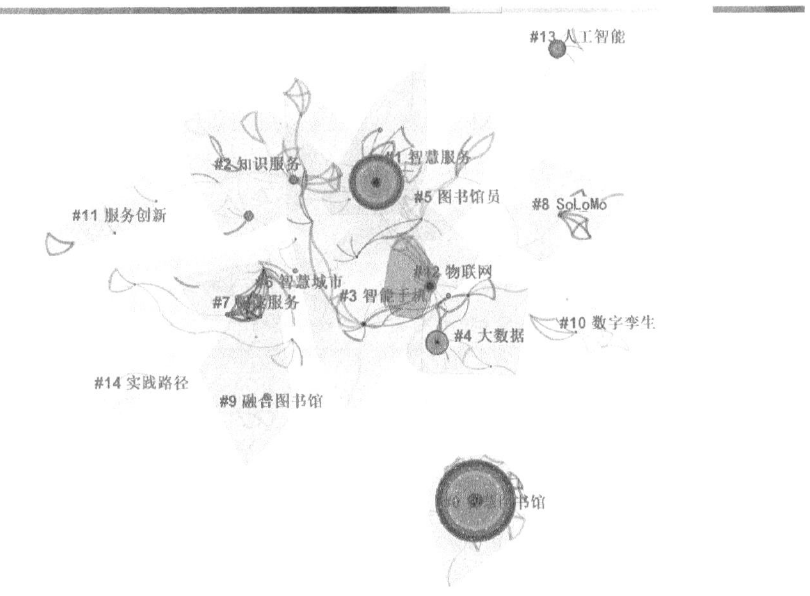

图2-8 图书馆智慧服务中文关键词聚类图谱

由图2-8可以看出：在CiteSpace聚类图谱分析中，圆圈节点代表着文献中的关键词。这些关键词在右侧的集群中被归类在一起，形成了具有共性的研究领域或主题群体。与此同时，圆圈节点的大小并不是随机的，而是反映了关键词在文献中出现的频率。在时间轴视图中，每一个节点的位置都有其特定含义。其中，节点的时间表示了关键字或主题第一次在文献中出现的时间。此外，节点内圈的颜色和粗细则表示了在不同时期出现的次数，进一步反映了该关键词的研究趋势和演化。

聚类＃0 智慧图书馆：伊安·约翰逊等[43]在《智慧城市、智慧图书馆与智慧图书馆员》一书中讨论智慧城市的特征，指出图书馆和信息服务可为智慧城市发展做出的贡献。王世伟[44]提出实施公共图书馆“全程智能”的三重发展境界主要包括疫情常态化背景下的“全景智能”、深度均等化目标下的“全域智能”和万物智能化视域下的“全数智能”。

聚类＃1 智慧服务：苏伟等[45]提出一种新的智慧服务层工作原理与设计方案，包括服务标识的统一命名与服务行为表征方法、服务资源的存储方法、服务动态感知方法以及服务标识到族群标识的智慧映射机制等。

聚类#2 知识服务：梁光德[10]在智慧服务产生背景的基础上，提出智慧服务的概念，阐述了智慧服务的基本特征在于知识运用能力、知识服务创造性、服务客体知识团队，从决策支持、科学研究和产品研发的智慧服务三个方面论述了智慧服务的内容和形式。

聚类#3 智能手机：田杰[46]在5G信息管理背景下，基于某大学图书馆原型实例，通过构建一个智慧图书馆VR(虚拟现实)服务平台，对所设计平台的功能、性能等进行仿真测试及对比分析。

聚类#4 大数据：王世伟[47]在初论智慧图书馆的基础上，进一步阐述了广泛互联的图书馆和融合共享的图书馆的主要内容。其中，广泛互联的图书馆主要包括：馆馆相联的图书馆、网网相联的图书馆、库库相联的图书馆和人物相联的图书馆。融合共享的图书馆主要包括：三网融合的图书馆、跨界融合的图书馆、新旧融合的图书馆和多样融合的图书馆。

聚类#5 图书馆员：刘志勇[5]认为馆员的职业理念是图书馆思想与图书馆理论的具体体现和凝结，该文认为智慧服务理念是最大限度地实现图书馆价值的最佳职业理念。

聚类#6 智慧城市：龚娅君[48]认为智慧图书馆是未来图书馆发展的新模式，该文指出智慧图书馆公共文化服务综合平台作为智慧城市的建设基础，可以对海量的网络数据进行文本挖掘、语义分析，为不同的产业情报领域提供全息情报管理信息服务。

聚类#7 阅读服务：陈丹等[49]提出基于用户画像的图书馆个性化智慧服务模型框架，将用户画像的应用融入个性化服务体系，以个性化阅读定制为例，为不同用户显示不同的阅读资源，满足用户的个性化阅读需求。

聚类#8 SoLoMo：SoLoMo由social(社交的)、local(本地的)、mobile(移动的)三个单词的开头两个字母组合而成。谢蓉等[50]认为SoLoMo是技术的一种综合应用，涉及移动通信、社会性网络和物联网等多种技术。物理空间和虚拟空间的联系正是SoLoMo着力解决的问题，这将有助于图书馆智能感知和情境相关服务的实现。

聚类#9 融合图书馆：龙朝阳等[51]提出融合图书馆是智慧图书馆的一种崭新发展形式，结合德国康斯坦丁大学融合图书馆的探索实践，认为其先进的人机交互理念、技术系统和物理设计给图书馆带来了全新变革，能有效促进智慧图书馆实践向更深层次创新发展。

聚类#10 数字孪生：部分学者探讨了数字孪生图书馆的概念、特点和基于数字孪生的图书馆体系架构。孔繁超[52]通过梳理数字孪生技术的内涵、特征和发展现状，提出了在图书馆的应用场景及领域探讨其对图书馆空间的重构。

聚类＃11 服务创新：李玥等[53]根据区域科技资源共享平台功能定位，从创新过程视角将共享平台的智慧服务分为决策支持类、基础研究类、产品研发类、成果转化类和创业孵化类五类智慧服务。

聚类＃12 物联网：朱洪波等[54]以智慧服务终端、智慧服务网络、虚拟信息平台和智慧服务平台为核心，提出智慧服务商店 3S 数字孪生技术体系结构，设计了学科链、技术链和产业链三链协同的物联网协同创新体系。

聚类＃13 人工智能：郭利敏等[55]重点介绍机器学习的基本原理和利用 TensorFlow 进行机器学习的基本方法，探讨机器学习在图书馆领域应用场景。

聚类＃14 实践路径：秦鸿等[56]以电子科技大学图书馆的人脸识别应用实践为例，探讨人脸识别与智慧图书馆需求的结合点，重点分析人脸识别产品的考察要点、部署方案、布设经验与实施效果。

(3) 国内图书馆智慧服务研究趋势

CiteSpace 软件提供时间线视图可视化呈现方式，它将相同聚类的文献放置在同一水平线上。用户可以在时间线视图中清晰地得到各个聚类中文献的数量情况，了解各个聚类中文献的时间跨度以及某一个特定聚类的研究过程①。通过时间线分析，该文得到图书馆智慧服务中文关键词聚类分析，可以发现国内图书馆智慧服务研究经历三个阶段：

第一阶段(2004—2009 年)，国内对图书馆智慧服务的研究刚刚起步，学者们更多地聚焦于适应于网络环境下的图书馆智慧服务研究。在这一时期，刘志勇[5]首先提出了智慧服务是网络时代图书馆员的崭新职业理念。此阶段主要关注智慧服务以及图书馆员角色的演进。

第二阶段(2010—2015 年)，图书馆智慧服务的研究已趋于成熟，学者们开始深入研究图书馆智慧服务的内涵和发展，探寻新技术如何融入图书馆智慧服务的发展之中。这个时期的研究关注了物联网、智慧图书馆、知识服务、大数据、智能手机、智慧城市、融合图书馆和服务创新等多个方面。

第三阶段(2016—2021 年)，我国图书馆智慧服务逐渐深化。在这个阶段，研究重点转向人工智能，部分学者开始了“数字孪生＋图书馆智慧服务”相关理论研究。例如：刘建平等[57]指出高校智慧图书馆需要结合人工智能、虚拟现实等信息技术对图书馆业务流程和服务进行全面升级重构，提出服务体系应以用户为中心，实现将技术融合到各个用户服务流程中。

这三个阶段代表了国内图书馆智慧服务领域的发展演进，从起步阶段到内

① 李杰，陈超美. CiteSpace 科技文本挖掘及可视化[M]. 北京：首都经济贸易大学出版社，2016：158-159.

涵式探索,再到智慧服务的深化应用。这一过程反映了国内图书馆界不断适应新技术和新理念,以满足用户需求和信息时代的挑战。

2.3.1.2　图书馆智慧服务的国外研究现状

(1) 国外图书馆智慧服务数据来源和统计

本研究以 Web of Science 核心合集数据库中 SCI(科学引文索引)和 SSCI(社会科学引文索引)收录的与图书馆智慧服务相关的文献作为研究对象,检索策略是"((librar* and(smart service* or intelligent service* or intelligence service* or wisdom service*))or(wisdom librar* or smart librar* or intelligen* librar* or smarter librar* or smart librar*))and 语种:(English)时间跨度:2000—2021",最终得到 112 篇文献作为数据源进行分析。

(2) 国外图书馆智慧服务结构演化的主要议题

从图书馆智慧服务的英文关键词来看,选择"indexing term"进行关键词聚类,最终聚类得到 9 类群体,如图 2-9 所示。

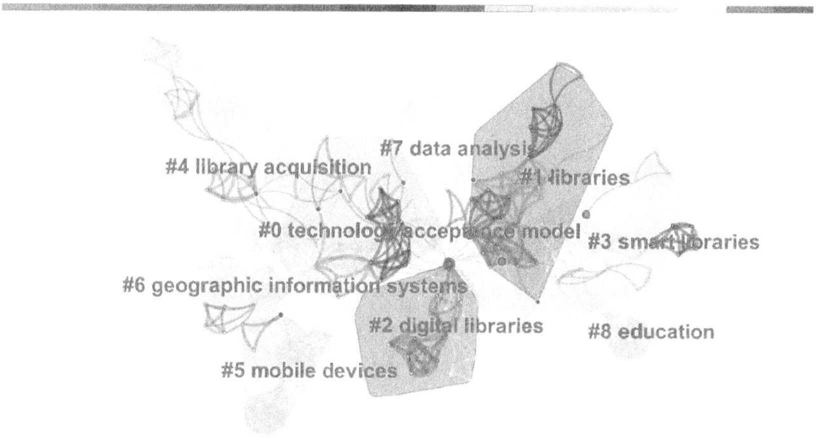

图 2-9　图书馆智慧服务英文关键词聚类图谱

聚类#0　technology acceptance model(技术接受模型):总共包含 42 个关键词和名词短语,其中,L. I. Oyieke 等[58]采用抽样方法,选取一个采用 Web 2.0 技术的高校图书馆员和图书馆的同质样本,提出通过 Web 2.0 技术增强图书馆员能力,对于提高传统图书馆技能和有效的电子服务至关重要。该聚类中的文献研究主体有大学图书馆、采用、设计、行为和信息技术等。

聚类#1　libraries(图书馆):L. S. Chen[59]将群智能与 Web 服务结合起来,将传统图书馆系统改造成一个具有高度完整性、可用性、正确性和可靠性的智慧图书馆系统。该聚类中文献的研究主体有人工智能、服务、图书馆系统等内容。

聚类#2 digital libraries(数字图书馆):M. D. Hack 等[60]基于群体智慧理论,提出了一种增强化学图书馆多样性的新方法。该聚类中文献的研究主体有数字图书馆、信息服务、模型等。

聚类#3 smart libraries(智慧图书馆):S. Gul 等[61]认为智慧图书馆是集智慧技术、智慧用户和智慧服务于一体的新一代图书馆,指出在图书馆中实施智能技术弥合了图书馆提供的服务与用户需求之间的差距。

聚类#4 library acquisition(图书采访):A. Mustafa 等[62]探讨图书馆电子资源采购决策中采用与执行循证法的决定因素,以技术组织环境模型、创新扩散理论和循证学习模型为研究框架,探讨了循证获取的采用与实施。

聚类#5 mobile devices(移动设备):D. Griol 等[63]提出一个实用的 M-learning 应用程序,它在一个强调交互管理和上下文感知的模块化架构上集成 Android 应用程序编程接口的功能,以培养用户的适应性和可维护性。

聚类#6 geographic information systems(地理信息系统):E. Aguilar-Moreno 等[64]介绍了面向智慧图书馆的高校图书馆室内定位技术,开发两个能够获取用户所需图书位置的应用程序,主要包括具有 Android 操作系统的移动设备和 Web 浏览器。

聚类#7 data analysis(数据分析):A. Simovic[65]提出了一个大数据智慧图书馆系统,该系统用于收集、分析、处理和可视化来自不同来源的数据,通过整合多种差异数据源创造新的价值。

聚类#8 education(教育):F. Mohammadi 等[66]探讨了波斯语教学网络学习资源的教师感知信息质量指标,该指标也可以用于评估图书馆员和选择理想的网络信息资源。

(3) 国外图书馆智慧服务研究趋势

通过对图书馆智慧服务的英文关键词的聚类分析,可以发现国外图书馆智慧服务的研究经历了三个阶段:

第一阶段(2000—2009 年),国外对图书馆智慧服务的研究初露端倪,学者们主要关注的焦点集中在技术接受模型、数字图书馆、图书馆和移动设备等领域的研究。在这一时期,J. P. Chen 等[67]为数字图书馆的发展和服务提出了一个创新的框架,将智能信息存取技术融入数字图书馆中。

第二阶段(2010—2015 年),国外智慧服务的研究已趋于成熟,此阶段研究的重点逐渐转向智慧图书馆、图书采访和地理信息系统等领域。部分学者开始思考如何利用智能技术来确定图书馆图书获取的最短路径,以提高图书馆服务效率。

第三阶段(2016—2021 年),图书馆智慧服务进一步发展。此阶段研究的重点转向了数据分析等领域,反映出数据分析在图书馆服务中的重要性。例如:H. Rafique 等[68]运用扩展技术接受模型(TAM)来研究移动图书馆应用程序的接受情况,结果表明,感知有用性和感知易用性是用户对移动图书馆应用程序采纳意愿的显著影响因素。

这三个阶段代表了国外图书馆智慧服务研究领域的演进历程,从起步阶段到逐渐成熟,再到科学发展的初步实现。这一过程反映出国外学者不断关注和探讨新技术如何应用于图书馆服务,以提升服务质量和效率。随着数据分析等领域的崭露头角,图书馆智慧服务的未来将面临更多机遇和挑战。

2.3.1.3　图书馆智慧服务研究现状评述

综观国内外关于图书馆智慧服务的研究,许多学者分别针对不同的主体,从不同的角度对图书馆智慧服务问题进行研究。刘建平等[57]认为图书馆智慧服务体系应以用户为中心,实现将新技术融合到用户服务流程中,他指出从用户角度分析新技术接受程度对图书馆智慧服务问题进行研究是十分必要的。H. Rafique 等[68]使用 TAM 调查移动设备在图书馆智慧服务中的接受情况,采用结构方程模型对定量数据进行检验,结果表明:感知有用性和感知易用性是影响移动图书馆应用程序采纳行为的直接显著因素,而系统质量和习惯是影响移动图书馆应用程序用户采纳意愿的主要因素。众所周知,新技术的发展可以更好地实现图书馆与用户之间的智慧交互,有效地将图书馆的线上线下服务结合起来。S. Gul 等[61]认为智能技术提高了图书馆的工作能力,满足了图书馆用户的需求。随着数字孪生概念的提出,图书馆智慧服务领域针对其特性开始进行研究,探寻新技术推进图书馆智慧服务物理空间与虚拟空间交互融合的道路。张兴旺等[69]认为数字孪生图书馆主要包括图书馆物理实体、数字孪生模型、数字孪生服务体系与图书馆孪生人数据等四个要素。

从上述文献研究可以看出,已有文献在开展图书馆智慧服务研究的过程中,重视结合信息技术用户接受理论开展相关研究。同时,从研究内容可以发现数字孪生技术的飞速发展,驱动了高校图书馆的数字化转型发展,学者们也认为智慧服务与数字孪生技术的结合在高校图书馆智慧服务发展中具有重要价值,是智慧图书馆未来发展的主要方向。

2.3.2　数字孪生的文献综述

2.3.2.1　数字孪生的国内研究现状

(1) 国内图书馆数字孪生数据来源和统计

本研究以CNKI数据库收录的中文核心期刊作为研究对象，检索策略是"(主题=数字孪生)时间跨度：2004—2021"。通过对CNKI中的文献进行人工筛选和整理，得到270篇文献作为数据源进行分析。

(2) 国内数字孪生结构演化的主要议题

从数字孪生的中文关键词来看，选择以"indexing term"进行关键词聚类，最终聚类得到13类群体，如图2-10所示。

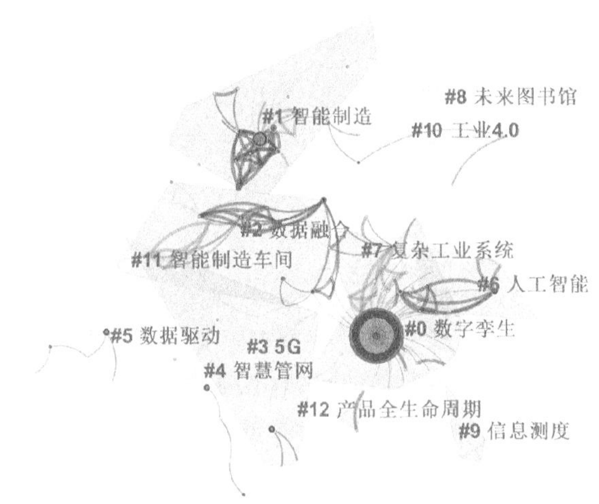

图2-10 数字孪生中文关键词聚类图谱

聚类♯0 数字孪生：缪远明等[70]设计了硬X射线调制望远镜卫星数字伴飞系统，通过配置参数使地面虚拟空间中的数字孪生体卫星与现实空间中的实体卫星状态一致，可以"镜像"卫星在轨状态。

聚类♯1 智能制造：庄存波等[71]提出了数字孪生技术的概念，指出数字孪生技术给当前制造业的创新和发展提供了新理念和工具，认为数字孪生体的出现和发展对产品制造过程的智能化和产品本身的智能化具有巨大的推动作用。

聚类♯2 数据融合：陶飞等[72]认为数字孪生车间是实现制造物理世界和信息世界智能互联与交互融合的一种潜在的有效途径。结合物理融合、模型融合、数据融合和服务融合四个维度，系统地探讨了实现数字孪生车间物理信息融合的基础理论与关键技术。

聚类♯3 5G：王强等[73]认为基于5G边缘计算将有助于全场景智慧校园建设，为建设具有中国特色的世界一流大学提供足够的技术保障。朱珂等[74]提出基于数字孪生的可视化三维学习空间——全息课堂的模型框架，认为数字孪生技术集5G、大数据与智能技术于一体，带来了全新的体验模式。

聚类＃4 智慧管网：姜昌亮[75]认为中俄东线天然气管道工程是重要的民生工程，其以智能化为抓手，创新搭建智能工地，打造智能管道样板工程，实现核心技术与关键装备提档升级。张枝实[76]指出数字孪生技术的教育应用能够克服当前大数据技术、数字孪生技术发展阶段所面临的困境和问题，实现教育信息化 2.0 环境下的全周期、全数据、全空间和全要素的学习。

聚类＃5 数据驱动：王成山等[77]探讨了智慧城市综合能源系统数字孪生技术及应用。黄祖广等[78]提出一种基于数字孪生的数控设备互联互通及可视化技术，对车间数控设备的生产过程进行了数字孪生技术的实现。

聚类＃6 人工智能：万昆等[79]认为以人工智能、全息技术、虚拟现实技术等为代表的信息技术掀起第四次教育革命，指出全息技术具有全沉浸性、全数据化、全互动性等特性，正在逐渐延伸到教育领域，以赋能教育和重塑学习环境。

聚类＃7 复杂工业系统：刘大同等[24]分析数字孪生与其支撑的工业大数据、云计算、人工智能、虚拟现实等相互支撑和促进的关系，认为数字孪生技术成为智能制造领域、复杂系统智能运行和维护领域的新兴研究热点。

聚类＃8 未来图书馆：张兴旺等[69]以雄安新区图书馆建设为例，提出了数字孪生技术及其在图书馆中的应用研究，认为数字孪生有助于推进图书馆的物理信息深度融合，实现其物理实体及其数字孪生模型之间“虚实映射、以虚控实、协调交互”。

聚类＃9 信息测度：任涛等[80]结合数字孪生模型，基于动态贝叶斯网络(DBN)对系统性能退化规律建模，描述系统退化的动态过程和量化不确定性因素。

聚类＃10 工业 4.0：刘占省等[81]提出一种基于数字孪生的智能建造方法，该方法综合物联网、建筑信息建模(BIM)和有限元模型搭建基于数字孪生的智能建造方法框架。

聚类＃11 智能制造车间：陈勇等[82]基于文献计量对 486 篇数字孪生相关论文的研究领域、国家与地区、论文发布期刊、关键词、研究作者及高被引论文等模块展开详细分析，认为在智能制造刚性需求的驱动下，数字孪生技术在未来具有非常好的理论研究和技术应用前景。

聚类＃12 产品全生命周期：陶飞等[25]提出了数字孪生五维模型的概念，重点探讨了数字孪生五维模型在卫星/空间通信网络、船舶、发电厂、飞机、复杂机电装备、立体仓库、医疗、制造车间和智慧城市等领域的应用思路与方案。

(3) 国内数字孪生研究趋势

通过对数字孪生的中文关键词聚类分析，可以发现国内数字孪生的研究经历两个阶段：

第一阶段(2017—2018年)，标志着国内数字孪生研究的初期起步，在这个时期，学者们的研究焦点主要集中在数字孪生技术本身以及其在智能制造、数据融合、人工智能和复杂工业系统等领域的应用。例如：秦晓珠等[83]研究探讨了数字孪生技术在物质文化遗产数字化建设方面的应用，这表明数字孪生的概念和应用逐渐引起了国内学者们的兴趣。

第二阶段(2019—2021年)，标志着国内数字孪生研究的进一步深化。在这个阶段，研究的焦点扩展到了更广泛的领域，包括5G、智慧管网、数据驱动、工业4.0、产品全生命周期和未来图书馆等。值得注意的是，一些学者提出了数字孪生图书馆智慧管控系统模型，该模型包括了物理图书馆、虚拟图书馆、图书馆孪生大数据以及孪生智慧管控平台等要素。这表明数字孪生技术在图书馆领域的应用潜力逐渐引起了学者们的重视，研究逐渐深入图书馆管理和服务领域。

这两个阶段的演进反映了国内学者对数字孪生技术的认知逐渐加深，研究兴趣从技术本身扩展到了更广泛的应用领域。数字孪生技术不仅在工业制造领域有着重要应用，还在文化遗产保护和图书馆服务等领域崭露头角。这一趋势预示着数字孪生技术在未来发展前景广阔，将继续为各行各业带来创新和进步。

2.3.2.2 数字孪生的国外研究现状

(1) 国外数字孪生数据来源和统计

本研究以Web of Science核心合集数据库中SCI和SSCI收录的与数字孪生相关的文献作为研究对象，检索策略是“(digital twin*)and 语种：(English) 时间跨度：2002—2021”，最终得到627篇文献作为数据源进行分析。

(2) 国外数字孪生结构演化的主要议题

从数字孪生的英文关键词来看，选择“indexing term”进行关键词聚类，最终聚类得到16类群体，如图2-11所示。

聚类#0 object detection(目标检测)：总共包含34个关键词。J. J. Pang等[84]针对新型冠状病毒COVID-19大流行，提出一个融合城市数字孪生和联合学习的框架，以实现一种新的协作模式，使多个城市数字孪生能够快速共享本地策略和状态。

聚类#1 deep learning(深度学习)：A. Fuller等[85]对数字孪生的实现技术、挑战和开放研究进行评估，认为目前数字孪生按研究领域分类是制造业、医疗保健和智慧城市。S. M. E. Sepasgozar[86]区分数字孪生与数字阴影概念，认

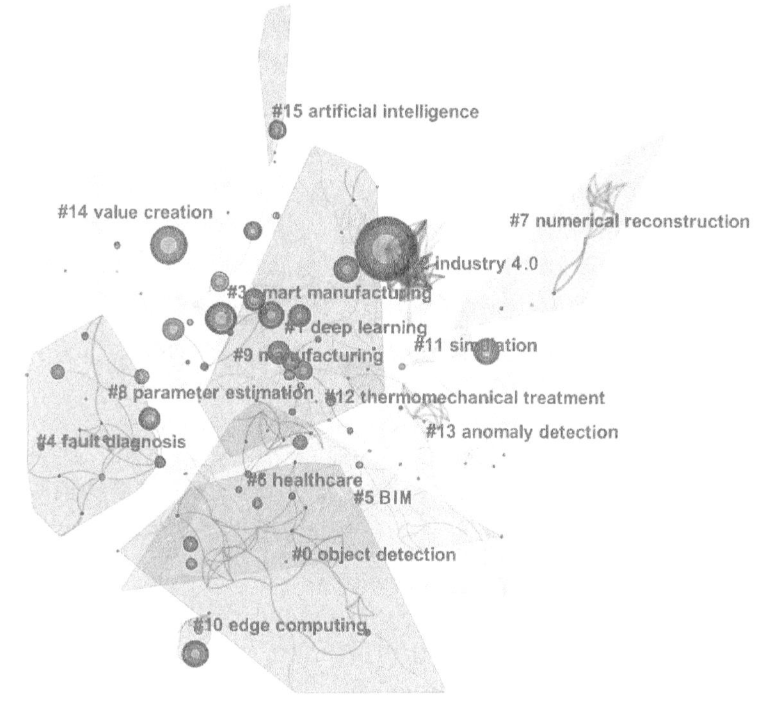

图 2-11　数字孪生英文关键词聚类图谱

为数字孪生可能成为许多工业部门的核心技术，建议开发数字孪生应用程序，提供快速准确的数据分析平台。

聚类＃2　industry 4.0（工业 4.0）：H. J. Abdolvand 等[87]针对六方密堆积材料中孪晶萌生与传播，采用数字图像相关技术确定同一区域的应变场，并与晶体塑性有限元模拟结果进行比较。M. M. Rathore 等[88]阐述大数据和人工智能在为各种工业应用创建数字孪生或基于数字孪生的系统方面的作用。

聚类＃3　smart manufacturing（智能制造）：H. Zhang 等[89]探讨了面向智能车间生产阶段的产品制造数字孪生模型。该模型由产品定义模型、几何形状模型、制造属性模型、行为与规则模型和数据融合模型组成。

聚类＃4　fault diagnosis（故障诊断）：Y. Qamsane 等[90]基于著名的系统开发生命周期过程，提出一种用于分析和开发制造系统的数字孪生解决方案的开发方法。W. C. Luo 等[91]为了实现数控机床的可靠预测维护，提出了一种基于数字孪生模型和数字孪生数据的混合预测维修算法。

聚类＃5　BIM（建筑信息模型）：S. M. E. Sepasgozar[92]以建筑管理与工程

为例，利用虚拟现实、增强现实和数字孪生技术，实现建筑增强现实，包括打桩增强现实和虚拟隧道掘进机模块，实施数字化教学的实践，展示虚拟技术用于教育的能力。

聚类＃6　healthcare（医疗卫生）：J. Corral-Acero 等[93]认为数字孪生技术使精确心脏病学的视觉成为可能，计算模型正在增强诊断和预后的能力，未来的治疗将不仅适合当前的健康状况和数据，而且还可以通过模型准确地预测恢复健康的途径。

聚类＃7　numerical reconstruction（数值重建）：E. Stoykova 等[94]综述了数字全息中的孪生像问题，认为同轴数字全息中零级像和孪生像是获得高质量输出的重要障碍。Z. Chen 等[95]应用聚类和计算机视觉技术对镁合金微尺度变形数据进行分割和识别。

聚类＃8　parameter estimation（参数估计）：J. S. Bao 等[96]提出了一种制造环境对数字孪生体进行建模和操作的方法，为工厂提供虚拟物理融合和信息集成的实现方法。同时，介绍了产品数字孪生、过程数字孪生和操作数字孪生的建模方法，并解释了这些数字孪生体之间的互操作模式。

聚类＃9　manufacturing（制造业）：C. Cimino 等[97]提出了一种在米兰理工大学管理学院装配实验室生产线上实现数字孪生的方法，认为数字孪生能够提供良好的服务来支持各种活动，如监视、维护、管理、优化和安全。

聚类＃10　edge computing（边缘计算）：R. H. Guerra 等[98]提出了一种基于数字孪生模型的超精密运动系统的优化方法，该系统采用柔性轴将电机连接到弹性负载上，同时受侧隙和摩擦的影响。L. Z. Xu 等[99]通过在传统作业车间的业务管理层和操作执行层之间添加数字孪生技术，结合边缘计算实现了对相应制造过程的远程监控、分析和管理。

聚类＃11　simulation（模拟）：G. L. Knapp 等[100]提出添加剂制造过程的数字孪生模型，用 316L 不锈钢和 800H 合金镀层的实测断面、二次枝晶间距和维氏硬度测量结果验证了所提出的数字孪生模型，该模型能够准确预测影响组件结构和性能的冶金参数的时空变化。

聚类＃12　thermomechanical treatment（热机械处理）：A. I. Rudskoy 等[101]介绍了热机械钢处理工艺中数字孪生的发展特点及应用数字孪生解决生产任务的实例，包括热轧、冷轧及后续热处理数字孪生的生成技术。

聚类＃13　anomaly detection（异常检测）：Q. Lu 等[102]以采暖通风风冷系统中的离心泵为例，基于分布式异常检测的新型异常检测流程实现了泵的连续异常检测，提出一种基于数字孪生的资产监控异常检测系统及其在日常运维管理中基于扩展行业基础类的数据集成方法。

聚类＃14　value creation（价值创造）：R. N. Bolton 等[103]探讨了涉及新技术支持服务的体验，比如数字孪生虚拟助手指出未来的客户体验具有三个空间维度，包括低到高的数字密度、低到高的物理复杂性和低到高的社会存在。

聚类＃15　artificial intelligence（人工智能）：A. Rasheed 等[104]认为人工智能、大数据控制论、数据处理和管理工具的最新进展使数字孪生的前景及其对社会的影响更接近现实，从建模的角度回顾了与构建数字孪生相关的方法和技术的最新状况。

（3）国外数字孪生研究趋势

通过对数字孪生英文关键词的聚类分析，可以发现国外数字孪生的研究经历了三个阶段：

第一阶段（2002—2012 年），标志着国外数字孪生研究的初期发展。在这个时期，学者们主要集中在数字孪生与建筑信息模型以及数值重建等领域的关系研究。例如，C. Cho 等[105]提出了一种抑制双像的方法，通过分离数字全息中的真像和双像区域，取得了在真实图像和孪生图像的重叠区域具有较好性能的结果。这一阶段的研究聚焦于数字孪生的基础概念和在特定应用领域的探索。

第二阶段（2013—2017 年），标志着国外数字孪生研究进入了成长阶段。在这个阶段，研究的范围逐渐扩大，主要包括了工业 4.0、智能制造、参数估计、模拟、热机械处理和价值创造等领域。研究者们开始关注数字孪生在制造和工业领域的应用，探讨如何利用数字孪生来提高生产效率和价值创造能力。

第三阶段（2018—2021 年），标志着国外数字孪生研究进入了繁荣阶段。在这个阶段，研究的热点领域包括目标检测、深度学习、故障诊断、医疗卫生、制造业、边缘计算、异常检测和人工智能等。研究者们开始关注数字孪生在多个领域的广泛应用，包括医疗卫生、制造业、人工智能等，研究了数字孪生在产品设计、制造和服务中的具体应用方法和框架。

这三个阶段的演进表明，数字孪生技术在国外得到了广泛关注和深入研究，不仅限于特定领域，还涵盖了多个重要领域。数字孪生的应用领域不断扩展，其在各行各业中的潜在价值越来越受到认可，将继续推动未来的研究和实践。

2.3.2.3　数字孪生研究现状评述

通过对数字孪生国内外文献关键词的分析，发现学者们更多聚焦于智能制造、工业 4.0 方面。这说明数字孪生技术是实现智能制造和工业 4.0 的重要技术手段。北京航空航天大学 F. Tao 等[106]提出了一种由数字孪生驱动的产品设计、制造和服务的新方法，研究了详细应用思路和框架。另外，王成山等[77]提出一种基于数字孪生模型的数字孪生车间的概念。为了实现物理世界和虚拟世界两者的交互融合，数字孪生需要有效的数据采集与交互方法。如何将数字孪生与深度学习、边缘计算、5G、人工智能等新一代信息技术融合，是实现数字孪生技术高速发展的研究重点。

当前，数字孪生技术正变得越来越普遍，应用场景也在不断拓宽中，它正在众多行业中以不同的应用方式重塑其业务面貌。例如：部分学者结合数字孪生技术研究复杂产品离散装配车间的动态调度方法，通过物理空间和虚拟空间之间的数据交互进行更精确的动态调度。此外，数字孪生应用领域也正逐步向智慧城市、智慧图书馆、智慧医疗等领域拓展，显示出广阔的应用前景。王璐等[107]提出数字孪生图书馆五维模型，围绕全周期管理理念对其运行机理、体系架构、关键技术、协同驱动框架及数字孪生模型构建等进行分析。

从上述文献研究可以看出，已有文献在开展数字孪生技术主题的研究过程中，学者们更多集中于建筑信息模型、智能制造、数据融合、人工智能等领域的研究。同时，从研究内容可以发现国内学者从 2017 年开始针对数字孪生技术在物质文化数字化建设方面开展相关研究，他们认为数字孪生技术已成为驱动未来图书馆发展的重要力量。

2.3.3 UTAUT 的文献综述

2.3.3.1 UTAUT 的国内研究现状

(1) UTAUT 数据来源和统计

本研究以 CNKI 数据库收录的中文核心期刊作为研究对象，检索策略是"(主题=整合型技术接受理论 or 整合型科技接受模式 or UTAUT)时间跨度：2004—2021"。通过对 CNKI 中的文献进行人工筛选和整理，最终得到 117 篇文献作为数据源进行分析。

(2) UTAUT 结构演化的主要议题

从 UTAUT 的中文关键词来看，选择以"indexing term"进行关键词聚类，最终聚类得到 10 类群体，如图 2-12 所示。

聚类＃0 UTAUT：戚媛媛等[108]从用户角度出发，基于 UTAUT 构建研究模型，结合交互式问答服务用户调研的数据，对交互式问答服务中影响用户使用行为的因素进行探索，揭示影响因素对用户使用行为的影响程度，为信息服务机构实现用户科学管理和行为控制提供理论依据。

聚类＃1 感知风险：范昊等[109]在 UTAUT 的基础上，结合信任理论、感知风险理论、用户创新理论，构建智慧图书馆人工智能服务用户接受行为驱动因

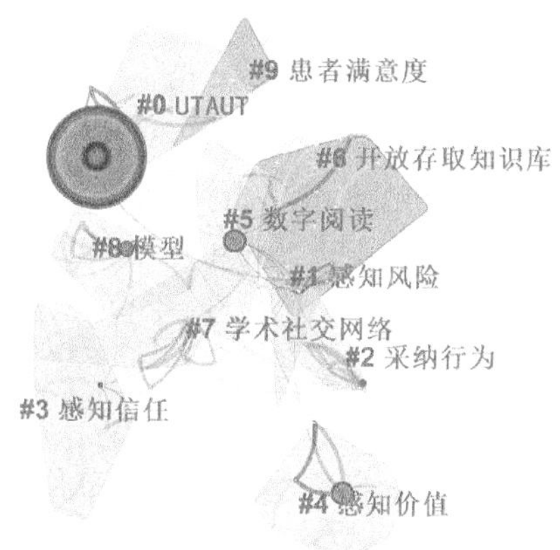

图 2-12　UTAUT 中文关键词聚类图谱

素模型，并运用结构方程模型进行实证分析。

聚类＃2　采纳行为：杨金龙等[110]基于 UTAUT 构建集合关系的移动学习采纳动因概念模型，使用开放式样本数据，基于组态视角分析移动学习前因变量与结果变量间的非对称多重并发因果效应。

聚类＃3　感知信任：刘炜[111]在 UTAUT 和任务技术匹配理论(TTF)混合分析模型中加入感知信任变量，并运用该模型分析了老年用户持续使用社会网络服务的驱动因素。结果表明，任务技术匹配度、社会影响、促成因素以及感知信任对老年用户使用社会化网络服务的意愿有显著影响，而绩效期望的影响不大。

聚类＃4　感知价值：黄斐等[112]阐释了用户感知价值的概念，提出基于感知价值的用户接受行为模型，并对澳门某大学学生用户对网络游戏的接受意愿进行了实证研究。朱红灿等[113]以 UTAUT 和相关心理行为概念整合为基础，构建公众获取政府信息网络渠道采纳意愿模型，并进行回归分析。

聚类＃5　数字阅读：刘婧等[114]以阅读图式理论、元认知理论、沉浸理论为理论基础，结合 UTAUT 对 8～12 岁儿童网络阅读行为的驱动因素进行研究。牛晓宏等[115]通过问卷调查与文献调研，构建用户使用图书开放获取资源意愿的驱动因素结构方程模型，并结合统计分析软件进行实证检验。

聚类＃6　开放存取知识库：吴金鹏等[116]以 UTAUT 为基础，以我国学术出版和科研机构为对象，对原始 UTAUT 核心变量、控制变量和因变量进行修正，构建我国学术期刊和学术机构对于开放存取系统的采纳模型，探讨促进和阻碍我国学术机构实施开放存取的各种因素。

聚类＃7 学术社交网络：牛艳霞等[117]基于 UTAUT 构建了学术社交网络采纳行为驱动因素模型，并对 269 位用户进行了实证调查研究。结果表明，社会影响、信息质量、绩效期望、努力期望正向影响用户采纳意愿，但感知风险和服务质量对采纳意愿影响不显著。

聚类＃8 模型：用户对移动图书馆的采纳意愿受到诸多因素的影响。高校移动图书馆的用户接受模型构建以 TAM、UTAUT、多维多尺度模型为理论基础。李恩科等[118]基于 TAM、UTAUT、多维多尺度模型研究了高校师生使用高校移动图书馆采纳意愿的影响因素。

聚类＃9 患者满意度：何惠倩等[119]基于 UTAUT 构建患者满意度模型，结合实证研究验证了 UTAUT 在某医院小程序设计定位、挖掘用户需求等方面的有效性。

(3) 国内 UTAUT 研究趋势

通过对 UTAUT 的中文关键词聚类分析，可以发现国内 UTAUT 的研究经历了三个阶段：

第一阶段(2007—2010 年)，标志着国内对 UTAUT 的初期关注。在这个时期，部分领域开始引起研究者的兴趣，其中包括 UTAUT 本身、结构方程模型以及开放存取知识库等。学者们尝试整合 UTAUT 与 TTF，以分析用户对新技术的采纳行为。这一阶段的研究主要集中在理论构建和方法探索方面。

第二阶段(2011—2014 年)，标志着国内 UTAUT 研究的深化。在这个阶段，研究的焦点逐渐从理论本身转向了采纳行为。黄斐等[112]提出了基于感知价值的用户接受行为模型，并在实证研究中探讨了澳门某大学学生对网络游戏的接受意愿。同时，部分学者开始将 UTAUT 与感知风险理论、媒介丰富度理论等相结合，构建了更为复杂的理论模型，以分析用户对新技术采纳意愿的驱动因素。

第三阶段(2015 年至今)，标志着国内 UTAUT 研究在学术社交网络领域得到更多关注，其中移动图书馆成为最常见的研究主题之一。在这个阶段，研究者们开始引入新的变量，如感知趣味性、感知风险、信息质量、服务质量等，以丰富 UTAUT 模型，并构建了基于 UTAUT 的技术采纳模型。例如，钟玲玲等[120]结合 UTAUT 构建了虚拟学术社区用户知识交流采纳模型，并通过问卷调查进行实证研究。这一阶段的研究更加注重 UTAUT 的实际应用和拓展。

这三个阶段的演进表明，国内 UTAUT 研究从理论构建到实证研究逐渐深入，涵盖了多个领域，尤其是与新技术采纳相关的领域。随着时间的推移，UTAUT 理论模型得到了不断的扩展和改进，为解释和预测用户对新技术采纳行为提供了有力的理论支持。

2.3.3.2 UTAUT 的国外研究现状

(1) UTAUT 数据来源和统计

本研究以 Web of Science 核心合集数据库中 SCI 和 SSCI 收录的与 UTAUT 相关的文献作为研究对象，检索策略是“(UTAUT* or "the unified theory of acceptance and use of technology") and 语种：(English) 时间跨度：2003—2021”，最终得到 941 篇文献作为数据源进行分析。

(2) 国外 UTAUT 结构演化的主要议题

从 UTAUT 的英文关键词来看，选择“indexing term”进行关键词聚类，最终聚类得到 13 类群体，如图 2-13 所示。

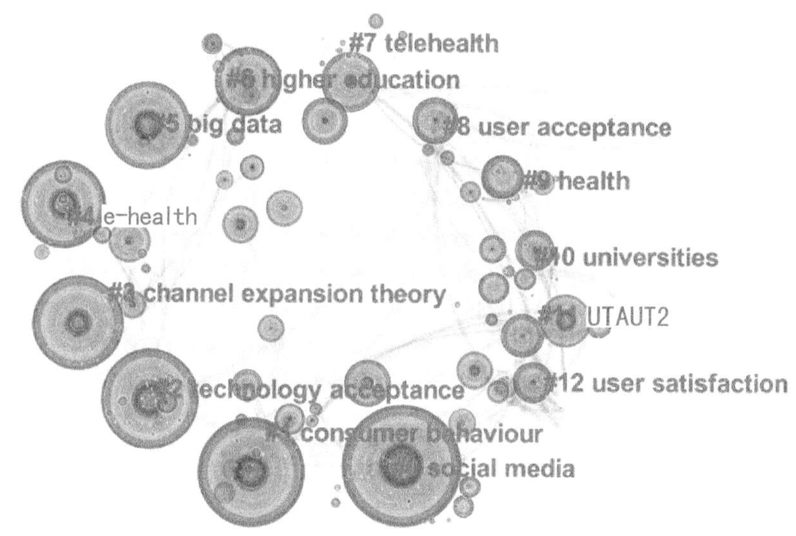

图 2-13 UTAUT 英文关键词聚类图谱

聚类＃0 social media(社交媒体)：是 2003—2021 年期间 UTAUT 相关研究的重点，由 42 个节点组成。该聚类以与社交媒体相关的问题为中心而形成，就共现频率而言，其最重要的节点是社交媒体，说明 UTAUT 作为一种新颖的技术接受模型可以促进社交媒体领域研究。该聚类中，G. W. Tan 等[121]将 UTAUT、流动理论、心理特征、社会环境和安全关注因素有机地结合在一起，为移动旅游购物研究做出贡献。

聚类＃1 consumer behavior(用户行为)：群节点值排名第二。该聚类中网络最关键的词是 behavioral intention(行为意向)，共现频率为 87，中心度得分为 0.09，说明采纳意愿在用户行为 UTAUT 分析中尤为重要。在该聚类中，

A. Al-Azawei 等[122]利用 UTAUT2 模型，确定促进两个中东国家接受移动学习的关键变量，分析有助于提高学习者学习动机的结构。

聚类＃2 technology acceptance(技术接受度)：通过分析发现 UTAUT 共词网络最重要的节点位于聚类＃2 中，共词频率为 517，聚类＃2 是以技术接受度相关问题的焦点形成的，同时由网络最关键的词 UTAUT 组成。该聚类中共词频率排名第二的词是 technology acceptance model(技术接受模型)，共词频率为 238。同时，技术接受度聚类的轮廓得分最高，因此在 UTAUT 的 13 个共词聚类中具有最高的同质性和一致性。

聚类＃3 channel expansion theory(渠道扩张理论)：共有 28 个关键词。其中词频数大于 5 的包括 ICT(信息通信技术)、acceptability(可接受性)、autonomous vehicle(自动驾驶汽车)、design(设计)等。该聚类中网络最关键的词是 ICT，ICT 是渠道扩展理论 UTAUT 领域研究的热点。

聚类＃4 e-health(电子健康)：网络最关键的词是 self-efficacy(自我效能)，其共现频率为 29，自我效能是电子健康领域研究中 UTAUT 最关注的影响因素，是用于衡量一个人对完成任务和目标能力的信任程度。该聚类中 J. Tavares 等[123]运用 UTAUT2 分析医疗保健用户对电子病历患者门户网站的接受度，结果表明，采纳意愿的显著驱动因素为绩效期望、努力期望、习惯和自我认知。

聚类＃5 big data(大数据)：共有 29 个关键词。其中词频数大于 5 的包括 initial trust(初始信任)、mobile payment(移动支付)、big data(大数据)、adoption intention(采纳意愿)、neural network(神经网络)等。大数据领域研究是当前 UTAUT 相关理论研究的重点之一，其中，初始信任在该聚类中共现频率最高，说明初始信任在该领域 UTAUT 中尤为重要。

聚类＃6 higher education(高等教育)：除了高等教育共现频率最高外，gender differences(性别差异)排名第二，说明高等教育 UTAUT 相关研究中，性别差异是相关学者主要关注的因素之一。该聚类中，S. Lakhal 等[124]运用 UTAUT 模型验证科技因素对线上课程持续性的影响情况，分析结果显示：网络课程的持续性与绩效期望、努力期望、社会影响、促成因素、态度和焦虑之间存在显著的相关性。

聚类＃7 telehealth(远程医疗)：service(服务)共现频率为 80，中心度得分为 0.04，说明服务因素是远程医疗 UTAUT 研究重点。该聚类中，J. Hamm 等[125]介绍了移动式三维测量指导应用程序，旨在支持患者进行家庭环境跌倒风险自我评估。结合 UTAUT 分析，研究表明老年人使用移动式三维测量指导应用程序的准确性和效率得到了提高。

聚类＃8　user acceptance(用户接受度)：轮廓得分排名第二，为 0.944。这个聚类中最显著节点的标题属于关键词 information technology(信息技术)，共现频率为 509。该集群要素包括信息技术、用户接受度、model(模型)等，与 UTAUT 相关的概念主题密切关联。

聚类＃9　health(健康)：UTAUT acceptance(UTAUT 接受度)共现频率为 41，排名第一。该聚类中，B. Kijsanayotin 等[126]采用修正的 UTAUT 模型了解泰国社区卫生中心影响卫生 IT(信息技术)采纳的因素。研究表明，绩效期望、努力期望、社会影响和自愿性是影响 IT 接受的主要因素。健康信息技术的使用是通过先前的信息技术经验、使用系统的意愿和促成因素来预测的。

聚类＃10　universities(大学)：词频数大于 5 的包括 social influence(社会影响)、online(在线)、consumer adoption(用户采纳)、usage intention(使用意愿)、teacher(教师)、information systems continuance(信息系统连续性)、integration(融合)等。F. W. Dulle 等[127]结合 UTAUT 模型分析坦桑尼亚六所公立大学研究人员对开放获取的接受意愿，研究结果表明，态度、意识、努力期望和绩效期望被确定为研究者接受开放获取的关键因素。

聚类＃11　UTAUT2：轮廓得分排名第四，这个聚类中最显著节点的标题属于关键词“UTAUT2”，共现频率为 97。该聚类中，V. Venkatesh 等[128]运用扩展的 UTAUT 将享乐动机、价格价值和习惯进行整合，研究用户对技术的接受与使用。

聚类＃12　user satisfaction(用户满意度)：词频数大于 5 的包括 perception(感知)、attitude(态度)、internet banking(网络银行)、task technology fit(任务技术匹配)。该聚类中最显著节点的标题属于关键词 perception(感知)。F. Xu 等[129]结合 UTAUT 分析影响数字图书馆用户满意度与忠诚度的因素，采用结构方程模型对研究模型和假设进行检验。结果显示，系统与服务品质对数字图书馆的易用性、有用性与亲和力有显著影响。研究还发现，年龄、性别、教育程度等用户差异显著影响数字图书馆的亲和力。

(3) 国外 UTAUT 研究趋势

本书将 UTAUT 英文关键词进行聚类分析，可以更清晰地理解 UTAUT 研究趋势主要包括四个阶段。

第一阶段(2003—2006 年)，标志着国外开始关注技术接受度的研究，UTAUT 成为研究的关键词之一。此时，主要关注点包括 UTAUT、technology acceptance model(技术接受模型)、perceived usefulness(感知有用性)、gender(性别)等因素。2003 年，UTAUT 和技术接受模型成为频次最高的关键词，这反映了技术发展与 UTAUT 理论的紧密关联。感知有用性和性别因素也逐渐被引入研究。

第二阶段(2007—2010 年),标志着国外 UTAUT 研究广泛发展。研究兴趣扩展到了多个领域,包括用户行为、高等教育、用户接受度、健康、大学、用户满意度。出现较高频次的关键词是信息技术、用户接受度、模型、determinant(决定因素)、extension(拓展)、behavioral intention(行为意向)等。例如,2007 年,信息技术、用户接受度、模型等领域开始逐渐融合。

第三阶段(2011—2014 年),部分研究领域已经进入黄金时期,如社交媒体、渠道扩张理论、远程医疗、UTAUT2。出现较高频次的关键词是 satisfaction(满意度)、banking(银行)、trust(信任)、service(服务)、perceived risk(感知风险)、structural equation model(结构方程模型)、社交媒体、高等教育等。研究热点主要包括 ergonomics(人类工程学)和 elementary education(基础教育)两个主题。值得注意的是,许多文献讨论了 UTAUT 领域中信任和感知风险因素。与此同时,借助结构方程模型进行分析是学者运用 UTAUT 研究相关领域的常用方法。

第四阶段(2015 年至今),在这个阶段,研究聚焦于大数据领域。高频次的关键词包括 UTAUT2、older adult(老年人)、电子健康、mobile app(移动应用)、初始信任、empirical examination(实证检验)、使用意愿、移动支付、健康、planned behavior(计划行为)、hedonic motivation(享乐动机)等。在这个阶段,随着通信技术和人工智能迅速发展,UTAUT2 成为重点关注的主题。

这四个阶段的发展表明,国外对 UTAUT 的研究兴趣逐渐扩展到多个领域,并且在不断关注其在新兴技术的影响下的不断发展。各个阶段的研究重点和热点不同,反映了 UTAUT 理论的多样性和适用性。

2.3.3.3 UTAUT 研究现状评述

UTAUT 是在经典的 TAM 及其他七个接受模型的基础上整合得出的。国内外许多学者利用此模型对用户接受信息技术进行研究。通过文献研究发现:许多文献在引用 UTAUT 进行采纳意愿分析时,根据实际情况对模型进行修改或审查,以确定是否添加相关的其他变量或者删除原有的弱相关变量,以得到一个合适的模型。例如有文章提出感知风险和感知信任应该作为自变量之一。张全瑜等[130]借助 UTAUT 研究社交平台和电子商务两者结合下的用户采纳意愿,归纳出如感知风险、感知信任、感知乐趣等决定性要素,指出感知风险、感知信任、感知乐趣要素在用户采纳意愿上的正负向引导效用。值得注意的是,2015 年至今,在具有高突发性分数的 UTAUT 共词网络中,诸如 system(系统)、计划行为、intervention(干预)等关键词表明,这些领域近年来发展迅速,有可能成为未来的研究热点。当前，对于 UTAUT 的研究越来越受到学术界的关注，特别是图书馆领域，王伟赟等[131]通过 UTAUT 中的绩效期望、努力期望、社会影响及促成因素等四个变量探讨影响用户对图书馆电子资源采纳意愿的因素，并对用户电子资源采纳行为进行问卷调查。

从上述文献研究可以看出，在开展 UTAUT 主题的研究过程中，学者们更多集中于技术接受模型、用户接受度、感知风险、感知信任和采纳行为等领域研究。同时，从研究内容可以发现国内学者从 2015 年开始关注 UTAUT 在高校图书馆用户接受领域的相关研究。

2.3.4　相关研究文献评述

通过对现有文献中图书馆智慧服务、数字孪生和 UTAUT 相关研究进行总结，本书结合文本挖掘方法对相关主题的国内外研究现状、研究进展进行分析。现有的研究为基于数字孪生的高校图书馆智慧服务用户接受相关研究提供了如下的理论支撑。

第一，从图书馆智慧服务的研究来看，随着数字孪生技术的飞速发展与普及应用，数字孪生技术主题和图书馆智慧服务相结合作为传统图书馆智慧服务模式创新，自身的交互性和创新性使其相关研究日益增多。同时，科技创新发展不断改变着智慧服务模式，对高校图书馆智慧服务生态体系产生了深远影响。通过对国内外文献的文本挖掘发现，学者们普遍认为开展数字孪生技术主题和图书馆智慧服务相结合的研究将对社会、高校、图书馆及用户具有重要的意义。数字孪生技术主题与图书馆智慧服务相关研究的热点主要集中在应用场景、体系架构和服务模式等方向。特别是近年来以物联网、人工智能和虚拟现实等智能技术为核心的高校图书馆信息技术的飞速发展，这些智能技术作为基于数字孪生的高校图书馆智慧服务的核心技术支撑，其与数字孪生技术的融合已经成为当前基于数字孪生的高校图书馆智慧服务关注的热点方向。用户对基于数字孪生的高校图书馆智慧服务的接受和采纳，就是对新型高校图书馆智慧服务的认可和肯定。

第二，从数字孪生技术主题的研究来看，数字孪生技术主题无论在理论研究方面还是在应用方面都已进入快速发展的阶段。通过对国内外数字孪生相关文献的文本挖掘分析发现，目前数字孪生技术主题已经在智能制造、工业 4.0、智慧城市和智慧图书馆等领域得到了应用。特别是从对未来图书馆研究来看，部分学者提出了数字孪生技术及其在图书馆中的应用研究，指出基于数字孪生的图书馆智慧服务是图书馆未来发展的新变革。对于高校图书馆而言，基于数字孪生的图书馆智慧服务可以实现图书馆的全景式、沉浸式、交互式管理，将物理图书馆的用户、资源、软硬件设备等与虚拟图书馆的信息充分贯通融合，实现物理图书馆及其数字孪生模型之间“虚实映射、以虚控实、协调交互”。

第三，从 UTAUT 的研究来看，随着信息技术的持续快速发展，如何促进用户对信息技术的接受引起了学者们的广泛关注与研究。经典的信息技术用户接受理论包括 TAM、UTAUT 等。其中，UTAUT 为研究人员提供了整合的、较为完善的信息技术接受相关理论。本书通过文本挖掘方法系统分析 UTAUT 的研究热点和发展趋势，发现 UTAUT 在高校图书馆信息技术用户接受相关领域中开展了相关的应用研究，例如移动图书馆高校用户接受行为的影响因素分析等。

基于以上研究成果可以看出，有关的研究虽然为本书深入探讨用户对基于数字孪生的高校图书馆智慧服务接受驱动机理研究提供了可借鉴的科研成果和理论依据，但仍然存在一些重要的问题需要进一步解决和探讨，这些问题可以为未来的研究提供方向和启示。

第一，在图书馆智慧服务的研究中，我们注意到图书馆智慧服务已经引起了广泛的关注。然而，我们可以看到现有研究视角多集中在智能技术分析方面，对于用户接受图书馆智慧服务的研究相对较少。从国内相关领域前 15 位的主要聚类群可以看出，现有研究主要包括智慧服务、大数据、数字孪生、物联网、人工智能等方面。其中，数字孪生相关研究的关键词主要包括应用场景、体系架构等。虽然已经有一些关于数字孪生技术和图书馆智慧服务相结合的理论研究，但大多数研究仍然停留在理论层面，较少关注用户的接受层面。因此，未来的研究可以更加注重用户对基于数字孪生的高校图书馆智慧服务的接受驱动机理，这将有助于我们更全面地理解用户对这种智慧服务的态度和行为。

第二，在数字孪生技术的研究方面，虽然该技术已经广泛应用于多个领域，例如智能制造、工业 4.0、建筑信息模型、智慧城市、未来图书馆等领域，但仍然有许多未解决的问题。部分学者结合数字孪生技术主题和图书馆智慧服务开展相关应用场景的分析。数字孪生技术作为一个对物联网、人工智能、大数据、虚拟现实、云计算等技术进行综合运用的技术框架，将数据、算法和决策分析结合在一起，逐渐成为一种实现物理图书馆和虚拟图书馆交互融合的有效手段，是推动高校图书馆新型智慧服务体系建设的重要力量。同时，国内外相关学者也正在开展数字孪生及其核心技术的用户接受相关研究。当前，数字孪生技术主题和图书馆智慧服务相结合的研究已经成为图书馆行业和管理界关注的焦点。我国数字孪生技术主题和图书馆智慧服务的相关研究呈现良好发展势头，但对于基于数字孪生的高校图书馆智慧服务的用户接受研究较少。以数字孪生技术主题为基础的高校图书馆智慧服务需要深入探究影响用户接受的众多因素，从而可以为高校图书馆在主动精准服务方面提出建议。

第三，在 UTAUT 主题的研究方面，随着信息技术的广泛应用，UTAUT 的研究对象在不断变化，目前的研究多集中在用户行为、用户接受度、高等教育、感知信任、学术社交网络等领域，较少涉及基于数字孪生的高校图书馆智慧服务领域。UTAUT 模型整合了信息技术接受领域中 TRA、TAM 等八大著名理论，相较于其他用户接受模型而言，该模型对用户接受行为的解释力和可扩展性较强，适用于不同信息技术采纳领域的研究，因此在基于数字孪生的高校图书馆智慧服务情境下，UTAUT 模型是用户基于数字孪生的高校图书馆智慧服务接受机理研究较理想的选择。当前，UTAUT 和基于数字孪生的图书馆智慧服务相结合的研究尚处于起步阶段，仅有的研究也主要是在 UTAUT 模型基础上对数字孪生核心技术与图书馆智慧服务相结合的用户接受影响因素的初步探讨，许多基于数字孪生的高校图书馆智慧服务用户接受的核心因素未被考虑纳入研究框架。现有研究缺乏可供借鉴的基于数字孪生的高校图书馆智慧服务用户接受驱动机理方面的研究成果，而这对基于数字孪生的高校图书馆智慧服务和 UTAUT 发展而言又是重要的研究方向，因此需要搭建用户基于数字孪生的高校图书馆智慧服务接受驱动机理研究的框架，结合 UTAUT 探索相关智慧服务的驱动因素与影响机理，使得研究模型能够更好地与基于数字孪生的高校图书馆智慧服务具体研究情境相适应。

2.4　本章小结

基于数字孪生的高校图书馆智慧服务用户接受驱动机理研究涉及管理学、计算机科学、图书馆学、社会学、心理学等多种学科的研究领域。首先，本章对图书馆智慧服务、数字孪生和 UTAUT 相关概念进行了界定。其次，对基于数字孪生的高校图书馆智慧服务用户接受驱动的主要理论进行阐述，包括复杂适应系统理论、信息技术用户接受理论和 UTAUT。再次，通过文本挖掘方法，以国内外图书馆智慧服务、数字孪生和 UTAUT 研究文献为对象，用知识图谱的方式展示了相应研究内容的热点和演化历程。最后，结合相关研究文献进行评述。基于文献综述分析可以看出，基于数字孪生的高校图书馆智慧服务用户接受驱动机理的研究对于高校图书馆智慧服务而言，具有重要的研究价值，但目前针对基于数字孪生的高校图书馆智慧服务领域的信息技术用户接受理论研究较少。因此，本书拟在前人对基于数字孪生的图书馆智慧服务研究的基础之上，从用户视角探讨影响基于数字孪生的高校图书馆智慧服务接受的驱动因素及影响机理，进而为基于数字孪生的高校图书智慧服务的发展提供合理化建议。

第3章 基于数字孪生的高校图书馆智慧服务用户接受体系构建

3.1 数字孪生的核心技术与技术体系

3.1.1 数字孪生的核心技术

中国信通院在数字孪生城市白皮书中指出，数字孪生的本质是各项数字技术的集成应用。数字孪生的核心技术主要体现在以下六个方面[24,132]：

（1）多领域、多尺度融合建模

数字孪生是对物理实体进行精准的数字化复现，并通过物联网实现物理实体与数字孪生体之间的虚实互动。多领域建模是从不同领域、深层次的机理层面结合建模技术对物理系统进行跨领域的设计理解和建模，其目的是消除各种物理实体，特别是复杂系统的不确定性。在建筑领域中，BIM是数字孪生建模的工具，它在数字空间内以高度精确的数字模型来描述和模拟物理世界中的事物。多领域建模的难点在于，物联网感知接入技术为确保基于高精度传感测量的模型动态更新，采集的数据要与实际的系统数据保持高度一致，细粒度数据有利于用户更深刻地认识物理实体及其运行过程。

（2）数据驱动与物理模型融合的状态评估

数据驱动是通过采集数据建立数据依赖的回归、生成、搜索等模型，实现对数据中隐含规律的挖掘和使用，产生预测和分析结果。基于数据驱动的数字线程是物理实体与其相对应的若干数字孪生体之间的沟通桥梁，它利用先进的建模和仿真工具，以实现对物理实体全生命周期的实时覆盖。基于模型的系统工程贯穿物理实体全生命周期的技术过程的形式化建模，其创建数字孪生的框架，可以作为数字线程的起点，使用从物联网收集的数据，运行系统仿真来探索物理实体故障模式。在系统状态评估过程中，可以将数据驱动和物理模型两种方法并行，融合两者组合评估得到系统最终结果。

（3）数据采集和传输

数据采集主要是通过传感器及分布式传感网络对物理设备数据进行实时

准确的感知获取。传感器的分布和传感器网络的构建以实时性、容错性为基本要求,系统的物理实体信息通过分布式传感器采集,数据采集过程需要保证数据的真实可靠。物联网是承载数字孪生数据流的重要工具,其关键技术主要包括 RFID 技术、传感器技术和嵌入式系统技术等,物联网的各种感知技术是实现数字孪生的必然条件。

(4) 全生命周期数据管理

全生命周期数据管理是数字孪生系统的重要支撑,从面向过程的角度出发,实时提供物理实体在运行过程中的所有参数,通过对系统参数的实时共享与分析,进而预测风险。大数据和人工智能技术能够从数字孪生采集数据中提取更多有价值的信息,以分析和预测物理实体的运行过程。伴随着物理实体全生命周期的进行,数字孪生体也不断完善,每一个阶段的数字孪生体与物理实体交互,并承载着上一阶段传递的信息。海量的历史数据记录着物理实体生命历程的点滴,加深对系统机理、数据特性的理解和认知,同步形成特点鲜明的生命周期。

(5) 虚拟现实呈现

虚拟现实技术是以计算机技术为核心技术的融合,其为用户营造一种集视觉、听觉和触觉等高度拟真感受于一体的虚拟环境。虚拟现实通过多模态建模手段营造物理实体的数字化世界,具有沉浸感、交互性和想象性三个特征。在虚拟现实的发展线中,从 VR 身临其境,到 AR(增强现实)虚实结合,再到 MR(混合现实)虚实融合,然后用户将走进虚拟世界,使用 XR(扩展现实)技术实现与物理实体的孪生系统交互。VR 技术是使数字孪生中虚拟模型真实呈现物理实体以及增强物理实体功能的关键,为用户创新提供灵感。

(6) 高性能计算

高性能计算是数字孪生信息分析的效率保障。在数字孪生模式下,物理实体实现高度数字化,同时产生物理感知数据、模型生成数据和虚实融合数据等海量数据资源。云计算作为分布式数据存储技术和虚拟化技术等新型技术融合发展的产物,可以为数字孪生按需提供可配置的计算资源共享池,通过数字孪生接口协议自动关联,实现对孪生数据资源的云端优化配置,显著降低运维团队的运营成本,推动异构系统数据流的无缝对接和数字孪生系统架构的实时闭环管控。

3.1.2 数字孪生的技术体系

数字孪生综合运用多种技术,实现物理空间和虚拟空间的实时映射及虚实交互,其技术体系包括数据保障层、建模计算层、功能层和沉浸式体验层[24,132]。数字孪生的技术体系如图 3-1 所示。

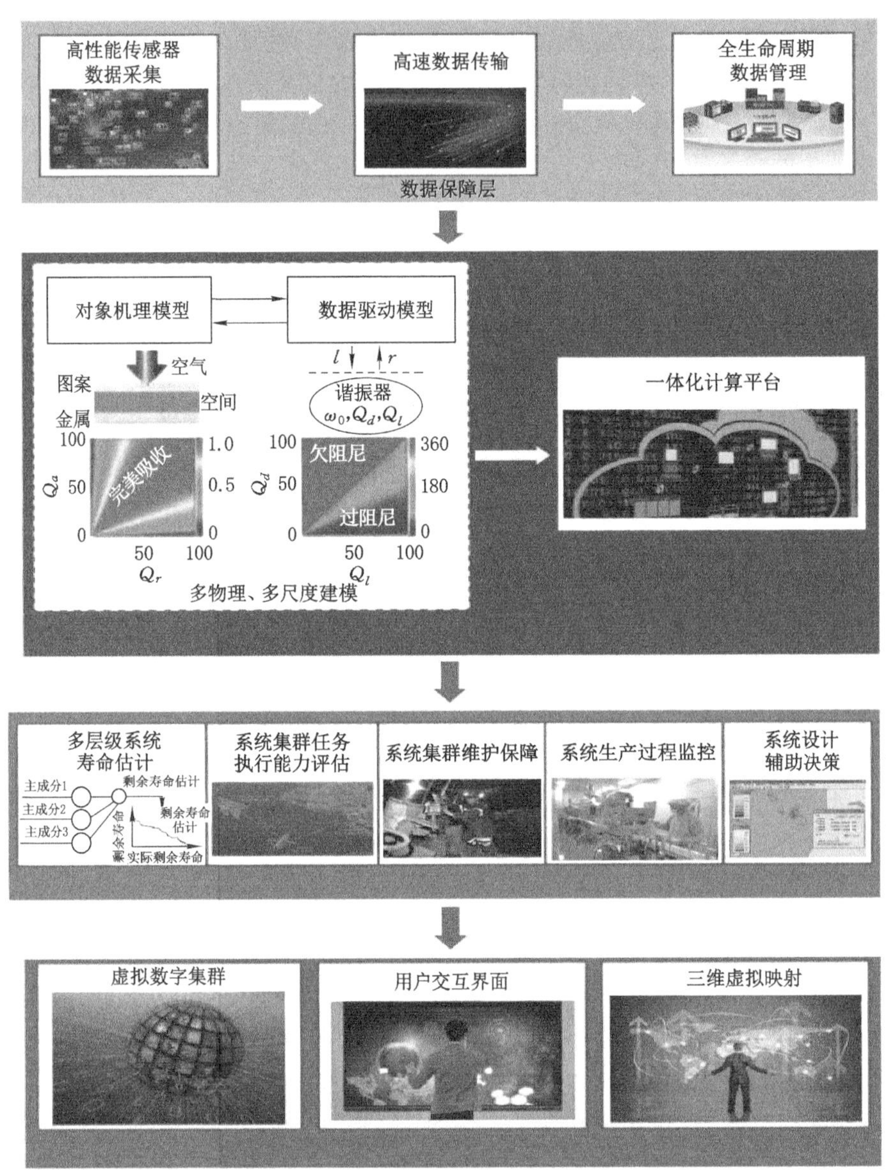

图 3-1 数字孪生的技术体系[132]

(1) 数据保障层

数据保障层是整个数字孪生技术体系的基础，包括高性能传感器数据采集、高速数据传输和全生命周期数据管理三个部分。其中，高性能传感器能够对相关物体实体信息进行准确、可靠与实时的采集，对数字孪生体系中数据传输与处理起到关键性的影响。系统实时传感信息反映系统的实时物理特性，对多运行阶段系统具有适用性。伴随物理实体全生命周期的进行，数字孪生体系中的数据保障层也同步形成特点鲜明的全生命周期数据管理模式。

(2) 建模计算层

建模计算层包括多物理、多尺度建模和一体化计算平台两个部分。通过对传感数据进行系统层次解析，结合建模语言和模型开发工具创建高保真的虚拟模型，再现物理实体的几何图形、属性、行为和规则。一体化计算平台主要通过智能计算模型、算法，结合先进的可视化技术，实现对物理实体运行指标的可视化监测以及未来发展的在线预演。

(3) 功能层

功能层是数字孪生体系最核心的价值体现，其利用数据建模得到的模型和数据分析结果实现预期功能，包括：实时反映物理实体的详细情况，实现系统执行任务能力的评估、维护、监控及辅助决策等功能，提升物理实体的性能表现和用户体验。功能层可以根据数字孪生系统执行的任务提供定制服务，从而支持系统性能指标状态的评估，为决策过程提供支持。

(4) 沉浸式体验层

沉浸式体验通过触发用户的感官和认知体验，营造氛围令用户高度专注，使其置身于所在的虚拟主题的状态中。数字孪生技术体系在沉浸式体验方面，主要由虚拟现实技术形成相关体系的虚实界面，包括 VR、AR、MR 等。沉浸式体验层通过全面接管用户的视觉、听觉、触觉以及动作访问数字孪生技术体系功能层信息，充分发挥数字孪生系统决策参考辅助作用。

3.2　基于数字孪生的高校图书馆智慧服务内容分析

在基于数字孪生的高校图书馆智慧服务中，图书馆物理实体是现实世界真实存在的实体，是基于数字孪生的高校图书智慧服务的基础。图书馆物理实体的运行数据可以同步传输到图书馆虚拟模型，后者利用这些数据实现对现实物理实体的模拟、分析和优化，打破了现实与虚拟世界之间的鸿沟。

3.2.1　基于数字孪生的高校图书馆智慧服务的特征

基于数字孪生的高校图书馆智慧服务具有如下特征。

(1) 身临其境的沉浸式服务

基于数字孪生的高校图书馆智慧服务以用户需求为导向，结合虚拟现实技术为用户打造沉浸式服务体验。首先,在这个数字化的虚拟环境中,用户能够感受到自己是数字孪生系统所创建的数字孪生体中的一部分,这种沉浸感超越了传统图书馆服务的限制。基于数字孪生的服务通过虚拟现实技术扩展了用户的感知范围,用户除了视觉感知,还可以体验到听觉、触觉、运动等多种感知方式。例如,用户可以通过虚拟现实头戴设备获得三维图书馆环境的视觉体验,并且通过手势或控制器与数字世界进行互动。其次,数字孪生环境为用户提供了更多的学习和互动机会。用户可以与数字孪生环境中的元素进行互动,参与虚拟讲座、文化展览、社交活动等,从而丰富他们的学习和社交经验。最后,数字孪生技术还为用户提供了在虚拟环境中获得实际技能和经验的机会。用户可以在虚拟环境中参与模拟试验、虚拟培训、虚拟实习等活动,这些经验可以直接应用于真实世界中。例如,学生可以在虚拟图书馆中练习信息检索技能,然后将这些技能应用于实际的研究项目中,这种身临其境的学习体验有助于提高用户的实际操作能力和就业竞争力。

(2) 虚实共生的体验式服务

基于数字孪生的高校图书馆智慧服务是整合多种新技术而产生的新型虚实共生的服务形态,其通过建立物理实体的数字映射,并基于智慧服务过程中产生的数据形成闭环反馈和优化,实现在数字世界中对物理实体的服务状态和行为进行全面呈现、精确表达和动态监控。数字孪生技术可以让服务系统基于数据在合适的时间和场景,做出合适的决定,为用户提供更好的服务体验。用户能够结合不同维度的智慧服务场景,根据物理实体全生命周期的数据资源来解决实际问题,预测即将发生的结果,优化问题解决方案。此外,数字孪生技术实现了虚实环境的闭环反馈和优化,通过不断采集和分析数字孪生环境中产生的数据,图书馆管理者可以了解用户的需求和行为,预测服务需求。与此同时,数字孪生技术也为图书馆提供了更多的创新机会。由于数字孪生系统是一个灵活的虚拟环境,图书馆可以根据不同的需求和场景进行定制化服务。例如,图书馆可以根据用户的兴趣和需求创建虚拟展览,模拟不同的学习和研究场景,提供个性化的学习路径等。

(3) 无缝衔接的交互式服务

基于数字孪生的高校图书馆智慧服务是一种无缝衔接的交互式服务,它通过多重感官的深度融合实现了用户与服务模型之间的实时互动。该智慧服务可以实现用户与服务模型之间深度融合的全方位实时交互。用户通过对数字孪生体的操作与控制,实现物理实体服务内容与数字孪生服务内容间的实时关联,提升了人机之间的交互能力。例如,用户可以通过手势或控制器与虚拟图书馆中的书籍进行互动,甚至与其他用户进行协作。基于数字孪生的高校图书馆智慧服务环境中的数据具有实时性和动态性，数字孪生系统不仅可以采集实时数据，还可以分析数据并做出相应的反馈和决策。这意味着用户与图书馆的互动可以及时产生反馈，基于数字孪生的高校图书馆智慧服务可以根据用户的需求和行为进行调整。例如，用户在虚拟图书馆中进行检索时，系统可以根据用户的检索词提供实时的搜索结果，还可以分析用户的浏览行为并向用户推荐相关书籍。这种实时性和动态性使得服务更加贴近用户的实际需求。

3.2.2　基于数字孪生的高校智慧服务典型案例研究

目前，全世界已有牛津大学、剑桥大学、斯坦福大学等多所大学，空客、西门子、通用电气公司等国际著名企业，美国国家航空航天局、德国费劳霍夫研究院等研究机构相继开展了数字孪生研究和探索。数字孪生无论在理论研究方面，还是在企业应用方面都已进入了快速发展阶段，数字孪生在高校文化教育领域也有很大的应用潜力。

（1）基于数字孪生的文旅融合服务

基于数字孪生的文旅融合服务是一种将数字孪生技术与文化旅游服务相结合的新型服务模式。例如，文化遗产、历史景点、博物馆等文化旅游相关服务可以使用数字孪生技术将实践场所和文化资源数字化，以提供更为丰富、互动和个性化的用户体验。2021 年 9 月，上海首个数字孪生博物馆系统在上海市历史博物馆（上海革命历史博物馆）启用，上海科技大学孵化的第一家企业（叠境数字科技有限公司）结合馆方管理和用户参观的需求，开发时空一体的数字孪生系统，对上海市历史博物馆（上海革命历史博物馆）及周边进行超精细三维数字化复原，构建了数字历博、数字服务、历博之眼、历博之感、历博之声、城市脉搏和数字文保七个板块。上海市历史博物馆数字孪生系统如图 3-2 所示。博物馆重视结合数字孪生系统提升用户的体验度，比如为用户提供在线参观云展览、留言等。基于数字孪生的文旅融合服务赋予了用户全新的体验，文化遗产现在不再受制于时间和地点，而是可以随时随地被探索。数字孪生技术的引入大幅度增强了用户在博物馆的沉浸式体验。

（2）基于数字孪生的全息课堂

基于数字孪生的全息课堂是一种创新性的学习环境，它将数字孪生技术、全息技术以及高速移动通信技术（如 5G）融合，旨在为学生提供身临其境、高度互动和多感官体验的学习场所。上海开放大学以 5G、数字孪生、全息技术等为高校用户构建虚拟课堂与现实课堂融为一体的沉浸式全息课堂学习环境，如图 3-3 所示。基于数字孪生的全息课堂实现不同教师人物的“数字孪生”，用户

图 3-2 上海市历史博物馆数字孪生系统

可以与数字孪生教师实时互动,实现优质课程资源的共享共用①。基于数字孪生的全息课堂将虚拟世界与现实世界融合,创造了一种全新的学习环境,学生可以在虚拟空间中与教材、教师、同学和学习资源互动,实现高度沉浸式的学习。例如,医学学生可以使用虚拟患者进行临床实践,工程学生可以在虚拟环境中进行试验,这有助于提高学生的实际操作技能。

图 3-3 基于数字孪生的全息课堂

(3) 基于数字孪生的高校创客空间服务

基于数字孪生的高校创客空间服务是指将数字孪生技术应用于高校创客空间,旨在为学生和创客社群提供更强大的工具和资源,以推动他们的创意和创新活动。随着5G、数字孪生等技术的不断成熟,将数字孪生融入高校创客空间的构建中,推动高校创客空间服务从物理空间走向虚实映射空间。V. Toivonen 等[133]介绍了一种以柔性制造系统(FMS)为核心的通用学习环境。基于 FMS 训练中心现象的学习环境由一个物理训练系统和它的数字孪生体组成,用户可以在参观生产设施之前熟悉完全自动化的生产系统,并在虚拟环境中开发和测试程序,如

① 王腊梅,肖君.上海开放大学:创建沉浸式学习空间[J].中国教育网络,2021(5):69-71.

图 3-4 所示。在基于数字孪生的创客空间服务中，用户可以通过真实的制造管理系统（MMS）控制器操作虚拟模型，按照自己的进度在不同的小组中执行所需的任务。此外，用户还可以在实际的创客空间中利用数字孪生技术创建虚拟环境，这使得他们可以在虚拟环境中进行创意试验、原型制作和项目开发。

(a) 物理系统FMS训练中心

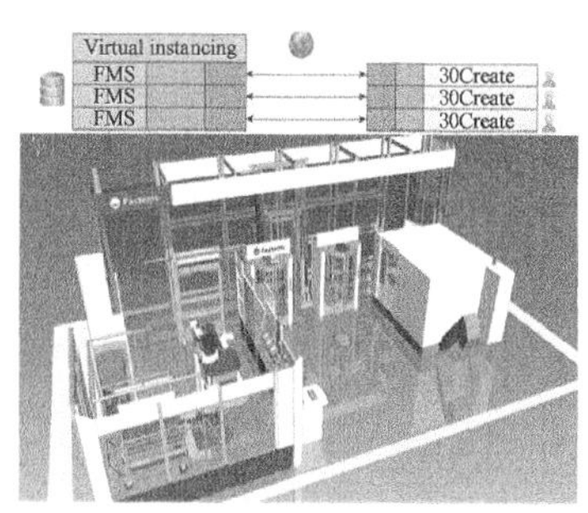

(b) 数字孪生系统

图 3-4　基于数字孪生的 FMS 训练中心

（4）基于数字孪生的用户培训服务

基于数字孪生的用户培训服务是一种教育和培训方法，它利用数字孪生技术，为学生或培训人员提供高度互动和沉浸式的学习体验。在高等教育领域应用数字孪生技术既有助于提高学生们的学习积极性，又可以改善整体学习体验。Q. Y. Wang 等[134]基于数字孪生技术建立人机交互焊接和用户行为分析的平台。该人机交互系统包括三个模块：在场外演示焊接操作的用户、在现场完成物理焊接任务的机器人和基于 VR 开发的数字孪生系统。该数字孪生系统通过双向信息流将用户和机器人联系起来，将在 VR 中演示的焊接操作传送给物理环境中的机器人，在虚拟现实中向用户显示物理焊接场景，如图 3-5 所示。通过数字孪生技术整合了虚拟和实际环境，用户在 VR 或 AR 环境中与数字孪生系统互动，同时与真实世界的物理环境保持联系。这使得用户能够在虚拟环境中模拟实际工作场景或任务，而不必在实际环境中进行培训。例如，基于数字孪生的用户培训服务系统为用户与焊接场景互动提供了训练平台，让用户能在虚拟世界中完成系统的操作培训，它利用虚拟和实际环境的融合，为用户提供实践的机会，以提高他们的技能和知识水平。

（5）基于数字孪生的机器人服务

基于数字孪生的机器人服务是一种整合数字孪生技术的智能机器人服务，旨在感知、理解和参与用户、网络和物理环境的交互。B. C. Wang 等[135]基于数字孪生技术感知用户-网络-物理系统（HCPS）的当前环境，包括准确跟踪和反映

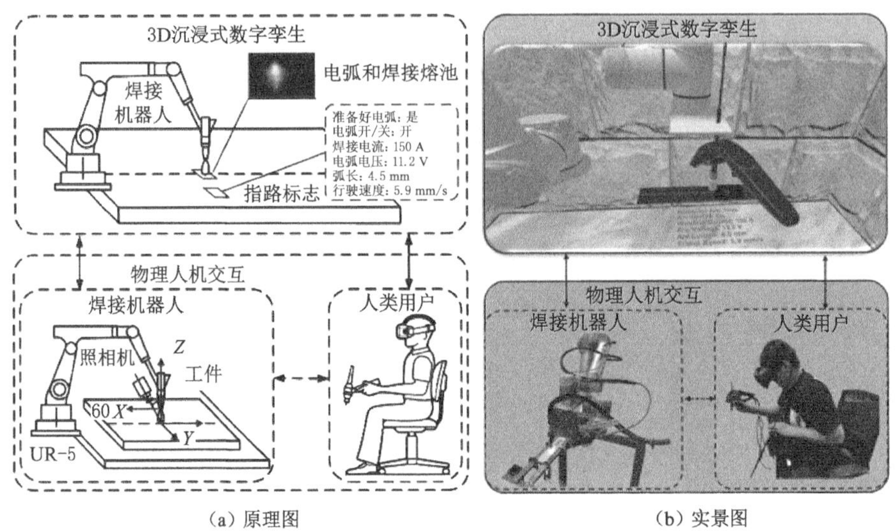

(a) 原理图　　(b) 实景图

图 3-5　焊接制造培训中的人机交互数字孪生

用户的运动、感知和操作能力，并解决以用户为中心的业务挑战，如图 3-6 所示。基于数字孪生的机器人服务将其各个要素之间通过人机一致性将用户与物理系统紧密而全面地联系起来，同时了解当前网络环境和物理世界中的情况。这种感知能力有助于机器人更好地理解并满足用户的需求，以用户的主动性来调节人机关系。此外，它们可以处理烦琐和复杂的任务，监测关键参数，而不需要用户亲自在现场进行。比如，某些特殊空间探索场景的科学研究领域，科研人员可能需要进行试验或数据采集，但由于环境的特殊性，无法亲自到达现场，在这种情况下，基于数字孪生的机器人可以协助科研人员完成任务。

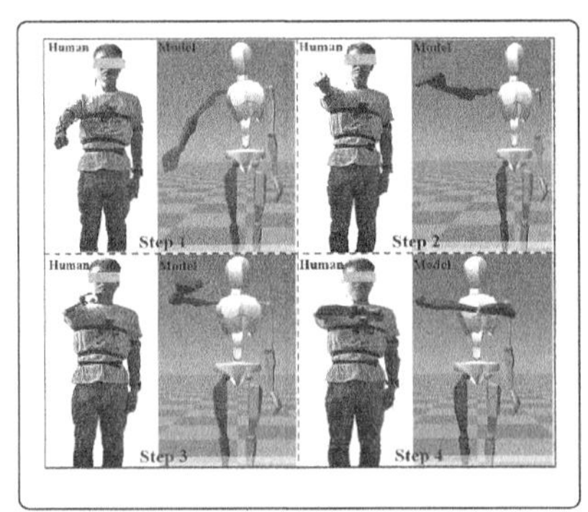

(a) 人类的建模和模拟

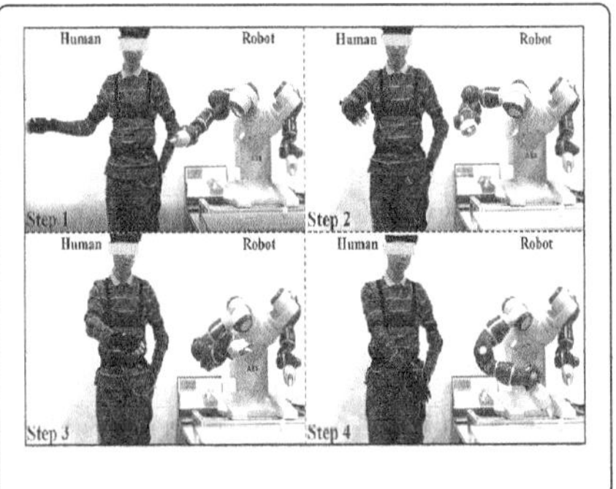

(b) 人类和机器人之间的运动捕捉和控制

图 3-6　基于数字孪生的机器人

(6) 基于数字孪生的文献课程教育

基于数字孪生的文献课程教育是一种教育方法，将数字孪生技术与高校文献课程相结合，以提供更丰富的学习体验和更深入的教育内容。例如，天津大学定期开展文化遗产测量调查实地考察，并在每个实践环节对学生进行教育。W. Xi 等[136]以曲阜孔庙奎文阁为例，结合数字孪生技术介绍了天津大学遗产文献课程的远程实践方法。孔庙奎文阁是一座具有明清(14—20 世纪)官方建筑风格的图书馆，其建筑规范得到普遍认可，适合测量教育。在课程教学的实践过程中，远程解决方案具体包括现场数据采集、后期处理、在线教育、数据建模等。在现场考察中，教师和学生使用数字孪生技术(如智能防抖相机和全景直播)来记录文化遗产的详细信息。学生们通过在线课程平台在虚拟环境中完成实际考察和测量工作，通过虚拟参观和在线学习方式完成课程，最终实现 HBIM(历史建筑信息建模)模型的交付，如图 3-7 所示。基于数字孪生的文献课程教育结合了实地考察、数字孪生技术和在线教育，提供了更深入、更丰富的学习体验，使学生能够更好地理解和参与文化遗产的保护与维护。

(a) 现场直播调查　　(b) 在线课程平台

图 3-7　现场直播调查和在线课程平台

(7) 基于数字孪生的智慧校园管理

基于数字孪生的智慧校园管理是一种创新性的校园管理方法，其集成了多种数据模块，包括物联网传感器、大数据、云计算、BIM 以及各种业务子系统，借助数字孪生技术将整个校园实际情况建模并映射到虚拟空间，以实现校园管理的三维可视化和智能化。2021 年 3 月，数峦云(杭州)科技有限公司参与浙江工商大学智慧校园信息化建设工程，结合物联网传感器、大数据、云计算、BIM、业务子系统等数据模块，打造数字孪生智慧校园三维可视化运维平台，将整个校园情况通过三维建模1：1映射到虚拟空间，这使管理者可以用更直观的方式了解校园的各个方面。数字孪生智慧校园通过物联网传感器等技术实时监测校园内的各种数据，包括安全、教学、运维、环境、资产、能源等方面的变化。基于数字孪生的智慧校园管理将各个数据源整合在一起，打通数据孤岛，挖掘数据的公共价值。这种数字孪生技术的应用有助于高校管理层通过系统快速地掌握校园情况，提升校园决策能力。

3.2.3 基于数字孪生的高校图书馆智慧服务应用场景分析

2006年，图书馆联盟系统启动了Second Life Library 2.0项目，并创造了一个图书馆虚拟环境。用户和馆员可以化身为虚拟居民，体验沉浸式学习、交互式服务、无障碍交流。VR/AR技术在图书馆学习空间、用户体验、数字文化、3D模型等方面的探索，类似于图书馆场景的虚拟孪生体，是数字孪生图书馆的雏形。2022年4月底，上海图书馆东馆正式开放，其采用全生命周期BIM数字化设计、建造和运维。上海图书馆东馆采用数字孪生技术，融合能耗监控、楼宇自控、图书分拣、设备运维和安防监控等动态信息，实现智慧化运维。其中，图书分拣系统可将图书分拣系统设备静态和动态信息有机融合，图书在图书馆中的运行状态、分拣状态可以通过数字孪生智慧管理平台被实时监测，当书篓满载后将自动微信通知图书馆管理员，有效提高管理效率。

本研究认为基于数字孪生的高校图书馆智慧服务场景主要分为以下七个方面。

(1) 基于数字孪生的智慧阅读服务

基于数字孪生的智慧阅读服务是一种基于数字孪生技术的图书馆阅读服务，旨在提供高度个性化和智能化的阅读体验。高校图书馆通过数字孪生技术实现对用户阅读行为数据的全过程采集，包括用户在图书馆虚拟空间中的行为、兴趣、阅读历史和偏好等数据。例如，高校图书馆可以利用数字仿真、3R(VR、AR、MR)技术，构建高仿真度、高精度、高清晰度的图书孪生模型，并为用户营造三维立体感知、沉浸式体验的虚拟空间。此外，用户可以使用无标记的AR系统在物理空间中与虚拟图书馆进行交互体验，当用户对虚拟图书馆中一本图书资源进行“凝视”，该行为被跟踪并映射到智慧阅读服务系统的虚拟库中，随后用户可以获得该图书的数字版本下载和阅读服务[137]。

(2) 基于数字孪生的智慧资源导航服务

基于数字孪生的智慧资源导航服务是一种基于数字孪生技术的图书馆资

源导航服务，其目标是为用户提供智能的资源导航和访问体验。高校图书馆可以依托数字孪生技术还原图书馆物理场景，以三维数字化呈现的方式将物理图书馆智慧导航服务过程中的资源数据融入虚拟空间，将物理图书馆馆藏和虚拟图书馆馆藏连接为一个有机的整体，实现物理图书馆与虚拟图书馆的智能书架、图书定位设备等全息互联。用户可以在虚拟环境中访问物理图书馆和虚拟图书馆的馆藏资源，更轻松地找到所需的图书和文献。此外，用户可以结合友好的人机交互操作方式，通过移动显示器、可穿戴设备等在线检索图书馆馆藏资源布局，体验可视化馆藏查询等沉浸式服务。

(3) 基于数字孪生的智慧教学服务

基于数字孪生的智慧教学服务是指利用数字孪生技术为学生提供更丰富、高效和个性化的学习体验，能够突破物理条件的限制，通过仿真、预测、监控、优化和控制实现信息素养教学服务的持续创新。例如，通过虚实融合、情景交融的基于数字孪生的信息素养课堂，用户可以在学习体验中更好地制定适合自己的学习规划，提升用户学习成效与体验。S. G. Liu 等[138]分析数字孪生技术的特点，给出了全息课堂的应用前景，包括升华学习空间、优化远程学习过程等。在这里，数字孪生技术可以创建高度真实的仿真环境，使得学生可以在虚拟场景中进行练习和试验，有助于他们更好地理解复杂的概念和现象。同时，通过基于数字孪生的数据分析和预测功能，学生可以预测学习结果，提前发现问题并采取相应措施。此外，在基于数字孪生的智慧教学服务中，教育者可以结合数字孪生技术开发新的虚拟学习资源，包括模拟试验、虚拟现实学习环境、互动模块等，以更好地培养学生的信息素养。

(4) 基于数字孪生的智慧空间服务

基于数字孪生的智慧空间服务是指高校图书馆等机构利用数字孪生技术，以虚拟空间和物理空间的融合互动为特点，为用户提供一种沉浸式、无时空限制的知识服务空间。对于高校图书馆来说，高校图书馆可以利用数字孪生技术，通过虚拟建模和仿真等手段，将物理图书馆的结构、资源、设施以高度精准的方式映射到数字化空间中，用户可以通过网络在虚拟图书馆中自由漫游，探索不同的书架、图书和资源。此外，用户还可以参与在线课程、访问研究工具和数据库，或者向图书馆馆员和导师进行远程咨询。该服务通过数字孪生技术的应用，为用户提供了更加便捷、沉浸式和多维的智慧服务体验。

(5) 基于数字孪生的智慧学科服务

基于数字孪生的智慧学科服务是通过数字孪生技术，将用户的学科学习与物理空间的实时数据同步，从而为用户提供沉浸式、高度个性化的学科学习体验。该智慧学科服务将实际世界映射到数字化空间，通过 3D 建模、数据采集和分析等手段，创造虚拟的学科学习环境，使得用户的学科学习不再受到地理位置和时间的限制。此外，智慧学科服务充分利用虚实共生的数据，这意味着物理空间和虚拟空间之间的用户位置、活动、检索历史、学科偏好等数据实现了互通，高校图书馆通过分析用户的数据可以实时预测用户的个性化需求和学科发展轨迹，为用户提供个性化的资源、建议和学习路径，以满足他们的学术需求。

（6）基于数字孪生的智慧安防服务

基于数字孪生的智慧安防服务系统是高校图书馆采用数字孪生技术来实现的全面、智能、多元化的安全保障系统，覆盖多个关键领域，包括环境监测、视频监控、门禁管理、能源调度、人流密度监测、风险预警等，旨在确保高校图书馆的安全性。在数字孪生背景下，高校图书馆智慧安防服务可以实现对图书馆各要素的动态监测。例如，高校图书馆可以使用数字孪生技术来监测图书馆内的人流密度，这将有助于管理者更好地理解哪些阅览区域最繁忙以及何时最繁忙，然后结合这些数据优化图书馆的布局和资源分配。此外，基于数字孪生的智慧安防服务还包括风险预警系统。通过实时数据监测，基于数字孪生的智慧安防服务系统可以检测到异常情况，例如火警、漏水、电力故障等。一旦检测到风险，系统会立即发出警报，同时将详细信息传递给相关人员，以便他们可以采取适当的行动，这种快速的应急响应可以最大限度地减少事故的损失。

（7）基于数字孪生的数字人文建设

数字人文建设是近几年高校图书馆智慧服务的新方向。基于数字孪生的数字人文建设是数字孪生技术与数字人文建设的融合，为高校图书馆的特色馆藏书籍和文化遗产保护提供了新契机。数字孪生技术提供了全方位映射的能力，使图书馆能够立体呈现特色馆藏书籍内容。用户可以通过文字、图形、声音和互动元素深入了解书籍的内容、历史和文化，结合可视化界面在文献数字孪生体中查找和筛选相关信息，使烦琐的检索过程更加直观和高效，这将有助于用户更好地理解和访问图书馆的特色馆藏资源。此外，数字人文建设通过数字孪生技术帮助高校图书馆更好地保存文化遗产，原本脆弱的古籍纸质书籍可以以数字化形式保存，减少了文献的磨损和损坏，有助于促进文化遗产的传承与传播。

3.3 基于数字孪生的高校图书馆智慧服务五维模型构建

北京航空航天大学陶飞等[25]提出数字孪生五维模型的概念，并对数字孪生五维模型的组成架构及应用准则进行了研究。数字孪生五维模型如式(3-1)所示：

$$\mathrm{MDT}=(\mathrm{PE},\mathrm{VE},\mathrm{Ss},\mathrm{DD},\mathrm{CN}) \tag{3-1}$$

式中:PE 表示物理实体,VE 表示虚拟实体,Ss 表示服务,DD 表示孪生数据,CN 表示 PE、VE、Ss 和 DD 之间的连接[25]。

结合数字孪生五维模型,本书提出基于数字孪生的高校图书馆智慧服务五维模型,主要由物理实体(物理图书馆)、虚拟实体(虚拟图书馆)、基于数字孪生的智慧服务、数字孪生数据与各部分间连接五个部分组成,如图 3-8 所示。该模型以智慧服务的协同开发贯穿于其全周期管理过程,并通过相应的数字孪生数据驱动,将物理图书馆与虚拟图书馆进行有效融合。

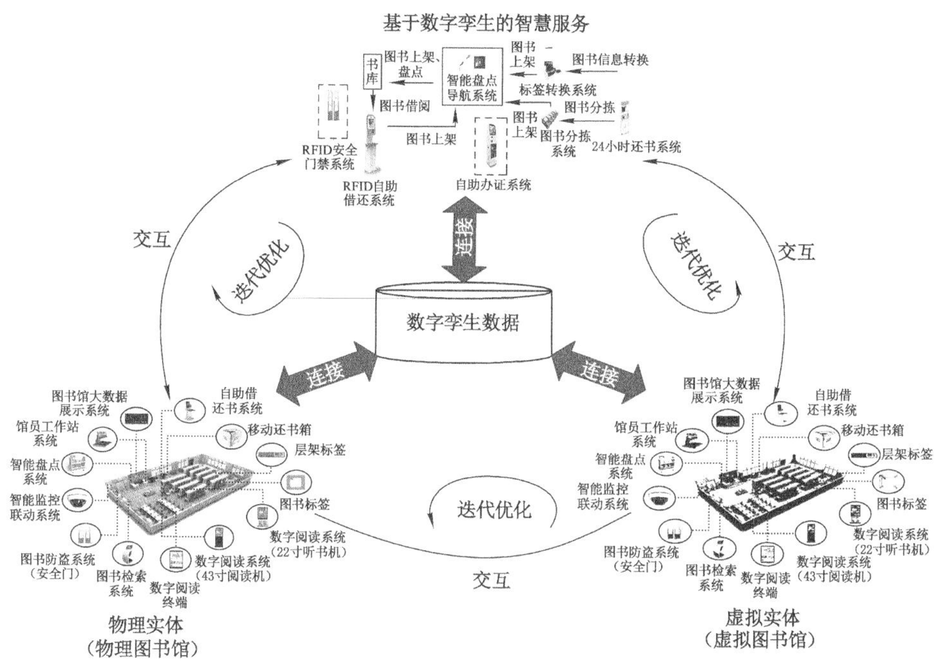

图 3-8　基于数字孪生的高校图书馆智慧服务五维模型结构示意图

(1) 物理实体

物理实体是用户可以接触的物理图书馆,由知识资源、软硬件设施、信息技术、业务规则、管理与服务行为等有效融合而成。通过传感器技术和物联网技术,可以实时采集智慧服务生命周期内产生的大量数据(如资源数据、空间数据、用户数据、业务数据、管理数据等)。同时,这些数据还可以由用户浏览网页记录、电子资源下载记录、评价反馈等其他数据补充。所有的数据都可以存储和处理在云平台中,使图书馆管理人员和任何有互联网接入权限的用户可以方便地获得这些数据。

(2) 虚拟实体

虚拟实体包括几何模型、物理模型、行为模型、规则模型和网络模型。前两个模型分别描述了图书馆的地理特性(如造型、位置关系)和物理性能(温度、湿度和环保性)。行为模型不仅分析智慧服务的行为,而且关注用户和环境的行为,以及它们之间的相互作用。规则模型主要包括遵循智慧服务运行和维护规律建立的评价、优化和预测模型等。网络模型主要包括用于模拟现实物理图书馆中各种智慧服务场景的网络关系。数字孪生图书馆可以在云环境中开发、部署和维护,这为用户提供了轻松的访问体验。此外,借助 VR 和 AR 等技术,用户可以在沉浸式的虚拟环境中与虚拟产品直接交互,具有高度的真实性并可以做到实时反馈。

(3) 数字孪生数据

在数字孪生技术中,从图书馆物理和虚拟空间收集的数据可以被分析、集成和可视化。首先,需要通过数据分析将数据转化为更具体的信息,供用户直接查询,从而为用户提供决策依据。其次,由于图书馆智慧服务数据是从不同的途径(如实体图书、虚拟资源、互联网等)收集的,因此通过数据集成可以发现那些基于单一数据源无法发现的隐藏模式。再次,结合数据可视化技术,以更明确的方式呈现服务数据。最后,结合先进的人工智能技术,增强数字孪生的认知能力(如推理、问题解决和知识表示),实现资源自动推荐。

(4) 基于数字孪生的智慧服务

基于数字孪生的智慧服务主要有两种类型:功能服务和业务服务。功能服务包括基于数字孪生的高校图书馆数据分析、集成和挖掘服务以及连接、通信和交互服务。业务服务是为了满足用户的需求而提供的,如资源使用评估、培训和用户体验,该服务可以通过具有标准的服务接口和数字孪生模型呈现给用户,以便于最大化地保障智慧服务的可扩展性。

(5) 连接

前四部分之间的连接包括物理实体与数字孪生数据、物理实体与虚拟实体、物理实体与智慧服务、虚拟实体与数字孪生数据、虚拟实体与智慧服务、智慧服务与数字孪生数据之间的连接。这些连接是基于数字孪生的高校图书馆智慧服务各维度互联互通的关键,可以利用传感器技术、大数据采集技术等将物理图书馆智慧服务中产生的数据进行采集,通过不同协议传输到数字孪生数据层,将物理空间和虚拟空间连接起来,通过人工控制物理图书馆中智慧服务的运行,实现基于数字孪生的高校图书馆智慧服务的实时更新和优化。

3.4 基于数字孪生的高校图书馆智慧服务用户需求及用户接受成因分析

3.4.1 基于数字孪生的高校图书馆智慧服务用户需求分析

陈远等[14]提出面向用户的图书馆智慧服务需要预期用户关于智慧图书馆的技术接纳、用户体验等方面的问题。高校图书馆需要满足用户不断变化的需求，根据用户的类型和需求特点，分析不同用户群体的需求倾向和需求心理行为规律。董同强等[139]结合扎根理论对原始访谈资料进行内容分析，得出图书馆智慧服务用户需求。本书基于上述学者的研究成果，认为基于数字孪生的高校图书馆智慧服务用户需求主要包括：① 基本型需求，是指用户对基于数字孪生的高校图书馆提供智慧服务的基本要求。例如信息资源服务需求，其具体服务需求内容有资源一站式检索、信息精准推送、智能安防监控、图书自助借阅等。② 期望型需求，是指用户对基于数字孪生的图书馆智慧服务满意状况与需求的满足程度成比例关系的需求。例如知识空间服务需求，其具体服务需求内容有信息素养场景化教学、数字资源可视化分析、虚拟图书馆馆藏架位导航、虚拟图书馆座位预约、可视化场景阅读、机器人参考咨询等。③ 魅力型需求，是指不会被用户过分期望的需求。例如个性化产品服务需求，其具体服务需求内容有学科协同服务、虚拟互动体验空间等。

3.4.2 基于数字孪生的高校图书馆智慧服务用户接受驱动成因分析

基于数字孪生的智慧图书馆将作为智慧图书馆发展的新阶段，被赋予了更加丰富的内涵。在这样的形势下，高校图书馆开始关注如何将数字孪生技术运用到实际的图书馆智慧服务流程中。从用户体验角度来讲，用户越来越习惯于无处不在的智慧化生活、学习和工作场景，图书馆必须适应这一变化，利用数字孪生技术为用户营造虚实结合、动态交互、沉浸体验的知识获取与交流环境，最大限度地发挥图书馆的社会价值。本书认为基于数字孪生的高校图书馆智慧服务用户接受驱动成因主要包括以下三个方面。

（1）数字孪生赋能图书馆更好地洞悉用户潜在需求与期望

基于数字孪生的高校图书馆智慧服务模式研究一直受到人们的关注，其可以解决传统图书馆智慧服务技术集成与业务协同两大难题。从技术上，数字孪生解决了传统图书馆智慧服务散、弱集成问题；从业务上，模型＋数据＋软件构成了高校图书馆智慧服务的数字底座，未来高校图书馆智慧服务将在一个数字底座上实现各个业务服务的协同。基于数字孪生的高校图书馆智慧服务可以更好地洞悉用户需求,对智慧服务全生命周期的变化进行记录、分析、预测和推理,通过感知设备采集智慧服务全生命周期中用户行为数据、监测物理图书馆全域全要素运行轨迹动态数据,利用人工智能、仿真建模、算法分析等技术预测用户的需求变化与运行发展轨迹。

(2) 数字孪生有利于构建图书馆用户的创新闭环服务链

当前,元宇宙是图书馆界炙热的话题,而数字孪生技术是元宇宙最核心、最基本的技术,人们需要更多地关注推动未来物理世界与虚拟世界融合构建的数字孪生技术。复旦大学赵星教授指出:图书馆需要利用数字孪生来实现增强现实和虚实交互。一方面是人与人、人与世界的知识交流,能够用增强现实的方式实现;另一方面是信息和知识与人能够以更好的方式实现虚实交互。面对各类新兴技术迅速崛起,智慧服务问题纷繁复杂,高校图书馆需要与时俱进,从用户需求出发加快建设和完善基于数字孪生的创新闭环服务链。该闭环服务链首先结合物理实体、虚拟实体、智慧服务、数字孪生数据等的不同维度感知图书馆智慧服务过程,对物理实体全要素和智慧服务全过程数字映射、智能模拟,建立与物理图书馆智慧服务同步仿真运行、虚实交互的孪生模型。随后,持续通过数据修正完善物理图书馆对应的孪生模型,然后对物理图书馆智慧服务进行描述、诊断、预测和决策,帮助用户进行图书馆信息资源实时获取、信息系统交互操作等,最终实现面向用户需求的高校图书馆智慧服务的“数字孪生”闭环。

(3) 数字孪生提升图书馆用户智慧服务交互式服务体验

数字孪生为高校图书馆智慧服务提供了一种可行的实践路径,在某种程度上引领了智慧图书馆发展的方向。高校图书馆需要开发出真正符合用户个性化需求的交互式服务产品,从服务理念、管理流程等顶层设计方面进行改革和创新,以用户需求为导向,优化图书馆服务供给模式,为用户提供高质量的交互式智慧服务感知。例如,在新冠疫情时期,人们积极响应国家的号召居家隔离。当部分用户有信息素养教育服务需求时,他们可以通过 VR 眼镜等可穿戴的智能设备瞬间进入图书馆虚拟空间中,沉浸式地体验信息素养教育服务。用户可以借助自身的虚拟化角色在虚拟图书馆环境中进行信息检索、书籍阅读、问题咨询等。同时,结合三维建模、情绪识别、智能推荐等多种技术打造图书馆教学馆员的孪生虚拟人,将其作为用户的虚拟伴读,为用户提供个性化辅导。除此之外,图书馆数字孪生场景还可以结合 XR 技术,增强用户沉浸与交互体验,实现虚拟图书馆和物理图书馆的交互闭环、虚实共生。

3.5 基于数字孪生的高校图书馆智慧服务用户接受原则分析

对于基于数字孪生的高校图书馆智慧服务而言，深入挖掘用户需求、创新服务是未来的发展关键。为了促进用户对基于数字孪生的高校图书馆智慧服务的接受及持续接受，需要结合用户信息采纳行为的特性遵循如下原则。

3.5.1 以用户为中心的原则

在基于数字孪生的高校图书馆智慧服务中，理解用户需求并以用户为中心的原则变得愈加重要。通过数字孪生技术，高校图书馆可以更深入地挖掘用户需求，将用户的个性化需求融入服务设计和提供的全过程中。由于用户群体具有多种需求和兴趣，高校图书馆应该注重了解用户的多样性。数字孪生技术可以帮助图书馆生成不同用户的数字孪生画像，这些画像反映了用户的行为、兴趣、研究方向等方面的特点。高校图书馆通过对这些数字孪生画像的分析，可以更好地理解不同用户群体的需求，提供相关资源和信息。例如，为不同学科领域的研究人员提供特定领域的资源推荐，为学生提供与其课程内容相关的信息，或者为教师提供与其研究方向相关的最新研究成果。此外，通过对用户行为数据的分析，图书馆可以了解用户如何使用其智慧服务，包括资源检索、借阅历史、参与在线课程等。这些数据可以用于帮助高校图书馆改进和优化服务，以满足用户的个性化需求。

3.5.2 服务可信赖性原则

基于数字孪生技术提供高校图书馆智慧服务，建立用户信任是至关重要的。用户需要确信他们使用的服务是可信赖的，服务提供者能够保护其数据和隐私。这就引出了服务可信赖性原则，这一原则涵盖了安全性、隐私保护、数据质量和风险管理等关键方面。首先，安全性是确保基于数字孪生的高校图书馆智慧服务可信赖的基础。高校图书馆必须采取适当的安全措施来保护用户数据和服务的基础设施，这包括网络安全、数据加密、访问控制等。数字孪生技术也可以用于模拟网络攻击、漏洞等，以帮助图书馆预测潜在的安全风险。通过这些安全性措施，高校图书馆可以建立用户信任，确保他们的数据不会被泄露或滥用。其次，隐私保护同样至关重要。高校图书馆需要明确用户数据的收集和使用政策，以便用户了解其数据将如何被使用。用户应该有权选择分享哪些数据，并可以随时访问、更正或删除其个人数据。这种透明和用户友好的隐私政策可以建立用户对服务的信任。再次，数据质量也是服务可信赖性原则的一部分。用户依赖服务提供高质量的信息和资源，数字孪生技术可以确保数字孪生模型的准确性，从而提供高质量的服务。最后，风险管理是确保服务可信赖的关键组成部分。图书馆可以通过数字孪生技术模拟不同的风险情景，包括网络攻击、数据泄露、硬件故障等，以便在实际发生风险之前识别可能的风险，并制定风险缓解策略。通过制定这些风险缓解策略，高校图书馆可以降低用户对潜在风险的担忧，进一步建立用户信任。

3.5.3 复杂自适应性原则

随着信息技术的进步，基于数字孪生的高校图书馆智慧服务框架须具有一定的自适应性，把握数据、决策与结果之间的基本联系，维持服务可使用状态不断进行演变。这引出了复杂自适应性原则，它强调了智慧服务系统的适应性和反应能力。高校图书馆智慧服务系统是一个复杂的自适应系统，基于数字孪生的高校图书馆智慧服务系统的特征与复杂自适应系统理论有很好的契合性。首先，高校图书馆的数字孪生智慧服务系统需要能够适应不断变化的用户需求。用户的信息需求可能因其角色、兴趣、学科领域等因素而异，基于数字孪生的高校图书馆智慧服务系统可以根据需求为用户提供相关的资源和信息。其次，服务系统应该能够适应不断变化的服务环境。高校图书馆的服务环境可能受到外部因素的影响，如新的技术、政策和用户行为的变化。基于数字孪生的高校图书馆智慧服务系统需要具备灵活性，可以模拟不同服务场景，帮助图书馆识别可能的变化和挑战，并制定相应的应对策略，以便迅速适应这些变化。再次，基于数字孪生的高校图书馆智慧服务系统应该具备反应能力。数字孪生技术可以用于实时监测用户行为和服务环境的变化，从而使该智慧服务系统能够更快速地做出决策。例如，如果用户需要特定资源，系统可以迅速推荐相关资源。最后，复杂自适应性原则还包括该智慧服务系统的演变。基于数字孪生的高校图书馆智慧服务系统应该能够不断演化和改进，以满足不断变化的用户需求。数字孪生技术可以用于分析用户行为数据，了解用户如何使用服务，并根据这些数据改进服务。

3.5.4 数据驱动决策原则

对于基于数字孪生的高校图书馆智慧服务而言，数据是数字孪生技术的核心。高校图书馆可以利用数据驱动决策原则，通过数据采集、分析和应用，持续改进其数字孪生智慧服务决策。首先，数据驱动决策原则强调了数据的重要性。高校图书馆可以利用数字孪生技术来采集各种类型的数据，包括用户行为数据、资源使用数据、服务反馈数据等。例如，通过分析高校用户的检索行为，图书馆可以了解哪些资源受到欢迎，哪些资源很少被使用，从而调整资源采购和推荐策略。其次，数据分析是数据驱动决策原则的核心。高校图书馆可以利用数据分析工具和技术（包括统计分析、数据挖掘、机器学习等技术）来挖掘数据中的有用信息。再次，数据应用是数据驱动决策原则的关键。高校图书馆可以将数据分析的结果应用到服务改进中，这包括优化资源分配、改进推荐算法、调整服务策略等。最后，数据驱动决策原则强调了数据的持续性。高校图书馆可以考虑建立数据收集和分析的持续性机制，结合数字孪生技术建立实时数据监测系统，使图书馆能够实时了解用户行为和服务效果。

3.5.5 开放性和可扩展性原则

数字孪生技术正在引领高校图书馆智慧服务向新时代迈进，为高校用户提供了前所未有的学习和研究体验。在这一新兴领域中，开放性和可扩展性原则显得至关重要。基于数字孪生的高校图书馆智慧服务框架的开放性和可扩展性不仅是一种设计理念，更是一种战略决策，对于该智慧服务系统的持续创新和优化至关重要。在这里，开放性是指服务框架对于不同技术、服务的容纳和融合。具有开放性的基于数字孪生的高校图书馆智慧服务框架能够容纳不同种类的技术，包括虚拟现实、增强现实、大数据分析、人工智能等。与此同时，基于数字孪生的高校图书馆智慧服务框架应当支持跨平台互操作性，允许用户在不同设备和环境下无缝使用服务。这意味着用户可以从智能手机、平板电脑、计算机以及虚拟现实头戴设备等不同终端设备上访问服务，使服务的可用性更高。与此同时，对于基于数字孪生的高校图书馆智慧服务来说，可扩展性是指该智慧服务框架的能力能够应对不断演化的需求和技术。随着新技术的不断涌现，可扩展的基于数字孪生的高校图书馆智慧服务框架应当具备集成这些新技术的能力。例如，当虚拟现实技术得到改进或新的增强现实应用出现时，可扩展的基于数字孪生的高校图书馆智慧服务框架能够容纳这些技术，从而为用户提供更多选择。

3.6 基于数字孪生的高校图书馆智慧服务用户接受过程的组成因素分析

本研究结合2.2.2节信息技术用户接受理论，从基于数字孪生的智慧服务用户接受主体、用户接受对象、用户接受过程和用户接受环境四个方面分析基于数字孪生的高校图书馆智慧服务用户接受过程的组成因素。

3.6.1 基于数字孪生的智慧服务用户接受主体

基于数字孪生的高校图书馆智慧服务用户接受主体是高校用户。接受主体可以分为接受主体的客观因素与主观因素。其中,接受主体的客观因素包括高校用户的性别、年龄等,接受主体的主观因素包括高校用户的认知类型、创新思维能力等。在信息技术用户接受理论中,主体的客观因素如下:① 性别。在其他因素相同的条件下,性别对绩效期望、努力期望、社会影响和采纳意愿的关系有显著的调节作用(V. Venkatesh 等[39])。② 年龄。在其他因素一致的情况下,社会影响和努力期望对年龄较大的用户影响较明显,绩效期望对年轻用户影响较明显(V. Venkatesh 等[39,140])。主体的主观因素如下:① 认知类型。认知类型是指用户在知觉、记忆和思维方式上的个体差异,主要包括场独立型与场依存型。其中:场独立型用户在进行信息技术接受行为中主动地为达到内心的预定目标而努力;场依存型用户则属于被动的观察者,容易受外界影响,比如受到周围人群的影响。② 创新思维能力。该能力体现为用户在同等条件下以新颖独创的方法解决问题的思维水平与特征,其本质在于将创新意识的感性愿望提升到理性的探索上,综合运用形象思维和抽象思维并在过程或成果上突破常规有所创新的思维。新技术的应用不断影响着用户,改变着用户的信息接受意愿。在基于数字孪生的高校图书馆智慧服务中,图书馆需要主动感知用户群体的客观因素和主观因素,更好地满足用户的个性化信息服务需求。

3.6.2 基于数字孪生的智慧服务用户接受对象

根据《韦氏大词典》的定义,"接受"是指出于快乐、满意或是责任从而愿意接纳他人所提供之物。因此,在信息服务活动中,用户接受是指用户愿意使用信息技术,包括用户使用信息技术的行为和愿意使用的态度两个方面。信息技术接受理论主要从用户使用的角度出发,利用用户对技术的态度和信念预测信息系统的使用情况。该研究中用户接受对象是基于数字孪生的高校图书馆智慧服务,包括智慧阅读服务、智慧资源导航服务、智慧教学服务、智慧空间服务、智慧学科服务、智慧安防服务和数字人文建设。本书认为信息接受意愿的产生必然有一定的信息需求在驱动,用户对服务系统的感知和认识会促使接受意愿的产生。基于数字孪生的图书馆智慧服务需要按照用户需求的变化进行动态调整,围绕用户认知打造用户可以接受的智慧服务。

3.6.3 基于数字孪生的智慧服务用户接受过程

随着信息技术的发展和应用普及,部分学者开始结合创新扩散理论研究用户接受过程问题。E. M. Rogers[37]将用户的创新采纳过程分为知识、说服、决策、使用和确认五个阶段。颜端武等[32]将信息服务活动中用户技术接受的一般过程分为接触、领会、评估和适应接受四个阶段。本书在以上学者研究的基础上，认为基于数字孪生的高校图书馆智慧服务用户接受过程共有四个阶段。

（1）接触阶段

接触阶段是用户接受过程的第一个阶段，用户最关心的问题是基于数字孪生的高校图书馆智慧服务是否有助于提高自己学习、工作的效率。这个阶段的用户相关期望主要受社会和创新思维能力等因素的影响。在接受的起初阶段，社会影响能帮助用户克服对相关智慧服务的抵触情绪，降低或消除风险意识。如果用户意识到对自己很重要的人认为应该接受服务，用户就会有足够的动机去接受和信任该智慧服务。在这里，创新思维能力强的用户对新技术较敏感，图书馆需要积极主动与用户进行接触，重视用户接触过程中的心理感受，在接触前为用户准备详尽的相关智慧服务宣传资料，对用户的疑问及时做出答复。

（2）领会阶段

在接受过程的第二个阶段——领会阶段中，用户主要解决的问题是：基于数字孪生的高校图书馆智慧服务功能是否容易掌握与使用？在用户深入了解基于数字孪生的智慧服务时，高校图书馆需要及时地提供相关智慧服务基础设施帮助用户完成任务，比如：用户可以与基于数字孪生的图书馆智慧服务中其他对象（人、物、系统等）虚实互动，结合基于数字孪生的高校图书馆智慧服务五维模型，实现物理图书馆、虚拟图书馆、智慧服务、数字孪生数据以及它们之间的连接的交互。基于数字孪生的智慧服务交互界面的设计需要关注怎样更好地组织信息并将其实时呈现给用户，使用户产生愉悦的沉浸感，能够参与基于数字孪生的智慧服务交流，及时获取相应的智慧服务内容。

（3）评估阶段

在接受过程的第三个阶段——评估阶段中，用户主要解决的问题是：基于数字孪生的高校图书馆智慧服务是否可以为我的学习或科研工作提供可靠高效的服务？用户开始希望使用基于数字孪生的高校图书馆智慧服务系统来完成学习或工作任务，并试图将其融入自己的学习和日常工作中。图书馆可以通过不同场景的基于数字孪生的智慧服务内容，例如智慧阅读服务、智慧资源导航服务、智慧教学服务、智慧空间服务等，帮助用户更好地熟悉图书馆资源，促进用户对基于数字孪生智慧服务产生好感和信任。

（4）适应接受阶段

适应接受阶段是第四个阶段，用户在这个阶段将思考的问题是：我是否实施接受基于数字孪生的高校图书馆智慧服务行为？在清楚基于数字孪生的高校图书馆智慧服务的内容之后，该智慧服务才可能真正被用户接受。用户将有积极的情感状态并且寻找使用基于数字孪生的智慧服务的方法，主要包括对已知功能使用频率的增加和新功能使用的增加。用户使用过程中对新型智慧服务系统产生的虚实共生的体验感和无缝衔接的交互感，是决定基于数字孪生的高校图书馆智慧服务与用户关系的重要因素。

3.6.4 基于数字孪生的智慧服务用户接受环境

基于数字孪生的高校图书馆智慧服务实际上是一个非常复杂的过程，通常需要高校图书馆根据服务过程中遇到的各种障碍和挑战不断地进行动态调整，这一过程对于高校图书馆所具有的资源和相应的能力都有着很高的要求。用户接受意愿更多的时候会处于一个社会环境之中，因此，研究者在考虑基于数字孪生的高校图书馆智慧服务用户接受意愿时，还要考虑用户受到的环境影响。这里的环境影响包括微观层面和宏观层面的环境，其中微观层面的环境是基于数字孪生的图书馆智慧服务所依靠的系统平台、技术支持、硬件设备等促成因素；宏观层面的环境是指社会影响、顶层设计、标准化体系等。例如，在实际环境下，用户从便利性出发可能会根据周围人或个人以往的使用习惯选择是否接受新的信息系统。

与此同时，高校图书馆进行服务化改革的决策及是否能够成功实现用户接受不仅仅与高校图书馆自身因素有关，还与所处行业的特征有着密不可分的联系。从我国目前基于数字孪生的智慧服务的发展趋势及典型案例来看，不同行业之间的服务化程度存在着明细的差异。在市场竞争程度较高的行业中，企业更愿意进行服务化改革，利用所提供的服务创建良好的用户关系，提高企业在行业中的市场竞争力。C. Gronroos 提出服务营销理论①，指出企业获得竞争优势的关键在于能够充分地了解用户需求，为用户提供相应的问题解决方案的服务。对于高校图书馆而言，图书馆的价值在于满足用户需求，基于数字孪生的高校图书馆智慧服务能主动感知用户需求，为用户带来更贴心的沉浸式智慧服务体验，吸引更多的用户走进图书馆，提高图书馆用户黏性。

3.7 基于数字孪生的高校图书馆智慧服务用户接受过程的系统分析

基于数字孪生的高校图书馆智慧服务用户接受过程的系统分析是建立在实现协调用户接受该智慧服务的基础上，也就是将该智慧服务用户接受过程的

---

① Gronroos C. An applied service marketing theory[J]. European journal of marketing，1982，16：30-41.

接受主体、接受对象、接受过程和接受环境四个组成因素相结合，认识用户接受相关智慧服务接受过程的机理。在这里，需要说明的是本书中的驱动机理包括：① 驱动，即强调某种因素在研究对象的影响因素中明显突出，对研究对象将带来影响力较大的后果。② 机理，即为实现某一特定功能，研究对象系统结构中各要素的内在工作方式及诸要素相互作用的具体路径原理。本书中基于数字孪生的高校图书馆智慧服务用户接受机理是指该智慧服务系统中各驱动要素的内在运行方式，以及诸驱动要素在基于数字孪生的智慧服务环境中相互影响、相互作用的具体路径原理。基于数字孪生的高校图书馆智慧服务用户接受过程的系统分析示意图如图 3-9 所示。

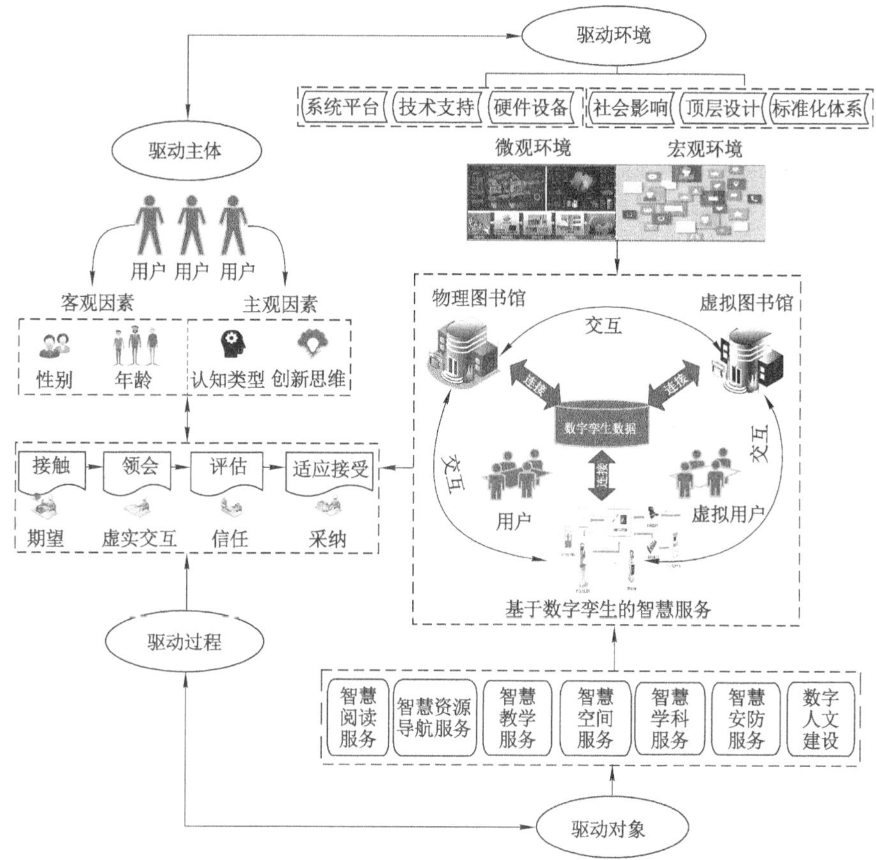

图 3-9　基于数字孪生的高校图书馆智慧服务用户接受过程的系统分析示意图

3.7.1 接受主体与接受过程的相互关系

基于数字孪生的高校图书馆智慧服务用户接受过程系统分析的核心是用户接受主体,即高校用户。从主体因素看,主要包括客观因素和主观因素两个方面。本书客观因素从用户的基本属性考虑,如性别和年龄等;主观因素有基于用户的信息采纳认知类型和创新思维两种。本书中基于数字孪生的高校图书馆智慧服务用户接受过程包括接触、领会、评估和适应接受四个阶段,其中接触阶段侧重于用户对基于数字孪生的高校图书馆智慧服务的期望程度,领会阶段侧重于用户与相关智慧服务的虚实交互能力,评估阶段侧重于用户对相关智慧服务的信任程度,适应接受阶段侧重于用户对相关智慧服务的采纳意愿。在这里,接受主体与接受过程之间的作用是双向的、相互影响的关系。在整个基于数字孪生的高校图书馆智慧服务用户接受过程中,接受主体的性别等个体属性、认知类型和创新思维的差异可能会导致其接受相关智慧服务的接受过程的差异,接受过程中不同阶段产生的期望、虚实交互、信任和采纳等因素对接受主体认识基于数字孪生的高校图书馆智慧服务起到重要作用。

3.7.2 接受主体与接受环境的相互关系

随着接受环境因素的改变,接受主体也可能会不断改变自己对基于数字孪生的高校图书馆智慧服务的接受行为和态度。在这里,接受环境主要有微观环境和宏观环境两个方面。微观环境包括基于数字孪生的高校图书馆智慧服务系统平台、技术支持、硬件设备等促成因素。宏观环境中以社会影响因素为例,接受主体周围的同辈群体和大众媒介等社会影响因素对高校用户接受基于数字孪生的智慧服务的意愿发挥作用。对于接受环境的影响,不同的接受主体接受能力不同,这种接受能力一方面取决于用户对社会影响等环境因素的认知程度,另一方面取决于用户对基于数字孪生的高校图书馆智慧服务基础设施等特定场景的适应程度。在这里,接受环境与接受主体之间的作用是双向的、相互影响的关系,不同条件的接受环境对接受主体产生的效用可能是不同的。同时,接受主体可以通过图书馆用户需求调研等方式参与接受环境中基于数字孪生的智慧服务系统平台等基础设施的开发工作。

3.7.3 接受过程与接受对象的相互关系

本书中用户接受对象是基于数字孪生的高校图书馆智慧服务,包括智慧阅读服务、智慧资源导航服务、智慧教学服务、智慧空间服务、智慧学科服务、智慧安防服务和数字人文建设等。作者认为接受对象的内容需要与接受主体即高校用户的个性化需求相一致，可以通过基于数字孪生的高校图书馆智慧服务接受过程增加用户黏性，最终推动接受主体接纳基于数字孪生的高校图书馆智慧服务。在这里，接受过程与接受对象之间的作用是双向的、相互影响的关系。接受对象反过来也通过接受过程满足了接受主体——高校用户相应的智慧服务需求，结合高校用户接受基于数字孪生的高校智慧服务的接触、领会、评估和适应接受四个阶段，为接受主体提供身临其境的沉浸式服务、虚实共生的体验式服务和无缝衔接的交互式服务，有效提升用户服务体验。

3.7.4　接受对象与接受环境的相互关系

本书中的接受环境是以基于数字孪生的高校图书馆智慧服务用户接受为客体和与该客体直接相关的所有外部世界。优良的接受环境是高校用户接受对象——基于数字孪生的高校图书馆智慧服务的重要内容。例如，在接受主体对相应智慧服务的接受决策过程中，相关智慧服务系统平台等促成因素是接受对象的服务保障。在这里，接受环境与接受对象之间的作用同样是双向的关系，两者通过由物理图书馆、虚拟图书馆、基于数字孪生的智慧服务、数字孪生数据以及它们之间的连接交互构成的基于数字孪生的高校图书馆智慧服务五维模型相互影响。本书通过基于数字孪生的高校图书馆智慧服务五维模型可以使高校图书馆基于数字孪生的智慧服务模型、数据和相应算法有效结合起来，便于相应智慧服务内容不断扩展，而相关智慧服务的效果也直接或间接地影响了高校用户周围同辈群体对基于数字孪生的高校图书馆智慧服务的采纳行为。此外，本书中的接受环境和接受对象通过该五维模型形成的智慧服务合力，对高校用户在基于数字孪生的高校图书馆智慧服务接受过程的四个阶段起到了一定的推动作用。

3.8　基于数字孪生的高校图书馆智慧服务体系组成内容

基于数字孪生的高校图书馆智慧服务体系是指利用数字孪生技术创建虚拟的图书馆环境，以提供更智能、个性化和创新的服务，满足学生、教职员工和研究人员的各种学术和信息需求。这一体系通过整合数据、模拟、预测和互动，旨在优化图书馆资源的管理，提供更好的学习和研究支持，以及改进用户体验。数字孪生技术使得图书馆能够以更精确和逼真的方式模拟实际情境，从而更好地理解用户需求，并以更高效的方式响应这些需求，促进高校图书馆的数字化转型。

该智慧服务体系主要分为六部分，如图 3-10 所示。第一部分是数据保障层,包括数据采集、数据安全与隐私保护、备份恢复策略等。第二部分是建模计算层,包括数字孪生模型的构建、数据预处理、算法和模型选择等。第三部分是功能层,主要涵盖了图书馆的各种功能和服务,如智慧阅读服务、智慧资源导航服务、智慧教学服务等。第四部分是沉浸式体验层,这一层面注重用户体验,利用虚拟现实、增强现实等技术为用户提供沉浸式学习和研究体验。第五部分是用户界面交互层,主要涉及用户与基于数字孪生的高校图书馆智慧服务体系的交互方式,包括移动应用、网站、虚拟现实设备等。第六部分是数据分析和决策支持层,这一层面主要是基于收集的用户数据开展模型分析,为高校智慧图书馆提供数据驱动的决策支持。

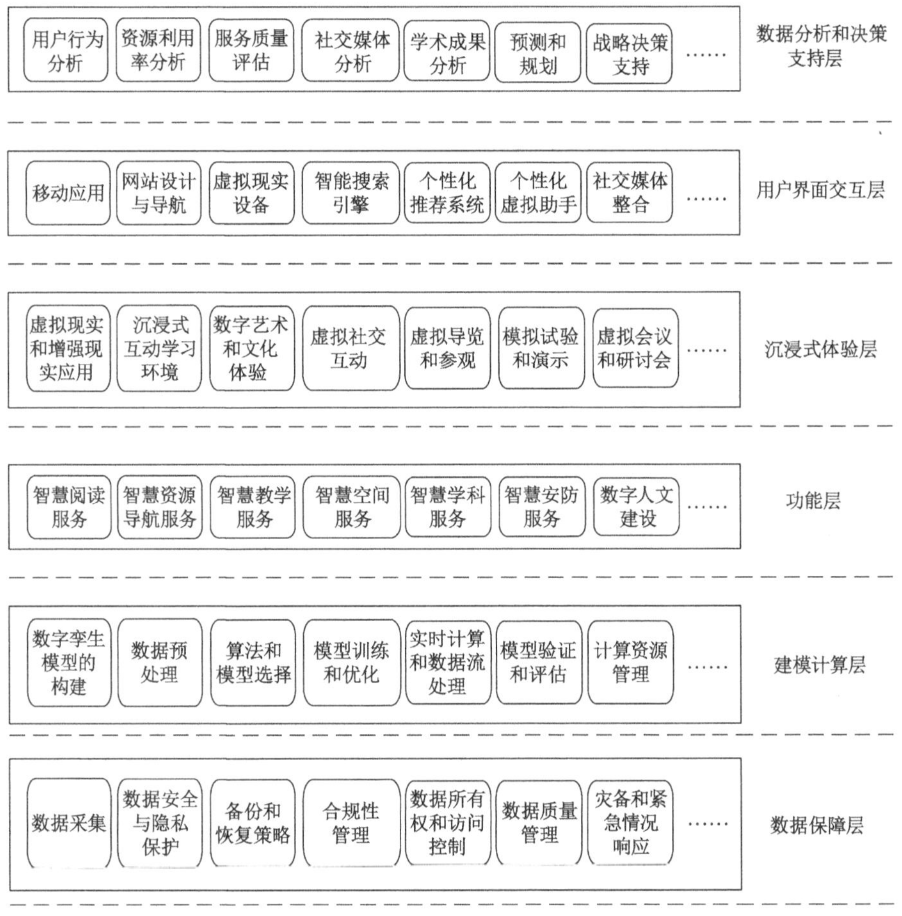

图 3-10 基于数字孪生的高校图书馆智慧服务体系

3.8.1 数据保障层

对于基于数字孪生的高校图书馆智慧服务体系来说,数据保障层是确保整个系统运作稳定和用户数据安全的关键要素之一。在这里,数据保障层主要包括数据采集、数据安全与隐私保护、备份和恢复策略、合规性管理、数据所有权和访问控制、数据质量管理、灾备和紧急情况响应等,以确保用户个人数据和图书馆资源的完整性与安全性。

(1) 数据采集:在数字孪生的高校图书馆智慧服务体系中,数据采集是基础中的基础。它涉及从各种数据源(包括学生信息系统、图书馆数据库、在线资源等)收集数据并将其整合到系统中。数据采集需要高度的准确性和实时性,以确保用户获取的信息是最新的。为了实现这一目标,可以采用各种数据采集工具和技术,包括数据抓取、API(应用编程接口)、数据库同步等。此外,数据采集也需要考虑数据格式的标准化,以确保数据能够被系统正确解析和利用。

(2) 数据安全与隐私保护:数据安全和隐私保护是任何数字化系统中都必不可少的一环,尤其是在处理用户敏感信息的情况下更加重要。在基于数字孪生的高校图书馆智慧服务体系中,用户可能提供个人身份信息、借阅记录、学术研究等敏感数据。因此,必须采取一系列安全措施来保护这些数据,这包括数据加密、身份验证、访问控制、漏洞管理等方面的措施。

(3) 备份和恢复策略:数据的丢失或系统崩溃可能会对图书馆的正常运作和用户服务造成严重影响。因此,制定备份和恢复策略至关重要。备份策略包括定期备份数据,确保数据在意外情况下可以恢复。此外,还需要制订紧急恢复计划,以应对各种突发事件,如自然灾害、网络攻击等。恢复策略主要包括数据还原和系统重新启动的步骤,以最小化服务中断时间。

(4) 合规性管理:数字孪生系统在处理用户数据时需要遵守相关的法规和政策,这包括对用户数据的合法收集和使用,以及对数据存储和传输过程中的安全性的要求。高校图书馆需要确保其数字孪生系统的运作符合国家和地区的法律法规,以减少潜在的法律风险。

(5) 数据所有权和访问控制:在数字孪生系统中,数据可能涉及多个部门和用户,因此需要明确数据的所有权和访问控制策略。这包括确定哪些用户可以访问哪些数据以及对数据的修改和删除权限。访问控制可以通过身份验证和授权机制来实现,以确保只有授权人员可以访问和修改数据。

(6) 数据质量管理:数据质量对于数字孪生系统的正常运作至关重要。低质量的数据可能导致错误的分析和决策,从而影响用户体验。数据质量管理包括数据清洗、去重、校验等步骤,以确保数据的准确性、完整性和一致性。此外,还需要建立数据质量监控机制，及时发现和解决数据质量问题。

(7) 灾备和紧急情况响应：数字孪生系统需要考虑各种灾备情况，如自然灾害、网络攻击、硬件故障等；制订紧急情况响应计划，包括紧急联系人、应急措施和恢复计划，以确保系统可以在不可预测的情况下继续运行。

3.8.2 建模计算层

建模计算层在基于数字孪生的高校图书馆智慧服务体系中扮演着至关重要的角色。它涵盖了数字孪生模型的构建、数据预处理、算法和模型选择、模型训练和优化、实时计算和数据流处理、模型验证和评估以及计算资源管理等多个方面。这一层次的设计和实施决定了基于数字孪生的高校图书馆智慧服务体系的准确性、实时性和可用性，使图书馆能够创建虚拟图书馆环境，为用户提供更好的定制化服务和资源规划。

(1) 数字孪生模型的构建：首先，建模计算层的核心任务之一是构建数字孪生模型。这个模型是整个智慧服务体系的基础，它要求能够准确地反映高校图书馆的实际情况。为了达到这个目标，模型构建通常需要从不同的数据源收集数据，包括图书馆资源、用户行为、空间利用等。在实际数据收集过程中，高校图书馆需要整合这些数据，以便于更好地开展模型构建和分析。对于建模方法选择而言，开展基于数字孪生的高校图书馆用户智慧服务中，高校图书馆可以选择适用于图书馆场景的建模方法，如计算机模拟、机器学习、深度学习等。在这里，选择哪些方法取决于要解决的问题和可用的数据。此外，数字孪生模型构建过程中，相应人员需要结合领域知识和试验数据开展模型参数和初始条件的设定，根据实际数据进行校准，以提高模型的预测能力。

(2) 数据预处理：在建模计算层中，数据预处理是不可或缺的一环。它的任务是确保输入数字孪生模型的数据质量和数据的一致性。数据预处理的步骤包括：首先，图书馆相关工作人员需要及时识别和处理数据中的错误、异常和重复项，以确保数据的准确性。其次，将数据转换成适合模型的格式和单位，并映射数据到统一的标度，以便于模型的处理和比较。针对智慧服务体系中的数据缺失值，高校图书馆在开展基于数字孪生的用户智慧服务过程中可以通过填充、插值或删除等方法来处理。

(3) 算法和模型选择：建模计算层需要结合不同任务和场景的需求，选择适用于基于数字孪生的高校图书馆智慧服务的算法和模型。在这里，常见的算法和模型包括：机器学习算法（如决策树、随机森林等），用于处理分类、回归、聚类等任务；深度学习模型［如卷积神经网络（CNN）、生成对抗网络（GAN）等］，用于图像识别、自然语言处理等领域；计算机模拟，通过模拟基于数字孪生的高校图书馆智慧服务体系的运行来分析其性能;统计模型,用于基于数字孪生的高校图书馆智慧服务过程中用户数据分析和预测,如线性回归、时间序列分析等。

(4) 模型训练和优化:一旦选择了适当的算法和模型,高校图书馆就需要对它们进行训练和优化。具体实施中,工作人员可以将数据划分为训练集、验证集和测试集,以便进行模型的训练和评估。例如:运用训练集来训练基于数字孪生的高校图书馆智慧服务某场景的模型,调整模型的参数以提高性能。在这里,结合验证集来评估模型的性能,根据评估结果进一步调整和优化模型的参数,以找到模型的最佳性能。

(5) 实时计算和数据流处理:建模计算层需要处理实时产生的数据,以确保数字孪生模型能够及时反映图书馆的状态。这里主要包括:建立基于数字孪生的高校图书馆智慧服务的数据流管道,以处理和分析实时数据,确保模型能够对图书馆智慧服务体系运营的动态变化做出快速响应。与此同时,采用流式处理技术开展实时计算,实时计算基于数字孪生的高校图书馆智慧服务体系的各项指标和数据,从而为用户提供最新的信息和建议。

(6) 模型验证和评估:建模计算层需要不断验证和评估数字孪生模型的准确性和性能。首先,高校图书馆可以使用独立的数据集来验证模型的预测能力,确保其对新数据的泛化能力。然后,结合度量模型的性能指标(如准确度等),评估基于数字孪生的高校图书馆智慧服务相关场景模型的质量。最后,根据评估结果,图书馆管理层可以对模型进行调整和改进,以不断提高其性能。

(7) 计算资源管理:建模计算层需要有效地管理计算资源,以确保模型的训练和推断能够高效进行。高校图书馆在开展基于数字孪生的用户智慧服务过程中,需要针对不同的模型和任务开展资源分配预算,以确保高优先级的任务得到及时处理。在这里,我们需要对计算流程和算法进行优化,以减少计算资源的消耗。此外,尽量确保计算集群的负载均衡,以防止资源浪费和性能下降。

3.8.3　功能层

对于基于数字孪生的高校图书馆智慧服务体系而言,功能层作为该智慧服务体系的核心组成部分,承载着为高校用户提供多元化智慧服务的重要使命。这一层的存在使高校图书馆不再仅仅是书籍和文献的仓库,而是一个集知识、信息、互动和服务于一体的创新平台。基于数字孪生的高校图书馆智慧服务体系的功能层主要包括以下内容。

(1) 智慧阅读服务

在数字孪生技术的支持下,智慧阅读服务得以全面升级。传统的图书馆阅览室已不再是唯一的学习场所,用户可以通过在线阅读、电子书和文献数据库来获取知识。数字孪生技术可根据用户的学科、兴趣和学习需求，为他们推荐相关书籍和文章。阅读推荐算法会根据用户的历史阅读记录，提供个性化的阅读建议，这有助于提高用户的阅读效率，同时也拓展了用户的知识领域。

(2) 智慧资源导航服务

传统的图书馆导航是纸质地图和标志牌的组合，而现代数字孪生图书馆可以提供更便捷的资源导航服务。用户可以使用手机应用程序或网站来查找馆内资源的位置，包括书籍、期刊、电子资源、学术数据库和研究工具。这些应用还提供实时更新的资源可用性信息，以帮助用户规划访问。

(3) 智慧教学服务

基于数字孪生的高校图书馆在教学方面发挥了重要作用。它不仅支持传统教育方法，还鼓励创新教学方式。智慧教学服务包括在线课程管理系统、虚拟学习环境和学习资源库。教师可以使用数字孪生技术为学生提供在线课程、作业和测验，还可以监控学生的学习进度。这有助于教师实施个性化教学，提高学生的学习效果。

(4) 智慧空间服务

数字孪生技术不仅改变了用户与资源的互动方式，还改善了高校图书馆的空间管理。智慧空间服务包括座位预订系统、馆内导航和智能化环境控制。用户可以在宿舍或家中使用手机应用程序查看馆内座位的实时可用性，并预订座位。馆内导航系统可以为用户提供指引，以便快速找到所需资源。智能化环境控制可以根据用户数量和需求来调整空调、照明和噪声水平，以为用户提供更舒适的学习环境。

(5) 智慧学科服务

高校图书馆作为学术研究的重要支持机构，在智慧学科服务方面发挥着关键作用。这一服务包括帮助高校师生发现相关研究领域的前沿信息、研究资源和合作机会。数字孪生技术可以通过文献检索、引用分析和研究资金搜索来支持学科研究。用户可以使用基于数字孪生的图书馆智慧服务来查找和访问学术期刊、会议论文、专利和研究数据。

(6) 智慧安防服务

智慧安防服务旨在提高图书馆的安全性和用户的安全感。数字孪生技术可以监控馆内的安全情况，自动检测异常事件，并迅速响应。智能监控摄像头、入侵检测系统和紧急报警系统都与数字孪生系统集成，以提供全面的安全保障。同时，用户也可以使用手机应用程序来寻求帮助或报告紧急情况。这些功能增加了用户在高校图书馆内的安全感，使其更容易专注于学术和研究活动。

(7) 数字人文建设

数字人文建设是基于数字孪生的高校图书馆智慧服务体系的重要组成部分。它旨在提供人文学科研究者所需的数字工具和资源。这包括数字化馆藏资源、文本分析工具和数字化艺术作品收藏等。用户可以利用这些资源来进行人文学科研究、数字人文项目和文化遗产保护。

3.8.4 沉浸式体验层

沉浸式体验层是基于数字孪生的高校图书馆智慧服务体系的关键组成部分,其目标是通过创造深度、沉浸和高度互动的虚拟环境,提供令人难忘的用户体验。这个层面将通过多种技术和方法来实现,包括虚拟现实和增强现实应用、沉浸式互动学习环境、数字艺术和文化体验、虚拟社交互动、虚拟导览和参观、模拟实验和演示、虚拟会议和研讨会等。

(1) 虚拟现实和增强现实应用:这是沉浸式体验层的核心,为用户提供身临其境的学习和研究体验。通过VR和AR技术,用户可以进入虚拟图书馆,与历史悠久的文物互动。例如,学生可以在虚拟博物馆中参观古代文物,或者在虚拟实验室中进行化学试验。AR技术还可以用于高校图书馆的资源导航,为用户提供更方便的查找资源的方式。

(2) 沉浸式互动学习环境:学生可以在虚拟图书馆沉浸式互动学习环境中参与模拟项目来完成任务和挑战,培养其解决问题的能力。这种沉浸式互动学习环境有助于激发学生的主动性和创造性思维,使他们更深入地理解和应用所学知识。通过沉浸式互动学习环境中的任务和挑战,高校学生可以更好地参与学习,激发他们的兴趣和好奇心,这将有助于提高学生的自主学习能力。

(3) 数字艺术和文化体验:用户可以在基于数字孪生的图书馆虚拟空间中欣赏世界各地的艺术和文化遗产。比如:基于数字孪生技术,高校师生可以线上欣赏数字化的特藏艺术作品、参与文化展览等。这种体验不仅拓宽了用户的文化视野,还为文化艺术教育提供了新的途径。

(4) 虚拟社交互动:在沉浸式体验层中,高校用户可以与其他用户互动,共享学习和研究体验以及建立社交联系。这种虚拟社交互动能够有助于建立学术社交网络,促进知识交流和合作。用户可以通过远程参与虚拟会议和研讨会,加入虚拟社交群体,在虚拟图书馆环境中与其他用户互动、合作和共享资源。

(5) 虚拟导览和参观:虚拟导览和参观主要为用户提供高校图书馆的虚拟游览和探索体验。这种体验主要是通过计算机程序和设备帮助用户在虚拟图书馆环境中身临其境地体验导览或参观图书馆。例如:用户可以通过数字孪生技术参观图书馆的各个区域,如阅览室、自习区等。他们可以在线浏览书架、查找图书、了解图书馆的服务和资源。

(6) 模拟试验和演示:通过模拟课堂和学科相关的虚拟体验,为高校师生提供更具吸引力和互动性的学习体验。学生可以在图书馆创客虚拟环境中进行试验、模拟操作,深入了解课程内容和学科知识。结合虚拟环境中的试验和演示,学生可以进行相关学科的危险性模拟试验,而研究人员可以使用虚拟环境更直观地展示其研究成果。

(7) 虚拟会议和研讨会:高校图书馆基于虚拟会议和研讨会可以为用户提供一种在线互动的服务平台。用户可以在线参与学术会议、讨论会、研究分享会等,而无须实际出席。这种虚拟参与方式改善了会议的可访问性和可持续性。用户可以通过高校图书馆线上虚拟会议和研讨会与来自世界各地的人互动,这有助于培养用户跨文化交流和全球合作的能力。

3.8.5 用户界面交互层

基于数字孪生的高校图书馆智慧服务体系的用户界面交互层是该体系中至关重要的一部分。这一层次涵盖了多种工具、平台和技术,旨在让用户能够便捷地访问图书馆的资源、获取信息、参与互动,以及更好地利用高校图书馆的各项服务。以下将深入探讨用户界面交互层的七个重要方面。

(1) 移动应用:移动应用是用户界面交互层的核心组成部分之一。高校师生可以在移动设备上通过基于数字孪生的高校图书馆智慧服务移动应用程序访问图书馆资源,这些应用程序需要具备用户友好的界面,包括良好的导航和搜索功能,以确保用户能够轻松地查找所需的书籍、期刊文章、多媒体资源和其他学术资料。同时,移动应用还需要提供其他辅助功能,如扫描图书条形码以查找图书馆中的副本、在线续借、访问电子书和在线数据库等。

(2) 网站设计与导航:基于数字孪生的高校图书馆智慧服务网站是用户界面交互的另一个重要元素。这些网站需要具备清晰的导航结构,以便用户能够轻松浏览和访问不同资源和服务。同时,网站应提供全面的搜索功能,以便用户可以在图书馆的庞大藏书中进行精准检索。此外,网站也应提供用户支持和帮助文档,以解答常见问题并提供使用指南。

(3) 虚拟现实设备:为了提供更具沉浸感和互动性的服务体验,部分高校图书馆已经开始使用 VR 和 AR 技术。这些技术可以为高校用户提供虚拟图书馆导览、虚拟参观和虚拟学习环境等体验。用户可以通过头戴式显示器或智能手机应用程序来探索图书馆虚拟世界,以更深入地了解图书馆的资源和服务。

(4) 智能搜索引擎:对于用户来说,高效的图书馆资源搜索引擎是至关重要的。基于数字孪生的高校图书馆智慧服务的用户界面应包括一种功能强大的搜索引擎,可以搜索图书馆的所有资源,包括书籍、期刊文章、学术论文、多媒体内容等。此外,基于数字孪生的高校图书馆搜索引擎需要具备高级搜索功能,如过滤、排序和分类,以帮助用户快速找到他们需要的信息。

(5) 个性化推荐系统:个性化推荐系统可以大幅度提高用户的智慧服务体验。通过分析用户的搜索历史、阅读偏好和兴趣,高校图书馆可以向用户推荐相关资源。这不仅有助于用户发现新的学术资料,还提高了资源的利用率。这些推荐可以出现在个性化推荐系统相应的搜索结果页面、用户主页或移动应用中。

(6) 个性化虚拟助手:基于数字孪生的高校图书馆智慧服务中,虚拟助手可以通过文本或语音与用户互动,提供快速、个性化的支持。该虚拟助手可以通过自然语言处理和人工智能技术,根据用户的需求和兴趣提供个性化的建议、资源和支持。例如,虚拟助手可以帮助用户定制学习计划、查找资源、回答问题以及提供实时支持,也可以为高校师生推荐适合用户研究领域的文献,提供学术写作建议。

(7) 社交媒体整合:众所周知,社交媒体已成为信息分享和互动的重要平台。高校图书馆可以在基于数字孪生的高校图书馆智慧服务中整合社交媒体功能,允许用户分享有关图书馆资源、活动和新闻的内容。这有助于扩大图书馆的影响力,提高用户参与度。

3.8.6　数据分析和决策支持层

基于数字孪生的高校图书馆智慧服务体系的数据分析和决策支持层是该体系中的关键组成部分,旨在结合收集的用户数据开展模型分析,通过深度数据分析和智能决策支持,为高校师生提供更加智能化、高效化和个性化的服务。这一层次包含用户行为分析、资源利用率分析、服务质量评估、社交媒体分析、学术成果分析、预测和规划及战略决策支持等方面。

(1) 用户行为分析:用户行为分析是数据分析和决策支持层的核心。基于数字孪生的高校图书馆智慧服务体系通过追踪用户在图书馆平台上的行为,如检索、借阅、浏览、查询、下载等,可以深入了解他们的兴趣、偏好和需求。这些数据有助于图书馆更好地了解用户,并为他们提供个性化的建议和服务。例如,如果一个用户频繁借阅特定领域的书籍,图书馆可以向其推荐相关领域的最新研究成果。

(2) 资源利用率分析:高校图书馆拥有众多资源,包括图书、期刊、数据库等。资源利用率分析可以帮助图书馆了解哪些资源受到欢迎,哪些资源很少被使用以及资源的使用趋势。通过分析这些数据,图书馆可以更好地分配资源,确保高价值资源得到充分利用。

(3) 服务质量评估:高校图书馆需要确保提供的服务质量始终在高水平,以满足用户的期望。数据分析和决策支持层可以帮助高校图书馆管理层监测服务质量的各个方面,包括响应时间、资源可用性、系统性能等。此外,高校图书馆结合定期评估基于数字孪生的高校图书馆智慧服务质量指标并开展相应的改进措施,有助于提高用户满意度。

(4) 社交媒体分析:高校图书馆可以利用社交媒体平台来与用户互动,收集他们对基于数字孪生的高校图书馆智慧服务的反馈和意见。通过分析社交媒体上的讨论和评论,图书馆可以更好地了解用户的声音,并改进相应的服务内容。

(5) 学术成果分析:高校图书馆是学术研究的重要支持者。通过分析学术成果的使用情况,图书馆可以了解高校师生的需求,如哪些期刊最受欢迎,哪些研究领域有潜在的需求,以及如何更好地支持学术研究。

(6) 预测和规划:数据分析和决策支持层的另一个关键任务是进行预测和规划。通过历史数据的分析和趋势的预测,高校图书馆基于数字孪生技术可以预测未来的智慧服务需求和趋势,从而更好地规划资源、服务和发展方向。这可以帮助图书馆更加灵活地满足用户需求,同时提前做好应对未来挑战的准备。

(7) 战略决策支持:数据分析和决策支持层为基于数字孪生的高校图书馆的战略决策提供数据支持。这包括对整体战略方向、资源分配和服务扩展的决策。数据分析可以为高校图书馆决策者提供有关如何更好地满足用户需求、提高效率、增强可持续性等方面的信息,以适应快速变化的信息环境。

3.9 本章小结

本章对基于数字孪生的高校图书馆智慧服务用户接受体系进行了构建。首先在介绍数字孪生的核心技术与技术体系的基础上,分析了基于数字孪生的高校图书馆智慧服务内容,包括基于数字孪生的高校图书馆智慧服务特征、基于数字孪生的高校图书馆智慧服务典型案例、基于数字孪生的高校图书馆智慧服务应用场景。接着构建了基于数字孪生的高校图书馆智慧服务五维模型,分析了相应智慧服务的用户需求与用户接受成因,提出基于数字孪生的高校图书馆智慧服务接受原则。然后结合信息技术用户接受理论,从基于数字孪生的智慧服务用户接受主体、用户接受过程、用户接受对象和用户接受环境四个方面分析了基于数字孪生的高校图书馆智慧服务用户接受驱动的组成因素。随后系统分析了基于数字孪生的高校图书馆智慧服务用户接受驱动过程。最后提出基于数字孪生的高校图书馆智慧服务体系组成内容。

第 4 章　基于数字孪生的高校图书馆智慧服务用户接受概念模型构建

4.1　模型构建的总体思路

当前高校图书馆引入数字孪生技术将为图书馆智慧服务体系注入新的活力，推动高校图书馆智慧化转型升级。虚拟空间与物理空间的融合和交互是图书馆智慧服务变革的重要趋势之一，数字孪生技术的发展与实践为图书馆用户精准画像和评估等用户个性化服务方面提供更多的应用场景。本章将探讨影响用户对基于数字孪生的高校图书馆智慧服务接受意愿的因素，以及这些因素是怎样发挥作用的。根据实证检验，UTAUT 对用户行为的解释力高达 70%，远远超过其他的模型[39]。UTAUT 早期的研究主题集中在移动技术和用户对其服务的接受程度上。随着新兴技术的不断涌现，数字孪生技术相关的研究课题逐渐增多和细化[141-142]。本章在 UTAUT 的基础上，构建基于数字孪生的高校图书馆智慧服务用户接受概念模型，分析影响用户接受基于数字孪生的高校图书馆智慧服务的驱动因素，研究基本思路与步骤如图 4-1 所示。

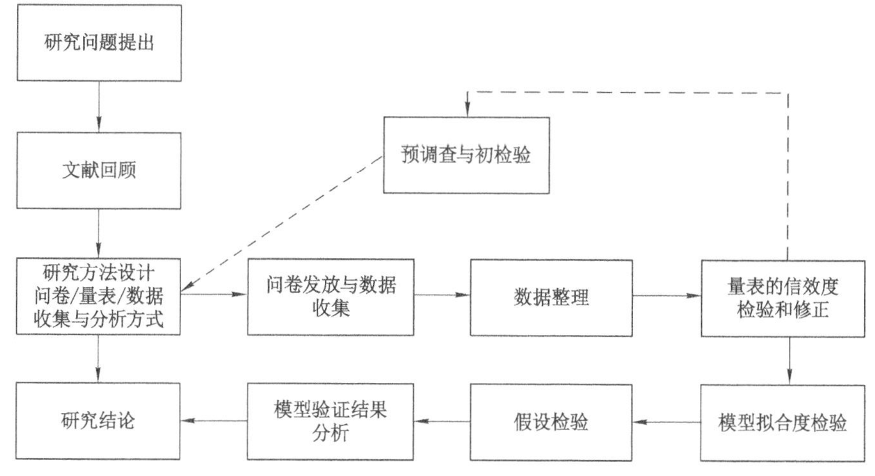

图 4-1　研究基本思路与步骤

4.2 变量选取和内涵界定

4.2.1 基于数字孪生的高校图书馆智慧服务用户接受概念模型的驱动因素选取

通过文献分析，学者们目前关于数字孪生的用户接受驱动因素相关研究很少。本章从数字孪生及其核心技术角度考虑相关的用户接受驱动因素归纳，结合3.1.1节内容可知，数字孪生的核心技术主要包括建模技术、物联网技术、大数据技术、云计算技术、VR技术、AR技术、MR技术、XR技术和人工智能技术等。

(1) 建模技术：建模技术是数字孪生技术的重要部分，其将现实世界中采集的真实信息反映到数字模型，为物理实体创建高度精确的数字孪生模型。这种技术已经引领了工程建设领域的数字革命，BIM则是这一领域的代表性应用。BIM的3D数字模型作为信息的载体，能够以精确的数字方式描述和模拟物理实体，这为建筑设计、规划和维护提供了无限的可能性。例如，在建筑设计中，设计师和工程师通过数字孪生模型预测建筑的性能，包括能源效率、结构稳定性等。此外，BIM也使建筑维护更加高效，通过数字孪生模型，系统可实时监测建筑物的状态，预测潜在问题，从而延长建筑物的寿命。

(2) 物联网技术：物联网技术是数字孪生技术发展的重要驱动力。物联网实现了物与物之间的互联，通过数字化标签和传感器等技术，让普通物品具备了数字化、可读、可写和可控的特性。其中，RFID技术是物联网连接的关键技术之一，利用无线射频信号进行信息传递，实现了无接触的自动识别和数据传输。在数字孪生领域，物联网技术的应用将物理世界的数据和信息转换为通用的数据，使这些数据可以被数字孪生模型使用，实现物理世界的数字化再现。

(3) 大数据技术：大数据技术具有处理各种类型数据的能力，并具备海量数据、快速数据流、多样数据类型和低价值密度等特征，为数字孪生技术提供了处理数据、发现问题、解决问题的算法。通过大数据技术，数字孪生系统可以进行数据描述、问题诊断、预测分析和智能决策等。由于大数据技术处理的数据量庞大，包括结构化和非结构化数据，如文本、图像、传感器数据等，这使得数字孪生模型能够基于多源数据进行全面描述。此外，大数据技术在问题诊断方面发挥关键作用，数字孪生系统可以将物理世界的数据与理论模型相比较，从而诊断出问题和潜在风险。结合历史数据分析结果，数字孪生系统可以预测未来事件和趋势，广泛应用于许多领域，如供应链管理、市场预测和自动驾驶等领域。

(4) 云计算技术:云计算技术在数字孪生领域起到关键作用。云计算技术通过互联网提供计算、存储、网络和应用等IT资源,以服务的形式向用户提供。云计算技术的核心价值是虚拟化,通过资源共享和灵活配置,降低了数字孪生技术的初始投入成本和运营维护成本。数字孪生系统通常需要大量的计算和存储资源,以支持复杂的模拟和分析任务。云计算技术提供了弹性计算能力,使数字孪生系统能够根据需求自动扩展计算资源,这在处理大规模数据和复杂模型时尤为重要。此外,云计算技术还提供了便捷的协作和共享机制,不同用户和团队可以轻松地共享数字孪生模型和数据。云计算技术通过提供这些资源,使数字孪生技术能够更广泛地应用于各个领域。

(5) VR、AR、MR、XR技术:VR技术是采用计算机技术生成一个逼真的视觉、听觉、触觉及味觉等虚拟实体,用户可以直接与虚拟实体进行交互;AR技术是用虚拟的合成场景来增强真实物理实体;MR技术是将虚拟实体、环境叠加在真实的物理实体上,来增强现实环境;XR技术通过计算机技术将真实与虚拟相结合,打造可人机交互的虚拟环境。数字孪生技术结合VR、AR、MR、XR技术将物理实体在数字世界完整复现出来。例如,数字孪生系统可以通过AR技术将虚拟信息叠加在物理实体上,使用户能够查看数字模型与实际场景的关系。MR技术是将虚拟元素嵌入物理世界中,使用户能够与虚拟和现实元素互动。而XR技术则是更广泛的概念,它结合了VR、AR、XR的元素,创造人机交互的虚拟环境。用户通过XR技术可以同时参与虚拟和现实世界,这对数字孪生技术具有重要意义。例如,在医疗领域,医生可以使用XR技术与患者的数字孪生模型进行互动,以更好地理解病情。

(6) 人工智能技术:人工智能技术在数字孪生技术中扮演着至关重要的角色。它通过智能匹配最佳算法,自动执行数据准备、分析、融合等任务,对数字孪生数据进行深度挖掘,是数字孪生技术的底层关键技术之一。数字孪生系统需要进行数据分析以发现模式、趋势和异常,人工智能技术可以自动执行这些分析任务。与此同时,数字孪生系统可以利用人工智能算法进行智能决策,根据数据和模型的分析结果,自动制订行动计划,以实现最佳效果。此外,人工智能技术还可以用于完成自动化任务。

本书借鉴数字孪生及其核心技术的用户接受研究成果,通过对国内外相关文献的梳理,将其分为通过问卷调查构建模型确定驱动因素、通过半结构化访谈确定驱动因素、通过文献分析类研究确定驱动因素和通过案例研究确定驱动因素四个方面。

(1) 基于数字孪生及其核心技术用户接受相关问卷调查构建模型确定驱动因素,见表4-1。

表 4-1　通过问卷调查构建模型确定驱动因素

核心技术	来源	研究对象	驱动因素
数字孪生技术	Y. W. Cho 等[143]	研发人员	技术特性、任务特性、作业适合度
	P. K. Kwok 等[144]	用户	感知行为控制、自我效能、态度
建模技术（如 BIM）	李成龙[145]	BIM 用户	服务、信任、感知成本
	G. F. Ma 等[146]	BIM 专家	BIM 标准、信任、信息和知识共享、组织创新和学习、交互性、兼容性
	N. Liu 等[147]	企业员工	交互性、复杂性、协作体验、具有 BIM 知识的专业人员数量、用户对 BIM 的了解
	S. Hong 等[148]	企业员工	工具质量、用户创新性、行为控制
物联网技术（如 RFID）	黄涅熹[149]	手机用户	感知娱乐性、感知兼容性、感知费用、感知风险、感知价值、RFID 任务技术匹配度
	谷高全[150]	研发人员	感知信任、成本、高管支持、操作人员知识程度、隐私权保护、维修资源管理、信息准确性、领先性、高效性、复杂性、不可靠性、兼容性
	赵英等[151]	手机用户	感知风险、态度
	刘影等[152]	用户	用户创新性、感知风险
	LeemJei-Uk[153]	用户	用户创新性、信息隐私
	M. S. Lee[154]	企业员工	感知信任、感知风险
大数据技术	方珊等[155]	用户	感知风险、感知信任、推荐系统、信息搜索、安全系统、信誉体系、虚拟体验
	J. S. Kim[156]	用户	用户创新性、主观规范、任务技术合成、态度
	W. M. Al-Rahmi 等[157]	高校用户	感知风险、年龄多样性、文化多样性、激励因素、知识管理共享、教育可持续性
云计算技术	于小会[158]	用户	安全可靠性、任务技术匹配度、信任
	刘吉立[159]	中小企业	感知风险、感知收益
	沈千里[160]	企业用户	相对优势、复杂性、兼容性、感知成本、可试性、政府支持、管理层态度、资源就绪度、需求迫切度、潮流压力、竞争压力、感知信息安全程度、感知云服务商品质

表 4-1(续)

核心技术	来源	研究对象	驱动因素
云计算技术	J. M. Kim 等[161]	高校用户	感知风险、感知信任
	V. Bhatiasevi 等[162]	高校用户	感知便利性、信任、软件功能、计算机自我效能感、主观规范
	A. R. Al-Saber[163]	高校用户	用户创新性、乐观主义、态度
	C. Changchit 等[164]	用户	感知风险、感知访问速度、感知成本
VR、AR、MR、XR 技术	项益鸣[165]	用户	感知娱乐性、体验价值一致性、习惯一致性、功能价值一致性、用户满意度
	于佳[166]	用户	感知娱乐性、感知风险
	方翌舟[167]	培训用户	VR 特性、培训质量、自我效能、态度
	程娟[168]	高校用户	信任、信息质量、趣味性、态度、相对优势
	任雪晴[169]	图书馆用户	享乐动机、用户创新性
	王铎等[170]	图书馆用户	感知娱乐性、感知交互性、期望确认度、满意度
	R. Hye[171]	用户	感知交互性、用户可控性、反应性、连接性、可用性
	S. W. Park 等[172]	用户	用户创新性、自我效能、社会影响
	C. Gyu[173]	用户	享乐动机、信任
	J. Cabero-Almenara 等[174]	高校用户	感知娱乐性、技术质量、态度、学业成绩
	Z. Li 等[175]	用户	感知娱乐性、感知成本、焦虑、用户创新性、感知价值
	R. Hammady 等[176]	用户	用户创新性、感知娱乐性
	V. Saprikis 等[177]	高校用户	感知娱乐性、用户创新性、感知信任
人工智能技术	王林等[178]	用户	社会影响力、享乐动机、情感喜好、交互性、可靠期望、效率期望
	Y. Hwang 等[179]	用户	感知个性化、享乐动机、个性化、用户创新性、社会形象、隐私担忧、态度、信息搜索意愿
	K. S. Lee 等[180]	用户	感知娱乐性、拟人化、服务多样性、隐私风险

(2) 通过数字孪生及其核心技术用户接受半结构化访谈确定驱动因素，见表 4-2。

表 4-2 通过半结构化访谈确定驱动因素

核心技术	来源	研究对象	驱动因素
数字孪生技术	I. Donoghue 等[181]	企业	风险管理、产品生命周期管理、数据驱动、基于数字孪生的服务价值
建模技术（如 BIM）	E. Alreshidi 等[182]	BIM 专家	数据可用性、BIM 治理平台数据可访问性、信任、BIM 标准、风险管理
物联网技术（如 RFID）	A. Debnath 等[183]	高校用户	信任、感知成本、感知风险
大数据技术	M. Zhan 等[184]	图书馆主管	用户需求、用户隐私、风险、价值
云计算技术	C. lederer 等[185]	中小型企业	成本降低、高层管理支持、相对优势、云计算兼容性、感知信任、复杂性、竞争压力、感知风险、IT 就绪性、政府支持
VR、AR、MR、XR 技术	朱娅阳[186]	博物馆用户	交互性、操作便捷度、美观度、内容的丰富度、场景真实感、增长知识、虚拟现实技术的运用
	A. Okada 等[187]	教师	交互式、沉浸式、AR 创新技能
	B. Huynh 等[188]	用户	信任、有用性、交互性、AR 推荐质量
	H. Y. Durak 等[189]	高校用户	可视化、课程兴趣、教学质量
人工智能技术	许丽颖等[190]	用户	拟人化、信任、机器人接受度、人机交互
	K. Yu 等[191]	图书馆用户	感知行为控制、态度、主观规范
	S. Chatterjee 等[192]	高校用户	感知风险、态度、人工智能技术在高等教育中的应用

(3) 通过数字孪生及其核心技术用户接受文献分析类研究确定驱动因素，见表 4-3。

表 4-3　通过文献分析类研究确定驱动因素

核心技术	来源	研究对象	驱动因素
数字孪生技术	陶飞等[193]	数字孪生	人机交互、复杂环境自适应、多学科全要素仿真、五维结构
	陶飞等[142]	数字孪生	虚实映射、双向交互
	孔繁超[52]	图书馆服务行业	基于数字孪生的服务虚实融合、感官体验、实时交互
建模技术（如 BIM）	J. Song 等[194]	企业	BIM 技术、组织、风险、成本、环境
物联网技术（如 RFID）	A. S. Becker 等[195]	RFID 行业	RFID 技术可接受性、交互性
	李文川[196]	企业	感知因素、技术因素、环境因素、内部因素、成本因素、安全隐私因素、RFID 产品性能、集成难易程度、标准
	S. M. Lee 等[197]	电子商务用户	信任、RFID 技术安全性
	S. Jeong[198]	企业	对 RFID 技术的信任、感知风险
VR、AR、MR、XR 技术	M. L. Medeiros[199]	虚拟现实用户	沉浸感、感知空间交互性
	R. N. Bolton 等[103]	服务行业	数字孪生技术用户体验、定制服务、复杂性、信息共享、感知风险、感知信任、参与创新
	S. G. Liu 等[138]	教育行业	基于数字孪生的全息教室的虚拟性、交互性、机器学习、高保真模拟、个性化、动态
大数据技术	C. A. Ardagna 等[200]	企业	数据质量、多样性、精准度、可用性、信任、安全性、隐私、可配置性、标准化、大数据建模
云计算技术	孙振曦[201]	企业	相对优势、兼容性、复杂性、可观察性、可试性、信息化程度
	程慧平等[202]	用户	隐私、风险、成本、满意、主观规范、服务质量、自我效能、技术特征、用户创新性、感知价值、任务特征、感知娱乐性
	陈鹤阳[203]	用户	感知风险、信任、用户创新性、云计算技术特性

表 4-3(续)

核心技术	来源	研究对象	驱动因素
VR、AR、MR、XR 技术	R. Bucea-Manea-Tonis 等[204]	高校用户	动态交互性、灵活性、可视化、XR 电子学习清晰度
	S. R. Sorko[205]	用户	可用性、学习机会、交互性、信任
人工智能技术	J. C. Sanchez-Prieto 等[206]	教育领域用户	态度、实际使用
	J. C. Sanchez-Prieto 等[207]	教师	AI 焦虑、相对优势、主观规范、信任

(4) 通过数字孪生及其核心技术用户接受相关案例研究确定驱动因素，见表 4-4。

表 4-4 通过案例研究确定驱动因素

核心技术	来源	研究对象	驱动因素
数字孪生技术	秦晓珠等[83]	文献遗产数字化建设	虚实交互融合、物质文化遗产数字孪生体系全生命周期管理、全价值链协作
	E. Greifeneder 等[208]	实体图书馆(书店)	数字孪生书店复杂性、信息搜寻行为、用户体验、远程可用性、交互性
	S. M. E. Sepasgozar[92]	高校用户	交互式、沉浸式、基于数字孪生的在线教育感知有用性
	L. C. Tagliabue 等[209]	教育行业	数字孪生教育建筑可持续评估、应用扩展、支持用户行为、用户体验、绿色思维
建模技术(如 BIM)	郭文强[210]	用户	感官性质、空间性质、运动性质、BIM 实时交互、数据信息
物联网技术(如 RFID)	S. Kubicki 等[211]	基于 RFID 的数字桌面应用	人机交互、可追踪、RFID
大数据技术	O. Troisi 等[212]	企业	数字化、交互性、协作体验、价值共创、情感分析、大数据分析
云计算技术	W. Wu 等[213]	高校用户	交互性、感知易用性、感知有用性
VR、AR、MR、XR 技术	H. M. Huang 等[214]	学习者	交互性、AR 电子书学习动机
	L. J. HYE 等[215]	用户	AR/VR 交互性、多样化

表4-4(续)

核心技术	来源	研究对象	驱动因素
人工智能技术	J. Kim 等[216]	高科技零售商	认知控制、行为控制、双向交互、生动性、社会存在感、自动化社会存在感、AI技术

综合上述文献，可以看出当前国内外关于数字孪生及其核心技术的用户接受驱动因素的研究呈现如下特点：首先，当前关于数字孪生及其核心技术的用户接受因素的评估，国内外学者均有研究；其次，从数字孪生及其核心技术的用户接受研究方法分析，结合文献阅读整理开展定性研究较为普遍，部分学者建立相关概念模型，结合问卷调查开展实证分析较多，结合案例研究方法开展相应用户接受行为分析较少；然后，学者选取研究模型较多的有UTAUT和TAM；最后，结合相关研究分析，频率较高的影响因素主要有感知风险、感知信任、感知交互性、用户创新性、态度、感知娱乐性、感知成本、复杂性等。

需要注意的是，建模技术(如BIM)、物联网技术(如RFID)、大数据技术、云计算技术、VR技术、AR技术、MR技术、XR技术和人工智能技术虽是数字孪生核心技术，但其关于用户接受的影响因素不等同于基于数字孪生的高校图书馆智慧服务用户接受驱动因素。例如：建模技术(如BIM)、物联网技术(如RFID)、大数据技术、云计算技术、VR技术、AR技术、MR技术、XR技术和人工智能技术主要应用于企业信息化领域和高校智慧服务领域等特定应用场景，由于应用场景的不同可能存在相应的侧重点，但其智慧服务均是建立在信息技术的基础上的，以数字孪生及其核心技术为依托的智慧服务体现了其共有的信息化特征，利用信息资源创造价值。对于基于数字孪生的高校图书馆智慧服务而言，更加关注用户需求及其对智慧服务的接受行为，将高校图书馆自身所具备的能力和知识融入智慧服务过程中，需要以更全面、更深入的角度认识相关智慧服务用户接受的驱动机理。

4.2.2　基于数字孪生的高校图书馆智慧服务用户接受概念模型和变量选择及变量的定义

4.2.2.1　模型和变量的选择

UTAUT自2003年提出以来受到了众多学者的关注，被公认为研究信息系统采纳情况比较成熟的模型，具有更高的信度和效度水平。M. D. Williams等[217]通过对174篇UTAUT相关文献进行分析，概述UTAUT的相关研究现状，结果表明，横断面方法、调查方法和结构方程模型方法是最具探索性的研究方法。此外，自变量的权重分析表明，绩效期望和采纳意愿等变量符合最佳预测类别。由于基于数字孪生的高校图书馆智慧服务用户接受是非强制性的，本书删除UTAUT原模型中的“自愿性”调节变量。同时，由于数字孪生技术在我国高校图书馆智慧服务领域仍属于新兴技术，用户基本没有相应的信息技术使用经验，本书不采用UTAUT原模型中的“经验”调节变量。

本书在UTAUT的基础上选取绩效期望、努力期望、社会影响、促成因素作为自变量，采纳意愿和采纳行为作为因变量。在数字孪生及其核心技术用户接受文献研究中选择具有共性的影响因素，结合我国高校图书馆基于数字孪生开展智慧服务的特征，通过对部分高校师生用户小范围访谈，确定引入感知风险、感知信任、感知交互性、用户创新性四个新的自变量，从而得到本研究模型的12个变量，包括2个因变量、8个自变量和2个调节变量。其中：因变量为采纳意愿和采纳行为；自变量包括绩效期望、努力期望、社会影响、促成因素、感知风险、感知信任、感知交互性、用户创新性；调节变量为性别和年龄。

4.2.2.2 变量定义与假设

数字孪生技术目前还处于发展初期，传统的UTAUT变量可能无法完全解释用户对于基于数字孪生的高校图书馆智慧服务接受驱动机理，因此，有必要寻找更有解释力的其他驱动变量。本研究结合上一节内容对UTAUT进行扩展，增加了感知风险、感知信任、感知交互性、用户创新性四个新变量。

(1) 绩效期望

绩效期望是用户感知使用信息系统能够实现其学习或工作绩效的程度。如果图书馆用户认为在使用基于数字孪生的图书馆智慧服务过程中可以更快捷地获取图书馆提供的服务内容，用户则更加愿意接受相应的服务。数字孪生技术可以为用户带来基于数字孪生的高校图书馆智慧服务沉浸式体验，体现图书馆智慧服务的真正价值。M. A. Alajmi等[218]探讨了高校用户接受图书馆电子信息资源服务的影响因素，研究表明，绩效期望是采纳意愿和采纳行为的重要影响因素。本书参考了UTAUT中绩效期望的测度，认为基于数字孪生的高校图书馆智慧服务可以帮助用户更好地完成学习或工作，其绩效期望会正向影响用户对相应智慧服务的采纳意愿。因此，本书提出假设：

H1：基于数字孪生的高校图书馆智慧服务用户的绩效期望对采纳意愿呈正向影响。

(2) 努力期望

努力期望是用户认为通过自身努力实现使用信息系统的可能性。V. Venkatesh 等[39]指出用户接受一项新技术需要付出的努力可能会直接影响其对该技术的采纳意愿。F. Mohammadi 等[66]研究用户对电子图书馆服务接受的影响因素,得出努力期望对采纳意愿有正向的显著影响。本书中努力期望是指用户对基于数字孪生的图书馆智慧服务使用所必须付出的努力程度,包括认知易用性、系统复杂性以及操作简单性。对于基于数字孪生的高校图书馆智慧服务而言,智慧服务终端的操作界面对用户视觉感知与其操作实现深度融合,则用户对该智慧服务的采纳可能持积极意愿。因此,本书提出假设:

H2:基于数字孪生的高校图书馆智慧服务用户的努力期望对采纳意愿呈正向影响。

(3) 社会影响

社会影响是用户在他人的作用下,其思想、情感和行为发生变化的影响程度。在信息系统采纳研究中,先前的研究表明:社会影响在形成用户使用新技术的采纳意愿方面是重要的[40]。现有研究证明,社会影响是各种背景下采纳意愿强有力的预测因素。B. Charles[219]研究了2019冠状病毒疾病期间大学生和教师接受在线学习系统的影响因素,得出社会影响是学习者接受学习系统的重要因素。杨方铭等[220]结合 UTAUT 构建电子书用户采纳意愿影响模型,得出社会影响对采纳意愿有正向影响作用。本书中,社会影响是指用户的思想、情感和行为在周围环境的影响下感知基于数字孪生的高校图书馆智慧服务的接受程度。本书认为用户在周围社会环境中受积极影响越大,越容易采纳基于数字孪生的图书馆智慧服务。因此,本书提出假设:

H3:基于数字孪生的高校图书馆智慧服务用户的社会影响对采纳意愿呈正向影响。

(4) 感知风险

感知风险是用户对某个特定风险的特征和严重性所做出的主观判断。感知风险的概念由美国学者 R. A. Bauer[221]首次提出,其特别强调了感知风险的主观性,认为这与实际风险是有区别的。M. Igbaria[222]认为用户在评估或采用产品和服务时,会有意识或无意识地感知风险。信息系统的采用已经被证明会给用户带来焦虑和不适。H. Choi[223]指出感知风险因素对用户使用 VR 和 AR 技术的意愿产生负面影响。本书认为用户在采纳基于数字孪生的高校图书馆智慧服务前,会评估其感知到的潜在风险。当用户感知服务过程中可能潜在的风险较大时,其对该智慧服务的采纳意愿就较弱。因此,本书提出以下假设:

H4:基于数字孪生的高校图书馆智慧服务用户的感知风险对采纳意愿呈负向影响。

(5) 感知交互性

感知交互性是用户对于基于数字孪生的图书馆智慧服务虚实交互过程的感知。交互性是指用户对模拟环境内物体的可操作程度和从环境得到反馈的自然程度(包括实时性)、虚拟场景中对象依据物理学定律运动的程度等,是人机和谐的关键性因素。交互性尤其在通信领域引起了研究者的兴趣[224]。S. Lee 等[225]提出感知互动性是一个中介因素,它对用户的感知性能和持续采纳意愿有正向影响。R. G. Díaz 等[226]提出常见的数字孪生特征涉及互动性、隐私性和安全性等概念。数字孪生的交互包括物理-物理、虚拟-虚拟、物理-虚拟、人机交互等交互方式。其中,人机交互是指用户和数字孪生系统之间的交互,用户通过数字孪生系统迅速掌握物理系统的特性和实时性能,让用户能够获得身临其境的技术体验,从而提高用户的采纳意愿。本书认为感知交互性可以通过增强基于数字孪生的高校图书馆智慧服务中的交互式体验提升用户的采纳意愿。因此,本书提出以下假设:

H5:基于数字孪生的高校图书馆智慧服务用户的感知交互性对采纳意愿呈正向影响。

(6) 感知信任

感知信任是指用户对信息系统的信任程度,以及对与特定服务提供者交互时体现出的期望感知。A. Debnath 等[183]指出感知信任是用户接受可穿戴设备的重要驱动因素。C. L. Hsu 等[227]运用 UTAUT 模型检验影响用户采用电子书的因素,得出感知信任是用户采纳新技术的主要驱动因素。钟玲玲等[120]基于 UTAUT 模型分析虚拟学术社区用户知识交流影响因素,提出感知信任对用户知识交流意愿存在显著正向影响。本书中,感知信任是指用户对基于数字孪生的高校图书馆智慧服务中不确定因素的信任程度。因此,本书提出以下假设:

H6:基于数字孪生的高校图书馆智慧服务用户的感知信任对采纳意愿呈正向影响。

(7) 用户创新性

本书中的用户创新性是用户具备的知识和经验,包括对图书馆基于数字孪生的智慧服务业务运作流程的了解、对新技术的敏感性等。E. M. Rogers[37]提到,创新的个体能够处理不确定性,并且更有意愿采用新技术。A. V. Citrin 等[228]解释说,用户创新性可以分为特定领域创新和开放过程创新两个类别,特定领域创新是用户寻求特定产品创新采纳知识的趋势,开放过程创新是用户对创新采纳的一般行为的预测。用户创新性影响着其对新技术的采纳意愿,创新性较强的用户会对新技术产生更积极的想法。R. Thakur 等[229]认为纳入用户创新性变量是 UTAUT 的重要扩展。在本书中,用户创新性较高的人对新技术的态度应该比较积极，也会影响用户接受基于数字孪生的图书馆智慧服务的意愿。因此，本书提出以下假设：

H7：基于数字孪生的高校图书馆智慧服务用户的用户创新性对采纳意愿呈正向影响。

综上所述，本书基于UTAUT扩展感知风险、感知交互性、感知信任和用户创新性四个新的自变量，这四个自变量是采纳意愿的驱动因素。

(8) 促成因素

促成因素是实现或形成某行为所必需的技能、资源和社会条件。本研究中的促成因素是指用户对顺利使用基于数字孪生的图书馆智慧服务所需的技术支持条件完备程度的感知。部分学者指出促成因素对用户的采纳行为具有显著的正向影响[230]。A. Shivdas等[231]调查印度偏远地区研究所采用数字图书馆系统的关键因素，研究发现：促成因素正向影响用户使用数字图书馆系统采纳行为。当前，数字孪生技术正处于快速发展阶段，如果高校图书馆具备成熟的数字孪生基础设施，拥有技术实施和管理方面的经验，那么用户将更容易感知基于数字孪生的高校图书馆智慧服务的内涵，这就为数字孪生技术的采纳提供了便利条件，从而促使用户接纳基于数字孪生的高校图书馆智慧服务的可能性更高。因此，本书提出假设：

H8：基于数字孪生的高校图书馆智慧服务用户的促成因素对采纳行为呈正向影响。

(9) 采纳意愿

采纳意愿反映用户对接受新技术所表现出来的愿望。需要说明的是，各种因素对采纳行为的作用需要通过形成采纳意愿来实现，采纳意愿对采纳行为的影响已经得到了充分的验证[34-35]。UTAUT结果变量为采纳行为，采纳意愿对采纳行为具有正向影响[39]。本书的采纳意愿是用户对采纳基于数字孪生的高校图书馆智慧服务的意愿，主要表现为用户认为自己在未来使用基于数字孪生的高校图书馆智慧服务进行学习或工作的可能性，其采纳意愿对于用户接受基于数字孪生的高校图书馆智慧服务的决策有着重要作用。基于以上分析，本书提出以下假设：

H9：基于数字孪生的高校图书馆智慧服务用户的采纳意愿对采纳行为呈正向影响。

4.2.2.3 调节变量与假设

调节变量是影响两个变量关系的变量，当X与Y的关系随着M的变动而改变时，M则为X-Y关系的调节变量。调节变量包括性别、年龄等。在本书的模型设定中,性别和年龄这两个特征发挥着调节变量的作用。

(1) 性别

研究者在 UTAUT 中发现绩效期望和努力期望对采纳意愿的影响而言,男性和女性用户具有明显的差异。其中,男性用户绩效期望对其采纳信息系统的意愿具有更显著的正向影响,而女性用户努力期望对其采纳信息系统的意愿具有更显著的正向影响[41]。此外,Y. S. Wang 等[232]提出性别差异调节了社会影响对移动学习采纳意愿的影响,女性用户更容易受到周围其他人的影响。对高校用户而言,是否接受基于数字孪生的图书馆智慧服务取决于用户自身,而用户的性别特征可能会对其决策产生一定影响。本书模型以性别作为调节变量,探讨性别对于基于数字孪生的高校图书馆智慧服务用户接受的作用机理。因此,本书提出以下假设:

H10:相比较女性用户,对于男性用户而言:

H10-a:绩效期望对采纳意愿的影响作用增强;

H10-b:努力期望对采纳意愿的影响作用减弱;

H10-c:社会影响对采纳意愿的影响作用减弱。

此外,本书模型中新增四个自变量:感知风险、感知信任、感知交互性和用户创新性。用户创新性受主观因素影响的程度较小,而性别对感知风险、感知交互性、感知信任与采纳意愿之间的关系是否存在调节作用尚需进一步验证,因此,本书提出以下假设:

H10-d:性别对感知风险与采纳意愿之间的关系起调节作用;

H10-e:性别对感知交互性与采纳意愿之间的关系起调节作用;

H10-f:性别对感知信任与采纳意愿之间的关系起调节作用。

(2) 年龄

V. Venkatesh 等[39,140]指出年龄对于用户接受技术行为具有显著的调节效应,社会影响对年长用户采纳新技术的意愿影响更大。Y. S. Wang[232]运用 UTAUT 分析用户接受移动学习的决定因素,研究表明,年龄差异调节了努力期望和社会影响对采纳意愿的影响。A. Burton-Jones 等[233]认为年长用户在使用信息系统检索信息时存在一定的困难,并且检索信息的能力随着年龄的增长而下降。与年轻用户相比,年纪较大的用户可能更难适应新环境。M. G. Morris 等[234]认为努力期望对用户采纳意愿的影响将受到年龄的调节,这种影响对年长用户更大。本书模型将检验高校用户对基于数字孪生的图书馆智慧服务的接受意愿,探讨年龄对用户基于数字孪生的高校图书馆智慧服务采纳意愿的调节作用,因此,本书提出以下假设:

H11:随着用户年龄的增加:

H11-a:绩效期望对采纳意愿的影响作用减弱；

H11-b:努力期望对采纳意愿的影响作用增强；

H11-c:社会影响对采纳意愿的影响作用增强。

此外,本书模型新增感知风险、感知信任、感知交互性、用户创新性四个自变量。其中,用户创新性受主观因素影响的程度较小,而年龄对感知风险、感知交互性、感知信任与采纳意愿之间的关系是否存在调节作用需要进一步讨论,因此,本书提出以下假设:

H11-d:年龄对感知风险与采纳意愿之间的关系起调节作用;

H11-e:年龄对感知交互性与采纳意愿之间的关系起调节作用;

H11-f:年龄对感知信任与采纳意愿之间的关系起调节作用。

4.3　模型构建与研究假设

4.3.1　模型构建

结合以上分析讨论,基于 UTAUT,在基于数字孪生的高校图书馆智慧服务用户接受的驱动因素中增加新的驱动变量并提出了相应的研究假设,本书设计了基于数字孪生的高校图书馆智慧服务用户接受概念模型,如图 4-2 所示。

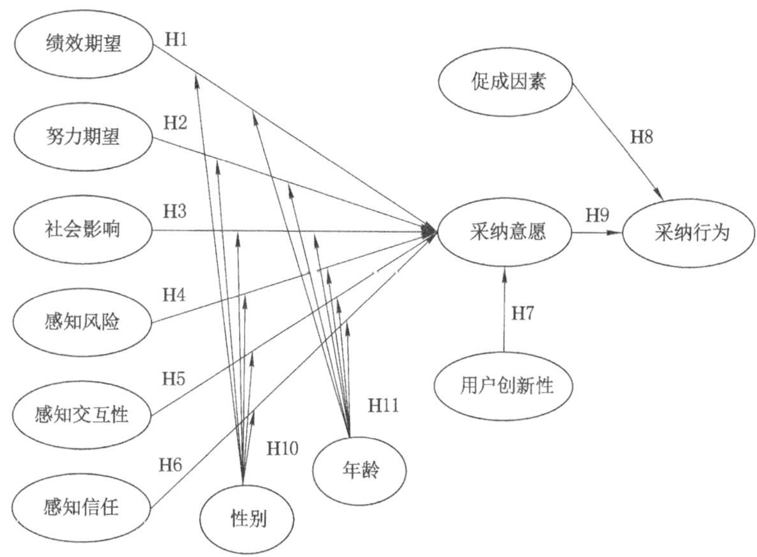

图 4-2　基于数字孪生的高校图书馆智慧服务用户接受概念模型

经过实证研究，UTAUT 确定了四个核心变量：绩效期望、努力期望、社会影响和促成因素。本书对 UTAUT 的理论扩展和改进，结合基于数字孪生的高校图书馆智慧服务用户接受驱动特点，新增感知风险、感知交互性、感知信任和用户创新性四个自变量。通过图 4-2 可以看出，基于数字孪生的高校图书馆智慧服务用户接受的概念模型变量包括三种：自变量、因变量和调节变量。其中，自变量包括绩效期望、努力期望、社会影响、促成因素、感知风险、感知交互性、感知信任和用户创新性。该概念模型将采纳意愿和采纳行为作为因变量。在这里，采纳行为受采纳意愿和促成因素的直接影响，绩效期望、努力期望、社会影响、感知风险、感知交互性、感知信任和用户创新性是采纳意愿的决定性因素。此外，本书将性别和年龄个人特征作为调节变量引入模型中，用来解释不同用户间的接受行为差异。

4.3.2 研究假设的归纳

本研究提出 11 类研究假设，具体包括 21 个相关研究假设。其中 9 个直接效应研究假设（H1～H9），12 个调节效应研究假设（H10～H11），研究假设的归纳如表 4-5 所示。

表 4-5 研究假设

假设条目	假设内容
H1	基于数字孪生的高校图书馆智慧服务用户的绩效期望对采纳意愿呈正向影响
H2	基于数字孪生的高校图书馆智慧服务用户的努力期望对采纳意愿呈正向影响
H3	基于数字孪生的高校图书馆智慧服务用户的社会影响对采纳意愿呈正向影响
H4	基于数字孪生的高校图书馆智慧服务用户的感知风险对采纳意愿呈负向影响
H5	基于数字孪生的高校图书馆智慧服务用户的感知交互性对采纳意愿呈正向影响
H6	基于数字孪生的高校图书馆智慧服务用户的感知信任对采纳意愿呈正向影响
H7	基于数字孪生的高校图书馆智慧服务用户的用户创新性对采纳意愿呈正向影响
H8	基于数字孪生的高校图书馆智慧服务用户的促成因素对采纳行为呈正向影响
H9	基于数字孪生的高校图书馆智慧服务用户的采纳意愿对采纳行为呈正向影响
H10	相对于女性图书馆用户，对于男性图书馆用户而言
H10-a	绩效期望对采纳意愿的影响作用增强
H10-b	努力期望对采纳意愿的影响作用减弱
H10-c	社会影响对采纳意愿的影响作用减弱
H10-d	性别对感知风险与采纳意愿关系有调节作用

表 4-5(续)

假设条目	假设内容
H10-e	性别对感知交互性与采纳意愿关系有调节作用
H10-f	性别对感知信任与采纳意愿关系有调节作用
H11	随着图书馆用户年龄的增加
H11-a	绩效期望对采纳意愿的影响作用减弱
H11-b	努力期望对采纳意愿的影响作用增强
H11-c	社会影响对采纳意愿的影响作用增强
H11-d	年龄对感知风险与采纳意愿关系有调节作用
H11-e	年龄对感知交互性与采纳意愿关系有调节作用
H11-f	年龄对感知信任与采纳意愿关系有调节作用

4.4　本章小结

本章首先提出了基于数字孪生的高校图书馆智慧服务用户接受概念模型构建的总体思路，即以 UTAUT 为基础，结合基于数字孪生的高校图书馆智慧服务用户接受的特点对 UTAUT 进行拓展。然后对当前数字孪生及其核心技术的用户接受相关文献进行梳理和归纳，对本书模型中的变量进行选择和定义，并提出相应假设。最后在 UTAUT 基础上，引入感知风险、感知信任、感知交互性、用户创新性四个新的自变量，构建了基于数字孪生的高校图书馆智慧服务用户接受概念模型。

第5章 基于数字孪生的高校图书馆智慧服务用户接受驱动模型检验方法设计

5.1 模型检验研究方法设计总体思路

研究方法是实现研究目的的工具和途径。从目前的分类标准来看,研究方法主要有两种:实证研究和非实证研究。其中,实证研究的目的是揭示某些现象背后的规律性,并对产生这种规律的原因进行分析和检验。其注重理论选择的可证实性,要求能将理论转化成可检验的假设,命题应具有可观察性。信息系统领域常用的实证研究方法包括问卷调查、二手数据分析、现场研究、案例研究等。实证研究是体现管理研究水平的主要研究方法;非实证研究的价值在于可以构成一个完整的科学研究的一部分,还需要在此基础上进行更加深入的研究。

本书的研究目的是识别基于数字孪生的高校图书馆智慧服务的用户接受驱动因素及其内在机理,采用问卷调查法获取基础数据,并在此基础上,结合UTAUT构建基于数字孪生的高校图书馆智慧服务用户接受驱动模型进行实证研究。在技术接受的背景下,许多研究人员使用问卷来更好地了解关于采用新技术的看法[128,235]。首先,本书在整理和阅读国内外相关成熟量表的基础上,确定本书模型变量对应的各观测变量。然后,根据调研目标,本研究初步编写调查问卷,根据预调查和访谈反馈的结果,检验信度和效度,进行问卷修改,完成正式调查问卷的编制工作。最后,正式开展问卷调查的发放和回收工作,剔除无效问卷,并对问卷数据进行统计和整理。

5.2 基于数字孪生的高校图书馆智慧服务用户接受驱动因素量表设计

目前的学术文献已经证明,UTAUT是一种有效的方法,可以识别影响用户使用意向的因素[39,236]。本书扩展了V. Venkatesh等[39]的UTAUT,添加感知风险、感知信任、感知交互性、用户创新性等驱动因素,以进一步检查它们对基于数字孪生的高校图书馆智慧服务用户接受驱动的影响。同时,依据J. C.

Nunnally[237]提到每个变量至少需要有三个以上指标衡量。本书为每个测量变量设置了三个及以上题目,该选择主要参考了以往的类似实证研究和相关领域学者的研究成果。

5.2.1 绩效期望

V. Venkatesh 等[39]提出绩效期望(performance expectancy,PE)是用户认为使用该信息系统将提高其工作绩效的程度。本书中的绩效期望是指用户感知使用基于数字孪生的图书馆智慧服务系统有助于提高自己在学习、工作中获得收获的程度。V. Venkatesh 等[128]将绩效期望定义为使用一项技术将在执行某些活动时为用户提供好处的程度。基于数字孪生的高校图书馆智慧服务场景能够加深用户与服务终端之间更深层次的互动性,通过数字孪生技术给用户带来更深的、全方位的感知学习体验。用户会对相关智慧服务中感知学习的体验结果与其预期的期望进行比较,这将可能会产生不同层面的理解和认知。本书在参考 UTAUT 中绩效期望的基础上,结合我国基于数字孪生的高校图书馆智慧服务用户接受研究内容进行了适当调整,确定本研究的绩效期望测量指标如表 5-1 所示。

表 5-1 绩效期望测量指标

变量	测量指标	来源
绩效期望	PE1:我通过基于数字孪生的高校图书馆智慧服务实时获得精准信息	V. Venkatesh 等[39]
	PE2:我通过基于数字孪生的高校图书馆智慧服务提高学习或工作效率	
	PE3:我通过基于数字孪生的高校图书馆智慧服务提升学习或工作质量	V. Venkatesh 等[128]

5.2.2 努力期望

V. Venkatesh 等[39]认为努力期望(effort expectancy,EE)是信息系统使用的容易程度,这意味着相关信息系统技术的设计是否容易使用是技术被用户采纳的关键因素之一。已有的研究[238]表明,用户对易于使用的自助服务技术更加满意。此外,V. Venkatesh 等[239]指出一项技术创新系统越复杂,用户对其采纳的意愿越低。基于 UTAUT 模型,本书预计用户对基于数字孪生的图书馆智慧服务的接受程度将取决于基于数字孪生的智慧服务系统是否易于使用。本研究在参考 UTAUT 中努力期望和 M. L. Meuter 等[238]提出的自助服务技术用户接受测量量表的基础上,结合我国基于数字孪生的高校图书馆智慧服务用户接受研究内容进行了适当调整,确定本研究的努力期望测量指标如表 5-2 所示。

表 5-2 努力期望测量指标

变量	测量指标	来源
努力期望	EE1:我很容易接受基于数字孪生的高校图书馆智慧服务	M. L. Meuter 等[238]
	EE2:我很容易通过基于数字孪生的高校图书馆智慧服务查询到我所需要的信息	V. Venkatesh 等[239]
	EE3:我了解怎样使用基于数字孪生的高校图书馆智慧服务	V. Venkatesh 等[39]

5.2.3 社会影响

V. Venkatesh 等[39]指出社会影响(social influence,SI)是个体感知到的对于他相对重要的人认为其应该使用某一个新系统的程度。社会影响通过遵从、内化和认同三种机制对个体行为产生影响[240]。先前的研究[140]表明,社会影响在形成用户使用新技术的意愿方面具有重要意义。由于本次研究的对象为高校图书馆用户,其受到的社会影响可能来源于大学同学、教师以及社会媒体等。本书在参考 UTAUT 中社会影响、P. R. Warshaw 进行的社会影响相关研究的基础上,结合我国基于数字孪生的高校图书馆智慧服务用户接受研究内容进行了适当调整,确定本书的社会影响测量指标如表 5-3 所示。

表 5-3 社会影响测量指标

变量	测量指标	来源
社会影响	SI1:对我而言很重要的人,将会影响我使用基于数字孪生的高校图书馆智慧服务的决定	P. R. Warshaw[240]
	SI2:如果同学或者同事推荐,我将使用基于数字孪生的高校图书馆智慧服务	V. Venkatesh 等[140]
	SI3 传媒宣传推广会促使我使用基于数字孪生的高校图书馆智慧服务	V. Venkatesh 等[39]
	SI4 我认为高校图书馆使用数字孪生技术会成为趋势	

5.2.4 促成因素

V. Venkatesh 等[39]认为促成因素(facilitating conditions,FC)是用户认为存在支持系统使用的组织和技术基础设施的程度。A. V. Martin Garcia 等[241]结合 UTAUT 分析高校用户关于混合学习方法的采纳意愿,指出促成因素是采纳意愿的决定性因素,提出用户的需求和经验影响了系统使用的预期效果。本书中的促成因素是对图书馆用户顺利接受基于数字孪生的高校图书馆智慧服务起到关键作用的因素，包括基于数字孪生的图书馆智慧服务技术及相关基础设施等。本书在参考 UTAUT 中促成因素和 A. V. Martin Garcia 等[241]进行促成因素研究的基础上，结合我国基于数字孪生的高校图书馆智慧服务用户接受研究内容进行了适当调整，确定本书的促成因素测量指标如表 5-4 所示。

表 5-4　促成因素测量指标

变量	测量指标	来源
促成因素	FC1：我拥有使用基于数字孪生的高校图书馆智慧服务的设备基础	V. Venkatesh 等[39]
	FC2：我拥有使用基于数字孪生的高校图书馆智慧服务所必需的能力和知识	
	FC3：我有使用基于数字孪生的高校图书馆智慧服务的需求	A. V. Martin Garcia 等[241]
	FC4：我有使用基于数字孪生的高校图书馆智慧服务的相关经验	

5.2.5　采纳意愿

采纳意愿(adoption Intention，AI)即 UTAUT 模型中的行为意愿，V. Venkatesh 等[39]认为其是用户实施某种行为倾向的度量。B. Sumak 等[242]认为用户看到一项新技术或服务时，有许多因素会影响他们使用该技术。为了衡量学生和教师如何接受和使用特定的电子学习技术或服务，学生的采纳意愿被证明是实际使用虚拟学习环境的重要因素。本书的调查对象是高校图书馆用户，其采纳意愿对高校图书馆开展基于数字孪生的智慧服务的决策起着重要作用。本书在参考 UTAUT 中采纳意愿和 B. Sumak 等提出的虚拟学习环境用户接受测量量表的基础上，结合我国基于数字孪生的高校图书馆智慧服务用户接受研究内容进行了适当调整，确定本书的采纳意愿测量指标如表 5-5 所示。

表 5-5　采纳意愿测量指标

变量	测量指标	来源
采纳意愿	AI1：我愿意了解和使用数字孪生技术	V. Venkatesh 等[39]
	AI2：我愿意把基于数字孪生的高校图书馆智慧服务推荐给别人使用	
	AI3：我认为高校图书馆应该开展基于数字孪生的高校智慧服务	B. Sumak 等[242]
	AI4：我希望今后经常使用数字孪生技术相关服务	

5.2.6 采纳行为

采纳行为(adoption behavior,AB)即 UTAUT 模型中的使用行为,是指用户基于自身需求实际采纳、利用信息系统的行为。V. Venkatesh 等[39]认为用户采用信息技术的行为由是否接受信息技术的意愿决定。B. Gupta 等[243]利用 UTAUT 研究了发展中国家政府组织中信息通信技术的采纳行为。本书在参考 UTAUT 中采纳行为和 B. Gupta 等[243]提出的信息通信技术用户接受测量量表的基础上,结合我国基于数字孪生的高校图书馆智慧服务用户接受研究内容进行了适当调整,确定本书的采纳行为测量指标如表 5-6 所示。

表 5-6 采纳行为测量指标

变量	测量指标	来源
采纳行为	AB1:我决定使用基于数字孪生的高校图书馆智慧服务	V. Venkatesh 等[39]
	AB2:我将经常使用基于数字孪生的高校图书馆智慧服务(使用次数多)	
	AB3:我将大量使用基于数字孪生的高校图书馆智慧服务(使用量大)	B. Gupta 等[243]
	AB4:我喜欢接受数字孪生技术相关服务	

5.2.7 感知风险

感知风险(perceived risk,PR)最初的概念由哈佛大学学者 R. A. Bauer[221]提出,他认为用户在购买决策中隐含着对预期结果的不确定性,这种不确定性就是感知风险。D. F. Blankertz 等[244]认为用户行为涉及风险,因为产品使用的后果可能无法准确地预期。他将感知风险定义为结果的不确定性和严重性的结合。T. Roselius[245]认为时间是一个重要的风险维度。J. Jacoby 等[246]提出感知风险包括财务风险、绩效风险、心理风险、身体风险和社会风险五个方面。R. N. Stone 等[247]认为感知风险分为隐私风险、绩效风险和社会风险三个维度。数字孪生作为一种开放共享的新兴技术,在其与高校图书馆智慧服务融合过程中势必面临系列风险与挑战,比如:用户接受服务过程中可能面临相关服务投入的时间成本风险、设备资金风险、个人信息泄露风险和服务体验绩效风险。本书在参考以上关于感知风险研究的基础上,结合我国基于数字孪生的高校图书馆智慧服务用户接受研究内容进行了适当调整,将感知风险按照时间风险、财务风险、隐私风险和绩效风险四个维度分别展开讨论,确定本书的感知风险测量指标如表 5-7 所示。

表 5-7 感知风险测量指标

变量	测量指标	来源
感知风险	PR1:我认为开通和使用基于数字孪生的高校图书馆智慧服务花费很多时间	D. F. Blankertz 等[244]
	PR2:我认为使用基于数字孪生的高校图书馆智慧服务所花费的设备资金比不使用时花费多	T. Roselius[245]
	PR3:我担心基于数字孪生的高校图书馆智慧服务会造成个人信息泄露	J. Jacoby 等[246]
	PR4:我担心基于数字孪生的高校图书馆智慧服务体验效果	R. N. Stone 等[247]

5.2.8 感知交互性

感知交互性(perceived interactivity,PI)是用户对与服务提供者直接互动过程的感知。J. Newhagen 等[248]将感知交互性分为两个维度:用户对系统效能的心理感受和对系统交互性的感觉两个维度。Y. P. Liu[249]认为主动控制、双向交流和同步性是感知交互性的三个独立但相关的维度。G. Wu[250]结合网站评估将感知交互性分为感知控制、感知响应和感知个性化三个维度。W. S. Yoo 等[251]认为交互性具有三个维度:可控性、同步性和双向性。本书中的感知交互性包含感知个性化、双向交流、主动控制、同步性四个方面:① 感知个性化是指用户通过基于数字孪生的图书馆智慧服务获取的交互体验感知程度;② 双向交流是指用户与基于数字孪生的图书馆智慧服务实现虚实互动沟通的程度;③ 主动控制是指用户能够参与基于数字孪生的图书馆智慧服务交流的能力;④ 同步性是指用户可以获取基于数字孪生的图书馆智慧服务的及时程度。本书对感知交互性的测度主要参考 J. Newhagen、Y. P. Liu、G. Wu 和 W. S. Yoo 等提出的交互性测量量表,结合我国基于数字孪生的高校图书馆智慧服务用户接受研究内容进行了适当调整,确定本书感知交互性测量指标如表 5-8 所示。

表 5-8 感知交互性测量指标

变量	测量指标	来源
感知交互性	PI1:我通过基于数字孪生的高校图书馆智慧服务提升虚实交互体验感	J. Newhagen 等[248]
	PI2:我将能够从基于数字孪生的高校图书馆智慧服务获得问题的相关启发	Y. P. Liu[249]

表 5-8(续)

变量	测量指标	来源
感知交互性	PI3:我将能够与基于数字孪生的高校图书馆智慧服务中其他对象(人、物、系统等)虚实互动	G. Wu[250]
	PI4:我将能够及时从基于数字孪生的高校图书馆智慧服务中获得我需要的反馈	W. S. Yoo 等[251]

5.2.9 感知信任

根据 D. J. Mcallister[252]的观点,感知信任(perceived trust,PT)有两个维度:情感和认知。基于情感的感知信任指委托人和受托者之间的情感纽带,基于认知的感知信任依赖于用户的理性判断。S. X. Komiak 等[253]认为感知信任是指用户对受托者的信任程度,以及对与特定服务提供者交互时体现出的期望感知。在信息系统领域,感知信任被定义为依赖于系统基础设施,比如依赖于特定的信息系统[254]。J. H. Lee 等[255]指出用户对基于特定信息通信技术的服务提供商的信任意味着提供商有能力提供服务。因此,本书中的感知信任是指用户对基于数字孪生的图书馆智慧服务交互过程中图书馆提供可靠高效服务能力的信念,分为两个情感和认知两个维度。情感维度是指用户与图书馆之间的情感纽带,例如:基于数字孪生的图书馆智慧服务可以比传统智慧服务更好地满足用户的个性化需求,相关智慧服务是可以信赖的。认知维度是指用户对基于数字孪生的图书馆智慧服务的理性判断,例如:用户认为基于数字孪生的图书馆智慧服务可以提供所需要的服务项目、相关技术可以在图书馆实现推广。本书对感知信任的测度主要参考 D. J. Mcallister、S. X. Komiak、A. Vance 和 J. H. Lee 等提出的相关感知信任的测量量表,结合我国基于数字孪生的高校图书馆智慧服务用户接受研究内容进行了适当调整,确定本书的感知信任测量指标如表 5-9 所示。

表 5-9 感知信任测量指标

变量	测量指标	来源
感知信任	PT1:数字孪生技术可以更好地满足用户个性化需求	D. J. Mcallister[252]
	PT2:基于数字孪生的高校图书馆智慧服务可以提供我所需要的服务项目	S. X. Komiak 等[253]
	PT3:我认为数字孪生技术可以在高校图书馆实现推广	A. Vance 等[254]
	PT4:我认为基于数字孪生的高校图书馆智慧服务是可以信赖的	J. H. Lee 等[255]

5.2.10　用户创新性

在信息技术领域，D. F. Midgley 等[256]将用户创新性（user innovation，UI）定义为用户尝试新信息技术的意愿。R. Agarwal 等[257]指出具有创新特征的用户更乐于采纳新技术。E. M. van Raaij 等[258]认为用户在信息技术领域的创新性反映其独立于他人的采用新信息技术的倾向，可以将用户创新性视为积极的个体特征和对变革的开放态度。明均仁[259]认为移动图书馆用户的创新性反映了用户对图书馆移动信息服务的接受程度。L. Liu 等[260]结合 UTAUT 模型对移动数字图书馆服务中影响用户接受行为的因素进行研究，他指出高校用户创新性对新鲜的物品有着更强烈的好奇心。参考以上研究成果，结合基于数字孪生的高校图书馆智慧服务的特点，本书中的用户创新性包括两个维度：① 个体积极特征维度，指用户接受基于数字孪生的高校图书馆智慧服务的积极倾向性，例如，对基于数字孪生的高校图书馆智慧服务感到好奇，认为尝试接触相应的服务很有趣。② 开放创新维度，指对基于数字孪生的高校图书馆智慧服务开放创新的预测，例如，用户勇于尝试新事物，认为该服务能随着用户需求变化而灵活调整和更新。本书对感知信任的测度主要参考 R. Agarwal、E. M. van Raaij、明均仁和 L. Liu 等提出的用户创新性测量量表，结合我国基于数字孪生的高校图书馆智慧服务用户接受研究内容进行了适当调整，确定本书的用户创新性测量指标如表 5-10 所示。

表 5-10　用户创新性测量指标

变量	测量指标	来源
用户创新性	UI1：我对基于数字孪生的高校图书馆智慧服务感到好奇	R. Agarwal 等[257]
	UI2：我是一个勇于尝试新事物的人	E. M. van Raaij 等[258]
	UI3：我认为尝试基于数字孪生的高校图书馆智慧服务很有趣	明均仁等[259]
	UI4：我认为基于数字孪生的高校图书馆智慧服务能随着用户需求变化而灵活调整和更新	L. Liu 等[260]

5.3　基于数字孪生的高校图书馆智慧服务用户接受的问卷设计

5.3.1　问卷内容和形式

在问卷结构上，本书将调查问卷分为三个部分：① 用户基本信息，包括性别、年龄、身份、专业、学历等；② 用户对基于数字孪生的高校图书馆智慧服务需求情况；③ 调查问卷测量题项，包括绩效期望、努力期望、社会影响、促成因素、感知风险、感知信任、感知交互性、用户创新性、采纳意愿、采纳行为 10 个变量，38 个题项。在调查问卷中，第一部分和第二部分主要是通过选择题进行客观测度，第三部分使用李克特 5 级量表来进行测度。用户可以结合自身的主观感知选择 5～1 之间的分值，分别代表"非常同意""同意""不确定""不同意""非常不同意"。

5.3.2 问卷设计过程

本书在问卷设计过程中设置多个题项对所涉及的变量进行测量，测量题项开发流程是：① 通过文献回顾和相关教育培训系统开发企业的实地调研形成题项；② 与学术界专家进行讨论，结合高校部分教授、研究馆员、管理学博士和数字孪生领域专业人士的意见修改问卷；③ 深度访谈，与部分图书馆高层领导、图情领域教授和数字孪生服务商进行深度访谈；④ 结合小样本的预调研，确定问卷终稿。

5.3.2.1 文献研究和实地访谈

本书在有关数字孪生及其核心技术的用户接受相关文献的基础上，与部分高校师生用户进行小范围访谈，确定基于数字孪生的高校图书馆智慧服务用户接受概念模型变量的选择。结合已有相关研究，开发基于数字孪生的高校图书馆智慧服务用户接受驱动变量的测量指标量表。在调查问卷设计之前，笔者对江苏某教育培训系统开发企业进行了实地调研，着重就数字孪生技术在教育机构中应用时用户接受方面进行交流和探讨。结合文献研究和实地访谈的结果，设计调查问卷的初稿。

5.3.2.2 专家咨询

笔者分别与 10 位专业人士（教授 3 人、研究馆员 2 人、副教授 2 名，曾做过类似实证研究的管理学博士研究生 2 人、研究数字孪生技术的博士研究生 1 人）讨论变量的题项，征求他们对问卷初稿的题项设计、语言表达、结构编排等的意见。邀请相关学者对问卷初稿的有效性进行评价，包括所列题项是否准确测量研究主题等，最终形成第二稿。

5.3.2.3 深度访谈

笔者与中国矿业大学图书馆相关领导、部分高校图情领域教授以及数字孪生服务商进行了交流，请他们从各自角度对问卷的测量内容、题项选择、问题易懂性等方面进行评价，提出修改意见。根据访谈意见，本书对问卷做了进一步的修改和补充，形成用于预测试的调查问卷，问卷测量量表如 5-11 所示。

表 5-11　基于数字孪生的高校图书馆智慧服务用户接受驱动测量量表

潜在变量	指标编码	测量题项	量表来源
绩效期望	PE1	我通过基于数字孪生的高校图书馆智慧服务实时获得精准信息	V. Venkatesh 等[39] V. Venkatesh 等[128]
	PE2	我通过基于数字孪生的高校图书馆智慧服务提高学习或工作效率	
	PE3	我通过基于数字孪生的高校图书馆智慧服务提升学习或工作质量	
努力期望	EE1	我很容易接受基于数字孪生的高校图书馆智慧服务	M. L. Meuter 等[238] V. Venkatesh 等[239] V. Venkatesh 等[39]
	EE2	我很容易通过基于数字孪生的高校图书馆智慧服务查询到我所需要的信息	
	EE3	我了解怎样使用基于数字孪生的高校图书馆智慧服务	
社会影响	SI1	对我而言很重要的人，将会影响我使用基于数字孪生的高校图书馆智慧服务的决定	P. R. Warshaw[240] V. Venkatesh 等[140] V. Venkatesh 等[39]
	SI2	如果同学或者同事推荐，我将使用基于数字孪生的高校图书馆智慧服务	
	SI3	传媒宣传推广会促使我使用基于数字孪生的高校图书馆智慧服务	
	SI4	我认为高校图书馆使用数字孪生技术会成为趋势	
促成因素	FC1	我拥有使用基于数字孪生的高校图书馆智慧服务的设备基础	V. Venkatesh 等[39] A. V. Martin Garcia 等[241]
	FC2	我拥有使用基于数字孪生的高校图书馆智慧服务所必须的能力和知识	
	FC3	我有使用基于数字孪生的高校图书馆智慧服务的需求	
	FC4	我有使用基于数字孪生的高校图书馆智慧服务的相关经验	
感知风险	PR1	我认为开通和使用基于数字孪生的高校图书馆智慧服务花费很多时间	D. F. Blankertz 等[244] T. Roselius[245] J. Jacoby[246] R. N. Stone[247]
	PR2	我认为使用基于数字孪生的高校图书馆智慧服务所花费的设备资金比不使用时花费多	
	PR3	我担心基于数字孪生的高校图书馆智慧服务会造成个人信息泄露	
	PR4	我担心基于数字孪生的高校图书馆智慧服务体验效果	

表 5-11(续)

潜在变量	指标编码	测量题项	量表来源
感知交互性	PI1	我通过基于数字孪生的高校图书馆智慧服务提升交互体验感	J. Newhagen 等[248] Y. P. Liu[249] G. Wu[250] W. S. Yoo 等[251]
	PI2	我将能够从基于数字孪生的高校图书馆智慧服务获得问题的相关启发	
	PI3	我将能够与基于数字孪生的高校图书馆智慧服务中其他对象(人、物、系统等)互动	
	PI4	我将能够从基于数字孪生的高校图书馆智慧服务中获得我需要的反馈	
感知信任	PT1	数字孪生技术可以更好地满足用户个性化需求	D. J. Mcallister 等[252] S. X. Komiak 等[253] A. Vance 等[254] J. H. Lee 等[255]
	PT2	基于数字孪生的高校图书馆智慧服务可以提供我所需要的服务项目	
	PT3	我认为数字孪生技术可以在高校图书馆实现推广	
	PT4	我认为基于数字孪生的高校图书馆智慧服务是可以信赖的	
用户创新性	UI1	我对基于数字孪生的高校图书馆智慧服务感到好奇	R. Agarwal 等[257] E. M. van Raaij 等[258] 明均仁等[259] L. Liu 等[260]
	UI2	我是一个勇于尝试新事物的人	
	UI3	我认为尝试基于数字孪生的高校图书馆智慧服务很有趣	
	UI4	我认为基于数字孪生的高校图书馆智慧服务能随着用户需求变化而灵活调整和更新	
采纳意愿	AI1	我愿意了解和使用数字孪生技术	V. Venkatesh 等[39] B. Sumak 等[242]
	AI2	我愿意把基于数字孪生的高校图书馆智慧服务推荐给别人使用	
	AI3	我认为高校图书馆应该开展基于数字孪生的智慧服务	
	AI4	我希望今后经常使用数字孪生技术相关服务	
采纳行为	AB1	我决定使用基于数字孪生的高校图书馆智慧服务	V. Venkatesh 等[39] B. Gupta 等[243]
	AB2	我将经常使用基于数字孪生的高校图书馆智慧服务(使用次数多)	
	AB3	我将大量使用基于数字孪生的高校图书馆智慧服务(使用量大)	
	AB4	我喜欢接受数字孪生技术相关服务	

5.3.2.4　问卷预调查

笔者利用预测试的问卷对已开展智慧图书馆服务的部分高校用户进行预调查。首先，向他们说明问卷调查的注意事项、大致完成时间等基本情况，特别向被调查用户解释说明了基于数字孪生的高校图书馆智慧服务的含义和应用场景，取得他们的理解和支持。然后，发送问卷星预调查问卷链接，请他们填写自己对基于数字孪生的高校图书馆智慧服务的认知和接受意愿情况。最后，获得问卷126份，其中3份问卷存在答案项为有规律的重复现象，视为无效问卷予以剔除，最终收回有效问卷123份。本书根据预测试收集的数据，对各潜变量的测量题项进行精炼，去除信度较低的题项。例如：社会影响、采纳意愿和采纳行为的第四个测量指标SI4(因子负荷0.343)、AI4(因子负荷0.461)、AB4(因子负荷0.483)在相应公因子上的因子负荷均小于0.5。结合前人研究经验[261]，为确保调研数据具有较好的信效度，本书在最终调查问卷的测量题项中删除了这三个指标，最终筛选出35个题项，形成调查问卷的最终稿，详见附录。

5.4　问卷调查与数据收集

受人力和物力的成本约束，本书采用方便抽样方法。方便抽样方法是指受到实际情况的限制，以研究者方便的方式抽取样本的方法。金志成等[262]认为在研究全人类共同特征(如认知过程等)的问题时可以采用方便抽样方法。I. Etikan等[263]认为当研究对象总体规模特别大，由于资源、时间和人力有限而使得随机样本难以获取时，方便抽样方法是可选的合理方法。问卷调查与数据采集相关步骤包括：① 利用问卷星在线调查问卷平台创建完成电子版的调查问卷。② 利用工作和同学关系邀请部分高校(主要为所在高校图书馆已开展智慧服务相关业务内容)师生在其工作或学习的高校发放问卷，以期提高问卷的回收率。调查对象所在高校主要为清华大学、武汉大学、南京大学、哈尔滨工业大学、东南大学、中国矿业大学、河南理工大学、西安科技大学、山东科技大学、青岛理工大学、安徽理工大学、江苏师范大学等，邀请相关师生通过点击调查问卷链接自愿进行填答，并提交问卷。③ 完成问卷调查。本次调查数据收集的时间主要集中在2021年2月至4月，获取750份调查问卷样本数据，其中有效问卷为716份，有效回收率为95%。

本研究将采用验证性因子分析和结构方程模型分析来进行量表检验和部分模型评估，因此就需要足够的样本量。理论界一个公认的结论是，对于结构方程模型分析，样本容量越大越好。一般来说，对于结构方程模型分析而言，当样本数低于100时是不稳定的[264]。吴明隆[265]认为：结合结构方程模型分析的受试样本数最好在 200 以上。具体而言，R. L. Gorsuch[266]认为，样本量的大小要满足量表题数目和样本数量的比例保持至少为 1∶10。本书的问卷题项数目为 35 个，因此合适的样本数量应为 350 个左右。总体而言，本书的样本数量处于比较合适的范围内。

5.5 数据分析工具与方法

本书的研究目的是识别影响用户对基于数字孪生的高校图书馆智慧服务接受的关键因素，并分析出各因素对数字孪生技术采纳的影响程度，研究中涉及众多变量：观测变量（问卷题项）、内生潜变量（采纳意愿和采纳行为）、外生潜变量（驱动因素）、调节变量（性别和年龄）。因此，本研究选择 PASW Statistics 18.0 统计软件包对高校图书馆数字孪生技术采纳模型中的各变量进行描述性统计分析、信效度检验，并对变量间关系进行相关分析和回归分析，然后利用 AMOS 18.0 软件对数字孪生技术采纳的驱动因素和影响作用进行结构方程模型分析。

5.5.1 描述性统计分析

本书主要使用 SPSS 24 数据统计分析软件对样本进行描述性统计分析，主要包含三方面内容：① 对描述性信息进行频数分析，包括调查对象的人口统计学特征（性别、年龄、文化程度等）的分布情况以及调查对象对于数字孪生技术的了解情况。② 计算变量的均值和标准差，以了解样本总体在各变量上的基本情况。

5.5.2 信度和效度分析

信度和效度是评判测量工具质量的重要指标，是评估所测量数据的可靠性和有效性的基本尺度。只有测量工具（即调查问卷）满足信度和效度要求，研究结果才具有说服力。

5.5.2.1 信度分析

信度是指测量工具所测结果的稳定性和一致性的程度。稳定性是指同一群人在不同时空下接受同样问卷测量结果的差异性。一致性是指同一群人接受性质相同、题型相同、目的相同的各种问卷测试结果的差异性。重测信度是衡量量表稳定性的指标，是指用同一量表在不同时间对相同的被调查对象进行调查，两次调查结果间的相关系数就是重测信度。复本信度是指利用两份内容相同的量表（原本和复本）访问同一群受访者，原本和复本所得结果的相关系数。重测信度和复本信度分别考察测量的一致性(稳定性)和形式的一致性(等值性),而内部一致性信度则是考察量表内容的一致性。内部一致性信度主要反映测量内容之间的关系,考察量表的各个题目是否测量了相同的内容或特质。本书所使用的数据是横截面数据,因此不适合进行重测信度和复本信度的检验。常用内部一致性信度有 Cronbach's α 系数、组合信度(CR)、折半信度等。在这些信度中,Cronbach's α 信度是最受欢迎的。一般认为 Cronbach's α 系数在0.8以上为理想的信度水平[237],在0.7以上是可以接受的[265]。Cronbach's α 如式(5-1)所列:

$$\alpha = \frac{\kappa}{\kappa-1}\left(1-\frac{\sum_{i=1}^{\kappa}\sigma_i^2}{\sum_{i=1}^{\kappa}\sigma_i^2+2\sum_{i}^{\kappa}\sum_{j}^{\kappa}\sigma_{ij}}\right) \tag{5-1}$$

其中,κ 表示测量某一观念的题目数,σ_i 表示题目 i 的方差,σ_{ij} 表示相关题目的协方差。

组合信度CR主要是衡量各测量项之间的一致性和稳定性,当CR高时,表示指标间存在高相关性。此时,研究者可以认为在此测量中各指标间是一致的,否则,则认为其指标较不一致。有学者认为CR值不应低于0.5才说明量表具有一致性[267],另一些学者则强调CR值不应低于0.6[268]。本书将使用 Cronbach's α 信度系数和组合信度CR来对量表进行信度检验,其中,Cronbach's α 信度系数以大于0.7为标准;组合信度CR以大于0.7作为标准。组合信度CR公式见式(5-2):

$$\rho_c = \frac{\left(\sum\lambda\right)^2}{\left[\left(\sum\lambda\right)^2+\sum\theta\right]} \tag{5-2}$$

其中,ρ_c 为组合信度CR,λ 为指标变量在潜变量上的标准化参数估计值(因子载荷),θ 为观测变量的误差方差。

5.5.2.2 效度分析

效度是指测量工具能够准确测出所需测量的事物的程度,测量的效度越高,表示测量结果越能显示所测对象的真实特征。French 和 Michbel 将效度分为效标效度、内容效度和构想效度。效标效度主要指测验分数与效度标准的一致程度,既受到测量本身的随机测量误差变异的影响,又受到效标误差变异的影响。不同的效标可能产生不同的效度,由此使得效度系数具有不确定性。内容效度主要指测验题目对有关内容或行为范围取样的适当性。内容效度常以题目分布的合理性来判断。构想效度主要是指量表可真正测量出其所衡量的变量或项目的程度。本书将从内容效度和构想效度两个方面来分析量表的效度。各研究变量的量表大部分都是根据前人的成熟量表进行适应性改进,并通过专家咨询、深度访谈和预测试对问卷内容进行多次修订和完善。因此,本书所使用的调查问卷应该具有较高的内容效度。目前研究者们通常使用探索性因子分析(EFA)和验证性因子分析(CFA)来检验问卷中各个变量的构想效度[265]。探索性因子分析是一项用来找出多元观测变量的本质结构并进行处理降维的技术。探索性因子分析进行因子分析之前,应对因子分析的适合度做出检验。判断指标一般有两个,即 KMO(Kaiser-Meyer-Olkin)值和巴特利(Bartlett)球形检验的卡方值,具体前提条件是 KMO 值大于 0.6,且 Bartlett 球度检验显著[269]。验证性因子分析是必须有特定的理论观点或概念架构作为基础,然后借助数学程序来确认评估该理论观点所导出的计量模型是否适当[264]。因此,探索性因子分析所要达成的是建立量表或问卷的建构效度,验证性因子分析是要检验此建构效度的适切性与真实性。验证性因子分析主要通过观察量表的聚合效度和区分效度来检验。聚合效度可以用因子载荷系数来反映,有研究者认为当因子载荷大于 0.5 时可以接受[261]。聚合效度也可以由因子提取的平均方差(AVE)来进行判断,AVE 评价了潜在变量相对于测量误差来说所解释的方差总量,若 AVE 值在 0.5 或 0.5 以上则表示潜变量具有足够的收敛效度[270]。对潜变量区分效度的检验可以比较潜变量 AVE 的均方根与该潜变量和其他各潜变量之间的相关系数方法:若一个潜变量与其测量项目共有的方差多于其与其他潜变量共有的方差,则说明其具有区分度。本研究主要使用验证性因子分析方法中的因子载荷系数和平均方差来对量表的聚合效度和区分效度进行检验。

5.5.3 结构方程模型

结构方程模型由瑞典统计学家、心理测量学家 K. G. Jöreskog 于 20 世纪 70 年代首次提出[271],其思想起源于 1921 年 S. Wright 提出的路径分析。结构方程模型又称为协方差结构模型,是基于变量的协方差矩阵来分析变量之间关系的一种统计方法。该模型已被广泛应用于经济管理等领域的研究。在社会研究中,对于多变量及其之间的关系,特别是对无法直接观测的潜变量的处理,结构方程模型能够克服传统统计方法的局限,在多元数据分析方面发挥重要作用。结构方程模型综合了因子分析、回归分析、路径分析等多种方法,在处理多个自变量及因变量之间的相互关系时,可以将变量关系从探索性分析转变为验证性分析,而且允许自变量和因变量之间存在误差,这些特点为分析潜变量之间的结构关系提供了便利。

5.5.3.1　结构方程模型基本原理

一个标准完整的结构方程模型由测量模型与结构模型两部分组成。测量模型用来描述观测变量与潜变量之间的关系，它主要是通过验证性因子分析来识别潜变量的观测变量和评价每个潜变量的可靠性，为评估后面的因果关系做必要的准备。而结构模型是指模型中各个潜变量之间的一系列关系，可以用来检验待验证的各条路径统计的显著性。在结构方程模型中，观测变量通常以长方形或方形符号表示，而潜变量通常以椭圆形或圆形符号表示。在一个结构方程分析模型中，观测变量一定存在，但潜变量不可能单独存在，因为在研究过程中，潜变量是反映某种抽象的概念意涵，并不是真实存在的变量，而是由观测变量测量估计出来的[264]。本书选择结构方程模型方法来进行模型研究和数据分析。测量模型表达式如下：

$$\begin{cases} x = \Lambda_x \xi + \delta \\ y = \Lambda_y \eta + \varepsilon \end{cases} \tag{5-3}$$

式中：x 为外生观测变量；y 为内生观测变量；Λ_x 是外生观测变量与外生潜变量的关系；Λ_y 是内生观测变量与内生潜变量的关系；ξ 为外生潜变量；η 为内生潜变量；δ 是 x 的误差项；ε 是 y 的误差项。

测量模型的假设条件为：第一，误差项的均值为 0，即 $E(\delta)=0$，$E(\varepsilon)=0$；第二，误差项与潜变量之间不相关，即 $\mathrm{cov}(\varepsilon,\delta)=0$，$\mathrm{cov}(\eta,\varepsilon)=0$。

结构模型表达式如下：

$$\eta = B\eta + \Gamma\xi + \zeta \tag{5-4}$$

式中：B 表示内生潜变量之间的关系；Γ 表示外生潜变量对内生潜变量的影响；ζ 为结构方程的残差项，反映了 η 在方程中未能被解释的部分。

结构模型的假设条件为：第一，结构方程残差项 ζ 的均值为 0，即 $E(\zeta)=0$；第二，残差项 ζ 和 ξ 以及测量方程中的 δ 和 ε 都是不相关的，即 $\mathrm{cov}(\zeta,\xi)=0$，$\mathrm{cov}(\zeta,\delta)=0$，$\mathrm{cov}(\zeta,\varepsilon)=0$。

5.5.3.2　结构方程模型分析步骤

结构方程模型的分析步骤一般可以分为模型构建、模型识别、模型拟合、模型评价和模型修正五个步骤，具体如下：

(1) 模型构建。结构方程模型的出发点是为观测变量间假设的因果关系建立起具体的因果模型，根据相关理论或以往的研究成果来构建假设的初始理论模型，包括观测变量个数、潜变量个数、观测变量与潜变量的关系，以及各潜变量间的关系。其中模型可以通过路径图明确表示相关变量间的因果关系。

(2) 模型识别。识别所指定的模型是建立结构方程模型的重要阶段。其主要是考虑模型中每一个自由参数是否由观测数据求得唯一解作为估计。这就要求自由参数的数目应少于观测变量的方差和协方差的数目。

(3) 模型拟合。模型拟合主要是估计模型参数。在结构方程模型分析中，目标是使模型隐含的协方差矩阵与样本协方差矩阵“差距”最小。最常用的估计方法有广义最小二乘法(GLS)、未加权最小二乘法(ULS)和最大似然法(ML)。其中最大似然法是验证性因子分析中常用的乘数估计方法。

(4) 模型评价。模型评价是评价理论模型与所收集数据之间的拟合程度。在得到模型参数估计值后，需要对模型和数据间是否拟合进行评价，并与模型拟合指数进行比较。常用的拟合优度指标包括 χ^2 指数、近似均方根误差(RMSEA)、拟合度指数(GFI)等。在评价一个验证性因子分析模型时，必须检查多个拟合指数，而不能仅依赖一个指数。

(5) 模型修正。如果一个模型的参数估计值不理想或拟合不好，就需要对模型进行相关修正。模型修正涉及删除、增加和变动模型自由参数的设定，以改善模型的拟合优度，当然，模型修正不能只关注数据变化，而要结合理论基础和研究背景。

5.5.3.3 结构模型拟合度检验

AMOS 是一种功能较为齐全的统计分析工具，在估计一组线性结构方程的未知系数、检验含有潜变量的模型、测量自变量对因变量的直接和间接影响等方面具有较强优势，可以实现路径分析、协方差结构分析、回归分析等多方面功能。本书将利用 AMOS 23 软件来运行结构方程模型，对模型和假设进行拟合度判断，即说明模型是否具有良好的拟合度。但由于卡方统计量容易受到样本大小影响，因此除了卡方统计量外，还需要同时参考其他拟合度指标。

对于结构模型的拟合度检验，主要的参数包括以下三类[264]：

(1) 绝对适配测度：绝对适配测度用于决定理论的整体模型能够预测观察共变数或相关矩阵的程度，即评价一个前设模型能够反映样本资料的程度。常用于评价整体适配的绝对适配测度有：

① χ^2(卡方值)：χ^2 的大小表示整体模型包含的变量相关关系矩阵与实际数据相关关系矩阵的拟合度。χ^2 越小，表示两者差异越小，即差异越不显著；χ^2 等于 0，表示假设模型与实际数据完全适配。

② GFI：GFI 反映了假设模型能够解释的协方差的比例，拟合优度指数越大，说明自变量对因变量的解释程度越高，自变量引起的变动占总变动的百分比越高。一般认为，GFI 大于 0.9 表明模型与数据的拟合程度高。A. Segars 等[272]提出 GFI 大于 0.8 可以接受，W. J. Doll 等[273]认为当模型所估计的参数

变多时，GFI 要达到 0.9 的标准就会有困难，建议可酌量放宽到以 0.8 为标准。

③ RMSEA：RMSEA 测量的是观察输入矩阵与估计输入矩阵之间的每个自由度的差别，其值为 0～1，越接近 0 越好，RMSEA 低于 0.1 表示好的拟合，在 0.05～0.08 之间为可以接受，低于 0.05 表示非常好的拟合[274]。本研究以 RMSEA 不超过 0.08 为标准，在此范围内认为模型是可以接受的。

(2) 增值适配测度：增值适配测度的目的在于用一个比较严格的底线模式和理论模型进行比较，测量其适配改进比率的程度。常用于评价整体适配度的增值适配测度有：

① 规范拟合指标(NFI)和 Tucker-Lewis 指标[TLI，又称作非规范拟合指标(NNFI)]：NFI 用于测量独立模型和设定模型 χ^2 值的缩小比例。NFI 值在 0～1 之间，其值越大表示模型与数据的拟合度越好。TLI 可以避免模型复杂度的影响。其值处于 0～1 之间，值越接近 1 表明模型拟合程度越高。一般认为，NFI 和 TLI 的值大于 0.9 表明模型可以接受，有少数的学者认为其值大于 0.8 可以作为评价标准[275]。

② 比较拟合度指标(CFI)：其值在 0～1 之间。当数据与模型完全拟合时，CFI 值等于 1；当 CFI 值大于 0.9 时，表明模型与数据的拟合程度高；当 CFI 值在 0.8～0.9 之间时，表明可以接受[276]。

③ 增量拟合度指标(IFI)：其值在 0～1 之间。当数据与模型完全拟合时，IFI 值等于 1。IFI 是根据预设模型、独立模型的差异值来计算的。IFI 值通常需要大于 0.9，表明模型与数据的拟合程度高。K. A. Bollen[2777] 认为 IFI、TLI 和 CFI 的值通常要大于 0.85，最好大于 0.9，越接近 1 越好。少数学者认为 IFI 的值大于 0.8 可以接受[278]。

(3) 简约适配测度：简约适配测度用于呈现需要达到某一特殊水平的模型拟合估计系数的数目是多少。其主要目的在于更正模型的任何有过度拟合的情况。常用于评价整体适配度的简约适配测度有：

① 简约适配度指标(PGFI)：其值介于 0～1 之间，值越大，表示模型的适配度越佳。判别模型适配的标准，一般采用 PGFI 值大于 0.5 为模型可以接受的范围[279]。

② 卡方自由度比($\chi^2/\mathrm{d}f$)：由于卡方值容易受到变量数和样本数的影响，可能出现假设模型与实际数据拟合度差的情况，因此部分学者将卡方自由度比作为考量模型拟合度的指标。在这里，df(自由度)的公式为：

$$\mathrm{d}f = \frac{1}{2}[p(p+1)] - k \tag{5-5}$$

其中，p 为观测变量个数，k 为自由参数个数。

在模型的拟合指标中，一般认为 χ^2/df 的比值小于 3，模型拟合较好[280]，另一些学者则认为高一些也是可以接受的[281]，只要 χ^2/df 的比值不超过 5 就可以接受[282-283]。本研究以 χ^2/df 的比值不超过 5 作为标准，在此范围内认为模型是可以接受的。

5.5.3.4 模型拟合度指标评价参考值

评价一个模型的拟合程度是一个复杂的问题，在进行模型评价时，不同拟合度指标评价的侧重点不同。因此，对于某个模型是否可以接受，应该以多个指标进行综合评价。J. F. Hair 等[267]建议最好同时考虑上一节三类指标，其好处在于使用此三类指标时，对模型的可接受性比较能够产生共识的结果。同时，本书也参考了吴明隆[265]相关观点。本书采用的模型拟合度评价参考值如表 5-12 所示：

表 5-12 本书采用的模型拟合度评价参考值

评价指标	评价标准或临界值
绝对适配度指标	
χ^2	一般以卡方检验结果显著性 $P>0.05$ 作为判断，即模型具有良好的拟合度
RMSEA 值	<0.08
GFI 值	>0.9；如果 GFI>0.8 表示可以接受
增值适配度指标	
NFI 值	>0.9；如果 NFI>0.8 表示可以接受
TLI 值	>0.9；如果 TLI>0.8 表示可以接受
CFI 值	>0.9；如果 CFI>0.8 表示可以接受
IFI 值	>0.9；如果 IFI>0.8 表示可以接受
简约适配度指标	
PGFI 值	>0.5
卡方自由度比（χ^2/df）	<5

5.6 本章小结

本章首先介绍了研究方法设计总体思路，接下来介绍了基于数字孪生的高校图书馆智慧服务用户接受驱动因素量表的开发过程和资料收集过程。然后，设计了基于数字孪生的高校图书馆智慧服务用户接受驱动研究的调查问卷，为确保问卷的有效性，通过文献研究、实地访谈、专家咨询、深度访谈和问卷预调查对问卷设计反复修改，最终形成问卷终稿。最后，阐述了本书中的问卷调查与数据收集过程，结合问卷星在线调研平台发放调查问卷，获取有效样本。

第6章 基于数字孪生的高校图书馆智慧服务用户接受驱动模型拟合与假设检验

根据第4章的概念模型设计,本章结合问卷调查收集的研究数据对相关概念模型和研究假设进行实证分析,以检验基于数字孪生的高校图书馆智慧服务用户接受驱动因素。本书主要通过 SPSS 24 版本、Process 3.4、AMOS 23 版本以及 Excel 进行数据分析。

6.1 描述性统计分析

在样本研究中,主要通过频率分析、描述统计和多重响应分析方法分析本次被调查对象群体的特征分布及变量的特征。具体包括:① 针对基本情况的分类变量,采用频率分析法进行研究。② 针对主要的连续潜变量,采用描述统计法进行分析。③ 针对调查问卷中关于用户希望图书馆提供的基于数字孪生的智慧服务内容的多项选择题,采用多重响应分析法进行分析。

6.1.1 基本情况频数分析

频数分析是统计分析中最常用的功能之一,用于描述变量的分布特征。通过频数分析可以了解样本的基本背景信息、样本特征和基本态度情况。样本背景信息的频数分析如表 6-1 所示。

表 6-1 样本背景信息的频数分析

变量	选项	频率	百分比
性别	男	469	65.5%
	女	247	34.5%
年龄	25 岁以下	422	58.9%
	25～34 岁	187	26.1%
	35～44 岁	70	9.8%
	45～54 岁	30	4.2%
	55 岁以上	7	1%

表 6-1(续)

变量	选项	频率	百分比
身份	学生	551	77%
	教师	165	23%
专业	文科	114	15.9%
	理工科	602	84.1%
学历	专科	11	1.5%
	本科	313	43.7%
	硕士研究生	208	29.1%
	博士研究生	184	25.7%
对数字孪生技术的了解程度	比较了解	245	34.2%
	一般了解	323	45.1%
	不太清楚	126	17.6%
	完全不了解	22	3.1%

本书的调查对象主要为高校用户，样本的背景信息包括调查对象的人口统计学特征。在本次共计716份有效样本中，男性用户有469人，占比65.5%，女性用户为247人，占比34.5%，可以看出被调研用户比例偏向男性。在年龄方面，本次调研样本主要集中在25岁以下的年龄段，占比达到58.9%，总体来看，本次被调研对象的年龄偏向于年轻化。从参与调研的用户身份来看，77%的被调研用户是学生，在被调研用户的专业方面，84.1%的被调研对象为理工科用户。从被调研用户的学历状况来看，本科及以上的用户比例达到98.5%，硕士及以上的比例达到54.8%，可以看出，本次调研对象群体学历偏高。在对数字孪生技术的了解程度方面，被调研对象中比较了解的用户占34.2%，一般了解的用户占45.1%，不太清楚的用户占17.6%。另外，有3.1%的被调研用户完全没有听说过数字孪生技术。

6.1.2　用户希望图书馆基于数字孪生技术提供智慧服务的内容

本书结合多重响应分析法分析用户希望图书馆基于数字孪生技术提供的智慧服务内容，如表6-2所示。在基于数字孪生的高校图书馆智慧服务内容题目选项中，根据被调研用户选择人数由多到少的选项依次为图书自助借阅(64.0%)、资源一站式检索(50.8%)、数字资源可视化分析(50.3%)、可视化场景阅读(48.2%)。而选择人数最少的选项是智能安防监控(19.1%)。综合来看，被调研群体最在意的是图书自助借阅方面的智慧服务。

表 6-2 用户希望图书馆基于数字孪生技术提供的智慧服务内容

选项	响应		个案百分比
	个案数	百分比	
机器人参考咨询	296	8.5%	41.3%
可视化场景阅读	345	9.9%	48.2%
图书自助借阅	458	13.2%	64.0%
数字资源可视化分析	360	10.3%	50.3%
信息素养场景化教学	159	4.6%	22.2%
信息精准推送	326	9.4%	45.5%
虚拟互动体验空间	223	6.4%	31.1%
虚拟图书馆馆藏架位导航	265	7.6%	37.0%
虚拟图书馆座位预约	294	8.5%	41.1%
学科协同服务	252	7.2%	35.2%
智能安防监控	137	3.9%	19.1%
资源一站式检索	364	10.5%	50.8%
总计	3 479	100%	485.9%

6.1.3 主要变量描述性统计

在本书中，研究主题涉及的主要变量均由量表测量所得。本次量表均采用李克特五级量表，评分越高则对应同意的程度越高。在本研究中，该量表由一组对基于数字孪生的高校图书馆智慧服务主观评价的陈述项目组成，同意或不同意的程度共分为五个等级：非常同意、同意、不确定、不同意、非常不同意，分别记为5、4、3、2、1。通过表6-3可看出，本书涉及的10个主要潜变量，均值基本都大于理论的中等水平(3)，基于数字孪生的图书馆智慧服务用户采纳意愿的比例较高(3.848)。此外，在基于数字孪生的图书馆智慧服务用户接受驱动因素中，本次调研对象群体在感知信任、绩效期望、努力期望等驱动因素上的采纳意愿较高。

表 6-3　主要变量描述性统计

维度	平均值	标准差	测量题项	平均值	标准差
绩效期望	3.720	1.120	PE1	3.71	1.221
			PE2	3.72	1.258
			PE3	3.73	1.198
努力期望	3.567	0.995	EE1	3.60	1.168
			EE2	3.54	1.194
			EE3	3.56	1.151
社会影响	3.343	1.042	SI1	3.37	1.262
			SI2	3.32	1.226
			SI3	3.34	1.236
促成因素	3.265	1.077	FC1	3.28	1.329
			FC2	3.23	1.305
			FC3	3.30	1.276
			FC4	3.25	1.250
感知风险	2.988	1.079	PR1	3.00	1.302
			PR2	3.02	1.300
			PR3	2.96	1.289
			PR4	2.97	1.272
感知交互性	3.538	0.935	PI1	3.50	1.088
			PI2	3.54	1.125
			PI3	3.57	1.077
			PI4	3.54	1.133
感知信任	3.735	0.933	PT1	3.72	1.050
			PT2	3.74	1.043
			PT3	3.74	1.046
			PT4	3.74	1.005
用户创新性	3.518	0.952	UI1	3.52	1.171
			UI2	3.45	1.168
			UI3	3.53	1.169
			UI4	3.57	1.221

表 6-3(续)

维度	平均值	标准差	测量题项	平均值	标准差
采纳意愿	3.850	1.014	AI1	3.69	1.135
			AI2	3.93	1.117
			AI3	3.93	1.152
采纳行为	3.473	1.019	AB1	3.45	1.196
			AB2	3.45	1.212
			AB3	3.52	1.223

6.2 信度与效度分析

6.2.1 信度分析

为了确保测量题项在其所属因子中均有高度的一致性，本书选择 Cronbach's α 对各维度进行信度分析，采用 SPSS 24 对样本数据做 Cronbach's α 测试。当 Cronbach's α 小于 0.5 时，问卷不可信，需要重新进行问卷设计或者进行题项调整。在本书中还会考察问卷中题项的适合情况，主要通过对总体的相关系数(CITC)和题项删除后的 Cronbach's α 进行评价，一般认为 CITC 要大于 0.4，题项删除后系数要小于对应的总维度信度系数[265]。本书的信度分析结果如表 6-4 所示。

表 6-4 信度分析结果

维度	题项	CITC	删除题项后的 Cronbach's α	Cronbach's α
绩效期望	PE1	0.768	0.889	0.901
	PE2	0.827	0.839	
	PE3	0.818	0.847	
努力期望	EE1	0.656	0.735	0.808
	EE2	0.678	0.713	
	EE3	0.632	0.76	
社会影响	SI1	0.625	0.724	0.791
	SI2	0.621	0.727	
	SI3	0.65	0.697	

表 6-4(续)

维度	题项	CITC	删除题项后的 Cronbach's α	Cronbach's α
促成因素	FC1	0.726	0.803	0.855
	FC2	0.705	0.812	
	FC3	0.685	0.821	
	FC4	0.674	0.825	
感知风险	PR1	0.689	0.821	0.856
	PR2	0.705	0.814	
	PR3	0.697	0.818	
	PR4	0.705	0.814	
感知交互性	PI1	0.717	0.83	0.867
	PI2	0.732	0.823	
	PI3	0.716	0.83	
	PI4	0.703	0.835	
感知信任	PT1	0.819	0.899	0.922
	PT2	0.811	0.902	
	PT3	0.837	0.893	
	PT4	0.812	0.901	
用户创新性	UI1	0.621	0.782	0.819
	UI2	0.654	0.767	
	UI3	0.639	0.773	
	UI4	0.649	0.769	
采纳意愿	AI1	0.763	0.816	0.873
	AI2	0.753	0.825	
	AI3	0.755	0.823	
采纳行为	AB1	0.621	0.739	0.795
	AB2	0.64	0.719	
	AB3	0.653	0.705	

根据表 6-4 的信度分析结果可以看出，绩效期望(α=0.901)，努力期望(α=0.808)，社会期望(α=0.791)，促成因素(α=0.855)，感知风险(α=0.856)，感知交互性(α=0.867)，感知信任(α=0.922)，用户创新性(α=0.819)，采纳意愿(α=0.873)，采纳行为(α=0.795)。本书所涉及的 9 个维度信度系数大于 0.8，仅有一项略小于 0.8，说明各个维度都具有良好的内部一致性。通过 CITC 和题项删除后的 Cronbach's α 结果可以看出，在各个维度上，CITC 值都大于 0.4，同时题项删除后的 Cronbach's α 均小于各自对应维度的总体信度系数，说明本书选择的量表比较合适，不需要进行题项的调整或者问卷的重新设计。

6.2.2 效度分析

相较于信度分析而言，效度分析对于问卷有效性和质量的衡量具有更高的参考价值。本书将通过 EFA 和 CFA 分别研究量表的结构效度、收敛效度、区别效度以及组合信度。同时，采用 Harman 方法检验问卷的同源偏差，Harman 同源偏差检验主要分析因子分析所提取的第一个未旋转主成分的方差贡献率[277]。如果第一个未旋转主成分方差贡献率大于 40%的标准，则认为问卷存在同源偏差问题，否则不存在同源偏差问题。在这里，需要首先衡量数据是否适合用于因子分析，最常用的方法是通过 KMO 系数和巴特利特球形检验结果进行判断。KMO 系数的取值范围在 0～1 之间，如果 KMO≥0.9，说明问卷效度非常好；如果 0.8≤KMO<0.9，则表明问卷效度比较好[269]。一般要求 KMO 系数至少要大于 0.6，巴特利特球形检验结果显著性小于 0.05 才适合进行因子分析。KMO 和巴特利特球形检验结果如表 6-5 所示。

表 6-5 KMO 和巴特利特球形检验

KMO 取样适切性量数		0.918
巴特利特球形检验	近似卡方	13 796.445
	自由度	595
	显著性	0

从表 6-5 可以看出，本书问卷数据的 KMO 值为 0.918(>0.6)，这说明调查数据满足因子分析的前提要求。此外，结合巴特利特球形检验的结果也可以发现，显著性检验结果为 0，小于 0.05，表明问卷适合进行因子分析。在本次探索性因子分析中，为了验证问卷的结构效度，需要进行因子提取，采用主成分分析法进行因子提取。首先按照默认特征根大于 1 进行提取得到 9 个主成分，其中部分主成分维度划分不明确。为了进一步研究结构效度，按照强制提取 10 个主成分的方式进行因子提取得到了合适的结果，结果如表 6-6 所示，受制于表格篇幅这里仅展示前半部分。根据分析结果可以看出，在强制提取 10 个主成分后累积方差为 73.602%，大于 50%，说明本次提取的 10 个主成分能够较好地代表原始变量。同时，根据未旋转的方差贡献率可以看出，第一个主成分的方差贡献率为 26.662%，小于 40%的标准，说明本次调查问卷不存在同源偏差的问题。

本书将提取的主成分通过最大方差法进行旋转，按照因子载荷系数大于 0.5 的标准筛选题项，得到分析结果如表 6-7 所示。在这里，共同度是某一原变量在所有公因子上载荷的平方和，表示各变量所含信息能被所提取主成分解释

表 6-6 总方差解释

成分	初始特征值			提取载荷平方和			旋转载荷平方和		
	总计	方差百分比/%	累积方差/%	总计	方差百分比/%	累积方差/%	总计	方差百分比/%	累积方差/%
1	9.332	26.662	26.662	9.332	26.662	26.662	3.495	9.985	9.985
2	5.245	14.985	41.647	5.245	14.985	41.647	3.064	8.754	18.739
3	2.121	6.061	47.708	2.121	6.061	47.708	2.871	8.203	26.942
4	1.722	4.919	52.627	1.722	4.919	52.627	2.853	8.152	35.094
5	1.502	4.292	56.919	1.502	4.292	56.919	2.672	7.635	42.729
6	1.350	3.856	60.775	1.350	3.856	60.775	2.348	6.709	49.438
7	1.248	3.567	64.342	1.248	3.567	64.342	2.131	6.087	55.525
8	1.229	3.511	67.853	1.229	3.511	67.853	2.116	6.047	61.572
9	1.106	3.159	71.012	1.106	3.159	71.012	2.110	6.030	67.602
10	0.907	2.592	73.604	0.907	2.592	73.604	2.101	6.002	73.604
11	0.568	1.623	75.227						
12	0.530	1.513	76.740						
13	0.505	1.444	78.184						
14	0.502	1.433	79.617						
15	0.476	1.360	80.977						

表 6-7 旋转后的成分矩阵 a

测量题项	绩效期望	努力期望	社会影响	促成因素	感知风险	感知交互性	感知信任	用户创新性	采纳意愿	采纳行为	共同度
PE1	0.737										0.799
PE2	0.780										0.856
PE3	0.771										0.851
EE1		0.799									0.737
EE2		0.796									0.753
EE3		0.741									0.696
SI1			0.780								0.711
SI2			0.776								0.701
SI3			0.780								0.721
FC1				0.797							0.734
FC2				0.767							0.705
FC3				0.777							0.690
FC4				0.766							0.675
PR1					0.809						0.697
PR2					0.810						0.717
PR3					0.794						0.700
PR4					0.820						0.715

表 6-7(续)

测量题项	绩效期望	努力期望	社会影响	促成因素	感知风险	感知交互性	感知信任	用户创新性	采纳意愿	采纳行为	共同度
PI1						0.765					0.715
PI2						0.780					0.741
PI3						0.794					0.734
PI4						0.745					0.691
PT1							0.837				0.812
PT2							0.826				0.803
PT3							0.842				0.830
PT4							0.814				0.802
UI1								0.714			0.626
UI2								0.767			0.686
UI3								0.744			0.652
UI4								0.738			0.666
AI1									0.827		0.811
AI2									0.796		0.794
AI3									0.808		0.794
AB1										0.768	0.699
AB2										0.770	0.720
AB3										0.774	0.724

注：提取方法为主成分分析法；旋转方法为凯撒正态化最大方差法；*a* 旋转在 7 次迭代后已收敛。

的程度。一般而言,测评指标的共同度要求在 0.4 以上。根据表 6-7 中共同度的分析得出:所有研究项对应的共同度均高于 0.4,说明提取的公因子已经基本反映了原变量 40%以上,本次调查问卷具有良好的共同度。根据旋转后因子提取的情况可以看出,因子载荷系数都大于 0.5。因此,通过探索性因子分析结果,说明调查问卷具有良好的结构效度。

在探索性因子分析的基础上,本书利用验证性因子分析验证问卷的收敛效度、区别效度以及组合信度。一般要求,收敛效度的评价指标 AVE 值大于 0.5,组合信度 CR 值大于 0.7[270]。在区别效度的检验中,各个变量之间的相关系数小于对应 AVE 值的平方根,则说明问卷具有良好的区别效度。本次验证性因子分析通过 AMOS 23 版本实现,根据分析结果(表 6-8)可以看出,χ^2/df 实测值为 1.102,RMSEA 实测值为 0.012,除了 PGFI,其他的指标值均高于 0.9,说明模型的适配度很好。验证性因子分析模型如图 6-1 所示。

表 6-8 模型拟合指标

指标	χ^2/df	RMSEA	GFI	NFI	IFI	TLI	CFI	PGFI
标准值	<5	<0.08	>0.8	>0.8	>0.8	>0.8	>0.8	>0.5
实测值	1.102	0.012	0.957	0.960	0.996	0.995	0.996	0.782

本书通过 SPSS 24 软件中的因子分析得到各测量题项的因子载荷系数,然后计算各量表的组合信度(CR)和平均萃取方差(AVE)。问卷的收敛效度通过 AVE 值判断,组合信度通过 CR 值判断。AVE 值和 CR 值均需要在得出标准化的因子载荷后,通过其他工具计算得出,在本书中采用 Exps 工具进行计算。通过计算后的结果可以看出,所有维度的 AVE 值均大于 0.5,CR 值均大于 0.7,因此可以说明问卷具有良好的收敛效度和组合信度。问卷数据的因子分析结果如表 6-9 所示。

表 6-9 问卷数据的因子分析结果

路径			因子载荷	AVE	CR
PE1	<---	绩效期望	0.826	0.76	0.91
PE2	<---	绩效期望	0.893		
PE3	<---	绩效期望	0.888		
EE1	<---	努力期望	0.755	0.58	0.81
EE2	<---	努力期望	0.792		
EE3	<---	努力期望	0.745		

表 6-9(续)

路径			因子载荷	AVE	CR
SI1	<---	社会影响	0.734	0.56	0.79
SI2	<---	社会影响	0.730		
SI3	<---	社会影响	0.777		
FC1	<---	促成因素	0.804	0.60	0.86
FC2	<---	促成因素	0.784		
FC3	<---	促成因素	0.757		
FC4	<---	促成因素	0.744		
PR1	<---	感知风险	0.758	0.60	0.86
PR2	<---	感知风险	0.782		
PR3	<---	感知风险	0.776		
PR4	<---	感知风险	0.777		
PI1	<---	感知交互性	0.792	0.62	0.87
PI2	<---	感知交互性	0.805		
PI3	<---	感知交互性	0.775		
PI4	<---	感知交互性	0.776		
PT1	<---	感知信任	0.861	0.75	0.92
PT2	<---	感知信任	0.855		
PT3	<---	感知信任	0.884		
PT4	<---	感知信任	0.859		
UI1	<---	用户创新性	0.711	0.53	0.82
UI2	<---	用户创新性	0.736		
UI3	<---	用户创新性	0.725		
UI4	<---	用户创新性	0.744		
AI1	<---	采纳意愿	0.837	0.70	0.87
AI2	<---	采纳意愿	0.836		
AI3	<---	采纳意愿	0.832		
AB1	<---	采纳行为	0.723	0.57	0.80
AB2	<---	采纳行为	0.756		
AB3	<---	采纳行为	0.775		

从表 6-10 区别效度检验可以看出，各个变量间的相关系数均小于维度对应的 AVE 的平方根，可以说明问卷具有良好的区别效度。综合效度分析所有内容来看，问卷调查结果具有良好的结构效度、收敛效度、区别效度和组合信度，说明问卷结果具有较好的有效性，调查结果的质量较好。

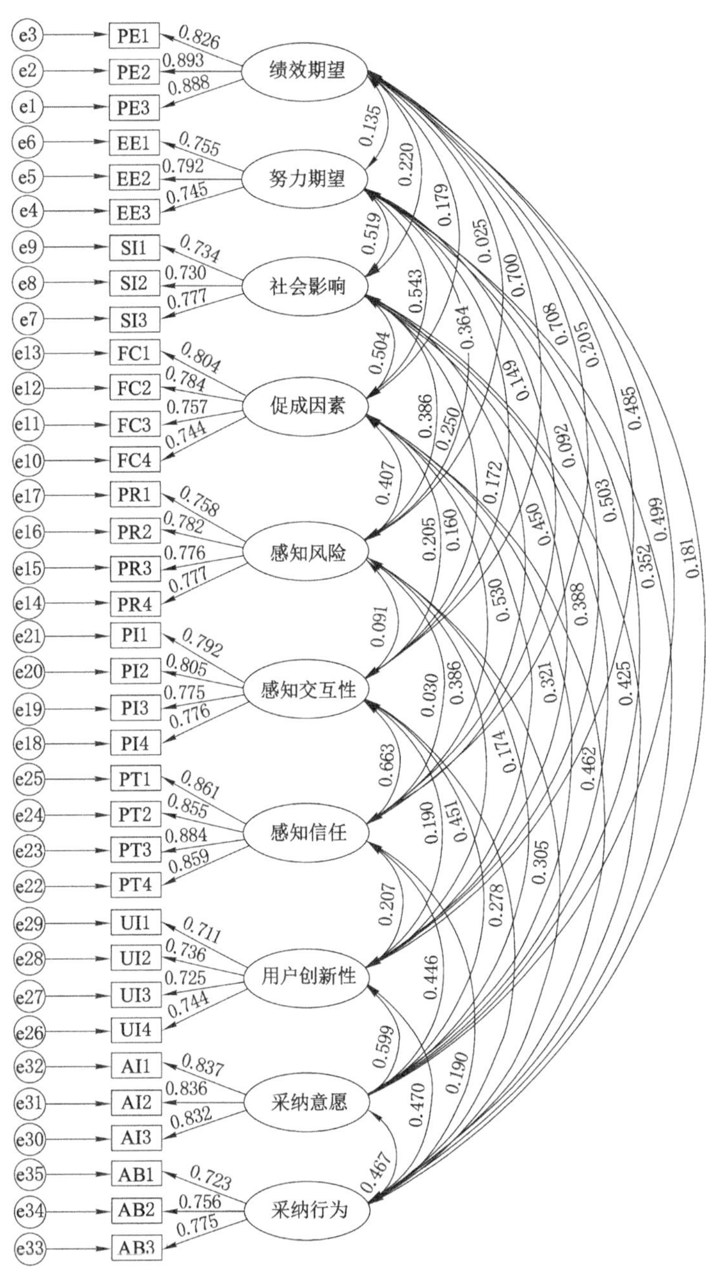

图 6-1 验证性因子分析模型

表 6-10　区别效度检验

维度	绩效期望	努力期望	社会影响	促成因素	感知风险	感知交互性	感知信任	用户创新性	采纳意愿	采纳行为
绩效期望	0.760									
努力期望	0.118**	0.580								
社会影响	0.186**	0.415**	0.560							
促成因素	0.160**	0.453**	0.414**	0.600						
感知风险	0.026	0.304**	0.317**	0.348**	0.600					
感知交互性	0.624**	0.127**	0.207**	0.178**	0.079*	0.620				
感知信任	0.650**	0.080*	0.149**	0.139**	0.026	0.594**	0.750			
用户创新性	0.176**	0.410**	0.365**	0.445**	0.322**	0.160**	0.180**	0.530		
采纳意愿	0.433**	0.297**	0.322**	0.276**	0.151**	0.393**	0.401**	0.398**	0.700	
采纳行为	0.159**	0.405**	0.340**	0.381**	0.254**	0.230**	0.163**	0.485**	0.389**	0.570
AVE的平方根	0.870	0.760	0.750	0.770	0.770	0.790	0.870	0.730	0.840	0.750

6.2.3 差异性检验

本次研究根据数据类型通过独立样本 t 检验和方差分析进行差异性检验。独立样本 t 检验是推断两个样本中存在的差异在总体中是否也同样存在。方差分析是数理统计的一个重要概念，通过数据分析找到对该事物有显著影响的因素，分析各因素之间的交互作用及显著影响因素的最佳水平等。

6.2.3.1 各个维度在性别上的差异分析

这些维度各个维度在性别上的差异分析如表 6-11 所示，结合独立样本 t 检验可以发现，各个维度在性别上的差异分析结果：社会影响、感知风险、用户创新性、采纳意愿和采纳行为的显著性检验结果 P 值都是小于 0.05 的，说明这些维度在性别上存在显著的统计学差异；而另外的维度（绩效期望、努力期望、促成因素、感知交互性和感知信任）在性别上则不存在差异。从总体上来看：男性对于社会影响的认知强于女性，男性的社会影响感知均值为 3.404，女性的社会影响感知均值为 3.227，差异显著；在感知风险驱动因素上，男性均值为 3.067，女性均值为 2.841，男性强于女性，差异显著；在用户创新性驱动因素上，男性均值为 3.580，女性均值为 3.394，男性强于女性，差异显著；在采纳意愿驱动因素上，男性均值为 3.906，女性均值为 3.740，男性强于女性，差异显著；在采纳行为驱动因素上，男性均值为 3.618，女性均值为 3.187，也是男性强于女性，差异显著。

表 6-11 各个维度在性别上的差异分析

维度	性别	N	M	SD	t	P	结果
绩效期望	男	469	3.757	1.151	1.256	0.210	不显著
	女	247	3.649	1.057			
努力期望	男	469	3.586	0.999	0.702	0.483	不显著
	女	247	3.531	0.988			
社会影响	男	469	3.404	1.007	2.109	0.035	显著
	女	247	3.227	1.099			
促成因素	男	469	3.305	1.070	1.378	0.169	不显著
	女	247	3.188	1.090			
感知风险	男	469	3.067	1.061	2.670	0.008	显著
	女	247	2.841	1.100			
感知交互性	男	469	3.581	0.960	1.770	0.077	不显著
	女	247	3.455	0.882			

表 6-11(续)

维度	性别	*N*	*M*	*SD*	*t*	*P*	结果
感知信任	男	469	3.745	0.971	0.348	0.728	不显著
	女	247	3.721	0.858			
用户创新性	男	469	3.580	0.926	2.446	0.015	显著
	女	247	3.394	0.990			
采纳意愿	男	469	3.906	0.971	2.018	0.044	显著
	女	247	3.740	1.084			
采纳行为	男	469	3.618	0.966	5.333	0.000	显著
	女	247	3.187	1.059			

6.2.3.2 各个维度在年龄上的差异分析

根据表 6-12 各个维度在年龄上的差异分析结果可以看出，努力期望、社会影响、促成因素、用户创新性、采纳意愿以及采纳行为在年龄上的分析结果 *P* 值均小于 0.05，因此差异性检验结果显著。而另外的维度（绩效期望、感知风险、感知交互性和感知信任）的差异性检验结果则不显著。

表 6-12 各个维度在年龄上的差异分析

维度	年龄	*N*	*M*	*SD*	*F*	*P*	结果
绩效期望	25 岁以下	422	3.776	1.072	0.749	0.559	不显著
	25～34 岁	187	3.660	1.148			
	35～44 岁	70	3.610	1.268			
	45～54 岁	30	3.622	1.219			
	55 岁以上	7	3.429	1.330			
努力期望	25 岁以下	422	3.485	1.084	3.517	0.007	显著
	25～34 岁	187	3.588	0.858			
	35～44 岁	70	3.953	0.617			
	45～54 岁	30	3.635	1.059			
	55 岁以上	7	3.761	0.788			

表 6-12(续)

维度	年龄	N	M	SD	F	P	结果
社会影响	25 岁以下	422	3.239	1.080	4.652	0.001	显著
	25～34 岁	187	3.460	0.959			
	35～44 岁	70	3.710	0.891			
	45～54 岁	30	3.378	1.042			
	55 岁以上	7	2.667	1.187			
促成因素	25 岁以下	422	3.151	1.105	4.427	0.002	显著
	25～34 岁	187	3.362	1.042			
	35～44 岁	70	3.657	0.855			
	45～54 岁	30	3.442	1.084			
	55 岁以上	7	2.857	1.265			
感知风险	25 岁以下	422	2.994	1.069	0.556	0.695	不显著
	25～34 岁	187	2.972	1.090			
	35～44 岁	70	3.100	1.130			
	45～54 岁	30	2.867	1.104			
	55 岁以上	7	2.571	0.921			
感知交互性	25 岁以下	422	3.527	0.906	0.551	0.698	不显著
	25～34 岁	187	3.600	0.962			
	35～44 岁	70	3.429	1.017			
	45～54 岁	30	3.592	0.937			
	55 岁以上	7	3.357	1.189			
感知信任	25 岁以下	422	3.716	0.923	0.998	0.408	不显著
	25～34 岁	187	3.725	0.976			
	35～44 岁	70	3.779	0.964			
	45～54 岁	30	4.050	0.775			
	55 岁以上	7	3.571	0.426			
用户创新性	25 岁以下	422	3.427	0.989	3.517	0.007	显著
	25～34 岁	187	3.568	0.922			
	35～44 岁	70	3.861	0.737			
	45～54 岁	30	3.633	0.868			
	55 岁以上	7	3.500	0.990			

表 6-12(续)

维度	年龄	N	M	SD	F	P	结果
采纳意愿	25 岁以下	422	3.768	1.067	3.152	0.014	显著
	25～34 岁	187	3.948	0.947			
	35～44 岁	70	4.057	0.741			
	45～54 岁	30	4.045	0.887			
	55 岁以上	7	3.094	1.595			
采纳行为	25 岁以下	422	3.360	1.037	6.062	0.000	显著
	25～34 岁	187	3.488	1.037			
	35～44 岁	70	3.976	0.693			
	45～54 岁	30	3.677	0.968			
	55 岁以上	7	3.620	0.951			

从总体上来看：35～44 岁的用户对于努力期望的认知强于其他年龄段，35～44 岁用户的努力期望感知均值为 3.953，差异显著；在社会影响驱动因素上，35～44 岁的用户的社会认知强于其他年龄段，均值为 3.710，差异显著；在用户促成因素感知方面，35～44 岁的用户均值为 3.657，其认知强于其他年龄段，差异显著；在用户创新性驱动因素上，35～44 岁的用户均值为 3.861，其认知强于其他年龄段，差异显著；在采纳意愿和采纳行为驱动因素上，35～44 岁的用户均值分别为 4.057 和 3.976，其认知强于其他年龄段，差异显著。

6.2.3.3　各个维度在身份上的差异分析

根据表 6-13 各个维度在身份上的差异分析结果可以看出，努力期望、社会影响、促成因素、感知信任、用户创新性、采纳意愿以及采纳行为的检验结果 P 值均小于 0.05，说明本次分析中差异分析结果显著。另外的维度(绩效期望、感知风险和感知交互性)在身份上的差异检验结果 P 值均大于 0.05 的，差异性不显著。

表 6-13　各个维度在身份上的差异分析

维度	身份	N	M	SD	t	P	结果
绩效期望	学生	551	3.734	1.084	0.596	0.552	不显著
	教师	165	3.671	1.237			
努力期望	学生	551	3.503	1.046	−3.724	0.000	显著
	教师	165	3.780	0.767			

表 6-13(续)

维度	身份	N	M	SD	t	P	结果
社会影响	学生	551	3.292	1.059	−2.527	0.012	显著
	教师	165	3.514	0.967			
促成因素	学生	551	3.195	1.095	−3.362	0.001	显著
	教师	165	3.497	0.986			
感知风险	学生	551	2.996	1.063	0.310	0.757	不显著
	教师	165	2.965	1.135			
感知交互性	学生	551	3.513	0.916	−1.213	0.226	不显著
	教师	165	3.618	0.993			
感知信任	学生	551	3.698	0.942	−2.044	0.041	显著
	教师	165	3.867	0.892			
用户创新性	学生	551	3.449	0.986	−3.902	0.000	显著
	教师	165	3.739	0.790			
采纳意愿	学生	551	3.802	1.047	−2.480	0.014	显著
	教师	165	4.004	0.880			
采纳行为	学生	551	3.373	1.038	−5.142	0.000	显著
	教师	165	3.794	0.885			

从总体上来看:教师对于努力期望的认知强于学生,教师的努力期望感知均值为3.780,学生的努力期望感知均值为3.503,差异显著;在社会影响驱动因素上,教师均值为3.514,学生均值为3.292,教师强于学生,差异显著;在促成因素的感知方面,教师均值为3.497,学生均值为3.195,教师强于学生,差异显著;在感知信任驱动因素上,教师均值为3.867,学生均值为3.698,教师强于学生,差异显著;在用户创新性驱动因素上,教师均值为3.739,学生均值为3.449,教师强于学生,差异显著;在采纳意愿和采纳行为驱动因素上,教师和学生均值分别为4.004和3.794,也是教师强于学生,差异显著。

6.2.3.4 各个维度在专业上的差异分析

根据表6-14各个维度在专业上的差异分析结果可以看出,只有用户创新性的检验结果 P 值小于0.05,说明只有用户创新性存在显著的差异。而绩效期望、努力期望、社会影响、促成因素、感知风险、感知交互性、感知信任、采纳意愿和采纳行为在专业上的差异性检验结果都不显著。从总体上来看,文科对于用户创新性的认知强于理工科,文科均值为3.662,理工科均值为3.488,差异显著。

表6-14　各个维度在专业上的差异分析

维度	专业	N	M	SD	t	P	结果
绩效期望	文科	114	3.568	1.216	−1.480	0.141	不显著
	理工科	602	3.749	1.100			
努力期望	文科	114	3.568	0.932	0.011	0.992	不显著
	理工科	602	3.567	1.007			
社会影响	文科	114	3.486	0.963	1.702	0.091	不显著
	理工科	602	3.316	1.055			
促成因素	文科	114	3.101	1.075	−1.773	0.077	不显著
	理工科	602	3.296	1.076			
感知风险	文科	114	3.167	1.052	1.923	0.055	不显著
	理工科	602	2.955	1.082			
感知交互性	文科	114	3.480	0.869	−0.711	0.477	不显著
	理工科	602	3.548	0.947			
感知信任	文科	114	3.695	0.928	−0.518	0.604	不显著
	理工科	602	3.745	0.934			
用户创新性	文科	114	3.662	0.815	2.026	0.044	显著
	理工科	602	3.488	0.974			
采纳意愿	文科	114	3.915	0.925	0.770	0.442	不显著
	理工科	602	3.836	1.030			
采纳行为	文科	114	3.529	0.975	0.678	0.498	不显著
	理工科	602	3.458	1.028			

6.2.3.5　各个维度在学历上的差异分析

从表6-15各个维度在学历上的差异分析可以看出，高校用户在努力期望、社会影响、促成因素、感知信任、用户创新性、采纳意愿以及采纳行为方面的差异性检验结果均显著，绩效期望、感知风险和感知交互性维度在学历上不存在显著差异。

表 6-15 各个维度在学历上的差异分析

维度	学历	N	M	SD	F	P	结果
绩效期望	专科	11	3.697	1.361	0.872	0.455	不显著
	本科	313	3.706	1.099			
	硕士研究生	208	3.816	0.979			
	博士研究生	184	3.636	1.280			
努力期望	专科	11	3.696	0.837	5.357	0.001	显著
	本科	313	3.450	1.151			
	硕士研究生	208	3.522	0.924			
	博士研究生	184	3.808	0.721			
社会影响	专科	11	3.667	0.788	7.491	0.000	显著
	本科	313	3.139	1.101			
	硕士研究生	208	3.463	0.975			
	博士研究生	184	3.533	0.969			
促成因素	专科	11	3.546	0.886	7.216	0.000	显著
	本科	313	3.094	1.119			
	硕士研究生	208	3.260	1.076			
	博士研究生	184	3.545	0.957			
感知风险	专科	11	3.682	1.079	1.811	0.144	不显著
	本科	313	2.955	1.079			
	硕士研究生	208	2.959	1.044			
	博士研究生	184	3.039	1.111			
感知交互性	专科	11	3.659	1.026	2.274	0.079	不显著
	本科	313	3.435	0.875			
	硕士研究生	208	3.608	0.960			
	博士研究生	184	3.625	0.988			
感知信任	专科	11	4.000	1.067	5.136	0.002	显著
	本科	313	3.601	0.945			
	硕士研究生	208	3.915	0.823			
	博士研究生	184	3.751	0.989			

表 6-15(续)

维度	学历	N	M	SD	F	P	结果
用户创新性	专科	11	3.432	1.090	10.776	0.000	显著
	本科	313	3.315	1.043			
	硕士研究生	208	3.572	0.922			
	博士研究生	184	3.799	0.712			
采纳意愿	专科	11	3.576	1.056	7.215	0.000	显著
	本科	313	3.660	1.121			
	硕士研究生	208	3.997	0.879			
	博士研究生	184	4.017	0.906			
采纳行为	专科	11	3.213	0.922	7.736	0.000	显著
	本科	313	3.309	1.045			
	硕士研究生	208	3.476	1.039			
	博士研究生	184	3.752	0.895			

从总体上来看：博士研究生学历的用户对努力期望的认知强于其他群体，其均值为3.808，差异显著；在社会影响驱动因素上，专科学历的用户对社会影响的认知强于其他群体，其均值为3.667，差异显著；在促成因素感知方面，专科学历和博士学历用户对促成因素的认知强于其他群体，其均值分别为3.546和3.545，差异显著；在感知信任驱动因素上，专科学历用户对感知信任的认知强于其他学历群体，其均值为4.000，差异显著；在用户创新性驱动因素上，博士研究生对用户创新性的认知强于其他学历群体，其均值为3.799，差异显著；在采纳意愿和采纳行为的驱动因素上，博士研究生强于其他学历群体，其均值分别为4.017和3.752，差异显著。

6.3 假设检验

假设检验内容是验证研究主题成立与否最关键的内容，一般假设检验部分主要采用结构方程模型进行检验。本书主要分析绩效期望、努力期望、社会影响、感知风险、感知交互性、感知信任、用户创新性对采纳意愿的影响，以及促成因素和采纳意愿对采纳行为的影响。因此，采纳意愿和采纳行为作为因变量建立模型，而性别、年龄、学历等因素作为控制变量进入模型；其余变量则作为自变量进入模型。

6.3.1 采纳意愿在用户接受驱动中的中介效应检验

为了进一步研究主要变量之间的影响关系，本书以采纳意愿作为中介变量，绩效期望、努力期望、社会影响、感知风险、感知交互性、感知信任、用户创新性作为自变量，采纳行为作为因变量进行中介效应检验。R. M. Baron 等[284]提出中介效应检验是用来识别、解释和研究自变量和因变量之间关系的机制。本书采用 Process 3.4 版本进行中介效应检验。表 6-16 为采纳意愿作为中介变量的中介效应检验结果汇总表。在采纳意愿作为中介变量、采纳行为作为因变量的所有模型中，采纳意愿的中介效应关系均成立。在绩效期望和感知信任作为自变量的模型中，采纳意愿为完全中介效应关系。在努力期望、社会期望、感知风险、感知交互性以及用户创新性作为自变量的模型中，采纳意愿全部表现为部分中介效应关系。因此，采纳意愿的中介效应关系均成立。

表 6-16 采纳意愿作为中介变量的中介效应检验结果汇总表

关系	效应关系	效应值	LLCI	ULCI	效应占比	显著性	中介检验结果
绩效期望—采纳意愿—采纳行为	总效应	0.144 9	0.079	0.211		显著	成立，完全中介
	直接效应	−0.010 4	−0.079	0.058	—	不显著	
	间接效应	0.155 3	0.119	0.194	—	显著	
努力期望—采纳意愿—采纳行为	总效应	0.414 5	0.346	0.483		显著	成立，部分中介
	直接效应	0.324 9	0.256	0.394	78%	显著	
	间接效应	0.089 6	0.058	0.126	22%	显著	
社会影响—采纳意愿—采纳行为	总效应	0.332 1	0.265	0.400		显著	成立，部分中介
	直接效应	0.233 9	0.166	0.302	70%	显著	
	间接效应	0.098 2	0.066	0.135	30%	显著	
感知风险—采纳意愿—采纳行为	总效应	0.240 3	0.173	0.307		显著	成立，部分中介
	直接效应	0.189 2	0.126	0.252	79%	显著	
	间接效应	0.051 1	0.026	0.080	21%	显著	
感知交互性—采纳意愿—采纳行为	总效应	0.251 1	0.173	0.329		显著	成立，部分中介
	直接效应	0.100 0	0.020	0.180	40%	显著	
	间接效应	0.151 2	0.112	0.196	60%	显著	
感知信任—采纳意愿—采纳行为	总效应	0.178 2	0.099	0.257		显著	成立，完全中介
	直接效应	0.009 5	−0.071	0.090	5%	不显著	
	间接效应	0.168 7	0.126	0.215	95%	显著	

表 6-16(续)

关系	效应关系	效应值	LLCI	ULCI	效应占比	显著性	中介检验结果
用户创新性—采纳意愿—采纳行为	总效应	0.519 0	0.450	0.588		显著	成立，部分中介
	直接效应	0.419 7	0.347	0.493	81%	显著	
	间接效应	0.099 3	0.062	0.143	19%	显著	

注：95%置信区间不包含 0，则对应的效应关系显著，否则不成立。

6.3.2　结构方程模型

结构方程模型在处理复杂模型时会将变量之间错综复杂的关系纳入模型的计算中，因此，结构方程模型结果比多元线性回归结果更加严谨和可靠。本书采用极大似然估计对模型进行估计。极大似然估计最初由德国数学家 Gauss 在 1821 年提出，其基本思想是在总体 X 的分布类型已知的情况下，选择使样本观察值出现的可能性最大的 $\hat{\theta}$ 来作为未知参数 θ 的估计值。这种方法充分利用了总体分布函数所提供的信息，并能使估计量具有良好性。

在模型的拟合指标中，一般认为 χ^2/df 的值小于 3，模型拟合较好，R. E. Schumacker 等[283]认为 χ^2/df 的值不超过 5 是可以接受的。W. J. Doll 等[273]认为当模型所估计的参数变多时，GFI 值建议可酌量放宽到以 0.8 为标准。对于 NFI 和 NNFI 而言，一般认为，NFI 值和 NNFI 值大于 0.9 表明模型可以接受，有部分学者认为其大于 0.8 可以作为评价标准[275,285]。部分学者认为 IFI 值大于 0.8 可以接受[278]。S. A. Mulaik 等[279]认为 PGFI 值大于 0.5 是模型可以接受的范围。根据表 6-17 中模型拟合指标的实测值可以看出，所有实测值均在可以接受的范围内，本模型的适配程度一般，并没有达到优秀的拟合程度。H. Baumergartner[286]认为模型的拟合指数受其测量变量的数量、估计参数的数量和自由度的影响，不建议为追求更高的拟合指数而随意修正模型，应结合理论框架的复杂性和适当的适配情况来检定模型。

表 6-17　模型拟合指标

指标	χ^2/df	RMSEA	GFI	NFI	IFI	TLI	CFI	PGFI
标准值	<5	<0.08	>0.8	>0.8	>0.8	>0.8	>0.8	>0.5
实测值	4.121	0.066	0.821	0.838	0.873	0.862	0.872	0.718

本书使用 AMOS 23 软件的极大似然分析方法进行模型检验，结构方程模型图如图 6-2 所示。在采纳意愿作为因变量的路径关系中，对应的自变量对于

采纳意愿的累积方差解释为(R^2)27.5%,在采纳行为作为因变量的路径关系,对应的自变量对于采纳行为的累积解释方差为(R^2)26.2%。

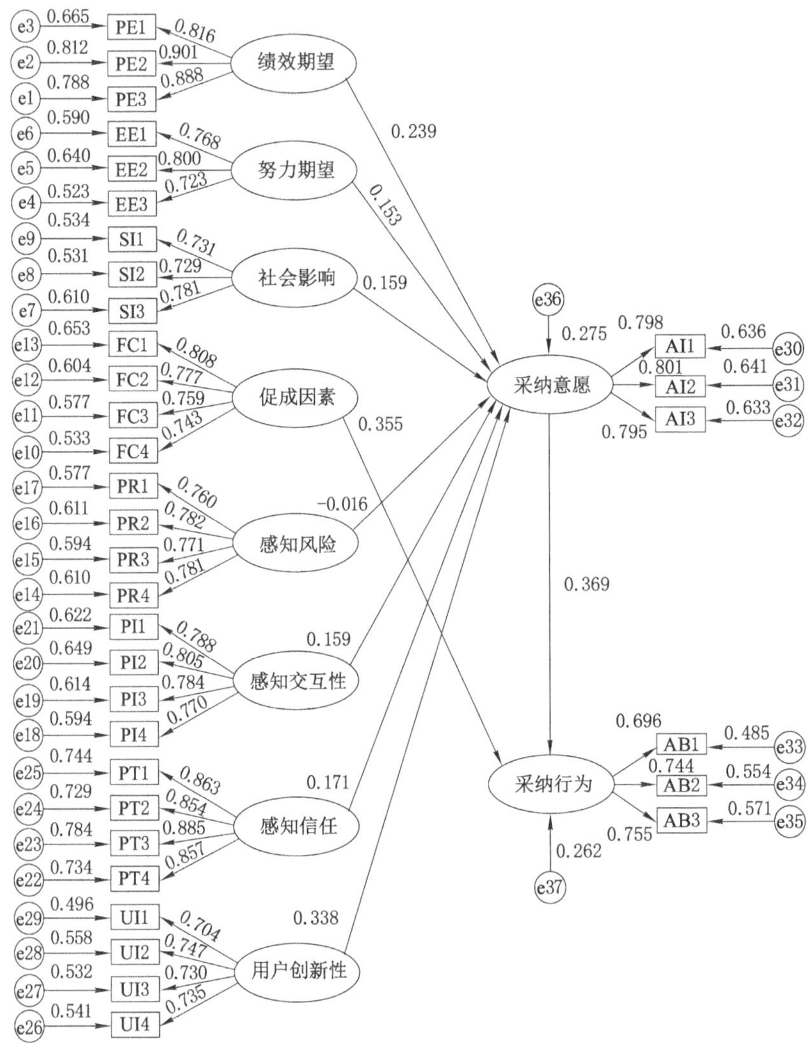

图 6-2 基于数字孪生的高校图书馆智慧服务用户接受驱动结构方程模型图

根据表 6-18 可以看出,在所有的路径关系中只有感知风险—采纳意愿之间的关系不显著,另外的路径关系均为显著的影响关系。根据路径系数结果可以看出,感知风险对采纳意愿的路径系数没有达到显著水平($P=0.682$),假设 H4"基于数字孪生的高校图书馆智慧服务用户的感知风险对采纳意愿呈负向的显著性影响”没有得到验证。在对应的路径关系中：绩效期望—采纳意愿关系中 $\beta=0.239$，$P<0.001$；努力期望—采纳意愿关系中 $\beta=0.153$，$P<0.001$；社会影响—采纳意愿关系中 $\beta=0.159$，$P<0.001$；感知交互性—采纳意愿关系中 $\beta=0.159$，$P<0.001$；感知信任—采纳意愿关系中 $\beta=0.171$，$P<0.001$；用户创新性—采纳意愿关系中 $\beta=0.338$，$P<0.001$，促成因素—采纳行为关系中 $\beta=0.369$，$P<0.001$，采纳意愿—采纳行为关系中 $\beta=0.369$，$P<0.001$。根据结果可以看出，显著的路径关系均在 99% 的显著性水平上存在显著影响关系，标准化系数均为正值，因此均为显著的正向影响关系，除了 H4 假设未得到验证之外，模型中的其他基本路径假设均得到了验证。

表 6-18　全模型路径系数检验结果

路径			因子载荷 β	SE	CR	P	检验结果
采纳意愿	<---	绩效期望	0.239	0.031	6.1	***	显著
采纳意愿	<---	努力期望	0.153	0.041	3.721	***	显著
采纳意愿	<---	社会影响	0.159	0.036	3.819	***	显著
采纳意愿	<---	感知风险	−0.016	0.033	−0.41	0.682	不显著
采纳意愿	<---	感知交互性	0.159	0.038	4.005	***	显著
采纳意愿	<---	感知信任	0.171	0.037	4.457	***	显著
采纳意愿	<---	用户创新性	0.338	0.04	7.8	***	显著
采纳行为	<---	促成因素	0.355	0.04	7.741	***	显著
采纳行为	<---	采纳意愿	0.369	0.045	8.025	***	显著

6.3.3　调节效应分析

本书运用结构方程模型中的多群组分析方法分别对性别和年龄变量的调节作用进行检验，主要目的是检验假设模型不同样本间是否相等，也就是多组恒等性。本书在全模型的基础上，主要研究性别和年龄在模型中的调节作用。为了保证各分组均有足够的样本估计，年龄段偏向于年轻化，在这里以 25 岁为界限，25 岁及以下划分为年轻组，而大于 25 岁划分为成熟组。两个调节变量均为分类变量，因此在调节效应分析中采用群组分析法进行调节效应分析的检验。关于两个调节变量的频率分析如表 6-19 所示。

表 6-19 调节变量频率分析

变量	选项	频率	百分比/%
性别	男	469	65.5
	女	247	34.5
年龄	年轻组	422	58.9
	成熟组	294	41.1

根据表 6-19 结果可以看出:在性别分组上,男性有 469 人,女性有 247 人;在年龄分组上,年轻组有 422 人,成熟组有 294 人。

6.3.3.1 性别作为调节变量的群组分析

本书首先建立男性用户和女性用户两个不同群组,分别导入数据,然后建立无限制模型,以及按照对应的路径关系建立六个限制模型:绩效期望—采纳意愿、努力期望—采纳意愿、社会影响—采纳意愿、感知风险—采纳意愿、感知交互—采纳意愿、感知信任—采纳意愿。结合多组分析恒等性检验,通过 $\Delta\chi^2$ 的变化判断模型是否受到性别的调节。多组分析恒等性检验的基本原理是假设不同样本间的因素结构是相等的,并以此为基准模型,之后在此模式下加上不同的限制条件,以形成不同的嵌套模型,利用这些嵌套模型与基准模型进行 χ^2 检验,观察模型间卡方值拟合差异($\Delta\chi^2$,Δdf)的显著性[264]。$\Delta\chi^2$ 是指未受限模型和受限模型的卡方差异值,采用结构方程法进行检验,如果 $\Delta\chi^2$ 值差异量大且显著($P<0.05$),说明两个因素间具有区分效度[265]。根据表 6-20 可以看出,加上无限制模型,一共七个模型,拟合效果都可以接受,根据 $\Delta\chi^2$ 值可以发现,限制社会影响—采纳意愿路径关系后的模型和基准模型质量的比较有显著的差异。对于不同性别的高校用户而言,社会影响—采纳意愿的路径系数显著,说明社会影响对于不同性别的用户在基于数字孪生的高校图书馆智慧服务的采纳意愿方面起到了调节作用。

表 6-20 性别为调节变量的模型恒等检验

模型	χ^2/df	RMSEA	NFI	IFI	TLI	CFI	$\Delta\chi^2$	P
无限制模型	2.584	0.047	0.805	0.87	0.859	0.87		
绩效期望—采纳意愿	2.583	0.047	0.805	0.87	0.859	0.87	1.424	0.233
努力期望—采纳意愿	2.582	0.047	0.805	0.871	0.859	0.87	0.269	0.604
社会影响—采纳意愿	2.587	0.047	0.804	0.87	0.859	0.869	5.749*	0.016
感知风险—采纳意愿	2.582	0.047	0.805	0.871	0.859	0.87	0.298	0.585
感知交互—采纳意愿	2.584	0.047	0.805	0.87	0.859	0.87	2.077	0.150
感知信任—采纳意愿	2.583	0.047	0.805	0.87	0.859	0.87	0.778	0.378

图 6-3 为男性分组结构方程模型，根据图 6-3 可以看出，采纳意愿作为因变量时对应的 R^2 为 29.7%，采纳行为作为因变量时对应的 R^2 为 26.2%。在对应采纳意愿的路径关系中：绩效期望—采纳意愿关系中 $\beta=0.300$，$P<0.001$；努力期望—采纳意愿关系中 $\beta=0.175$，$P<0.001$；感知交互性—采纳意愿关系中 $\beta=0.119$，$P<0.05$；感知信任—采纳意愿关系中 $\beta=0.158$，$P<0.001$；用户创新性—采纳意愿关系中 $\beta=0.366$，$P<0.001$。根据结果可以看出，绩效期望、努力期望、感知交互性、感知信任和用户创新性与采纳意愿之间的路径关系均为显著的正向影响关系。同时，采纳行为受到采纳意愿和促成因素的正向显著影响，采纳意愿—采纳行为关系中 $\beta=0.389$，$P<0.001$，促成因素—采纳行为关系中 $\beta=0.332$，$P<0.001$。

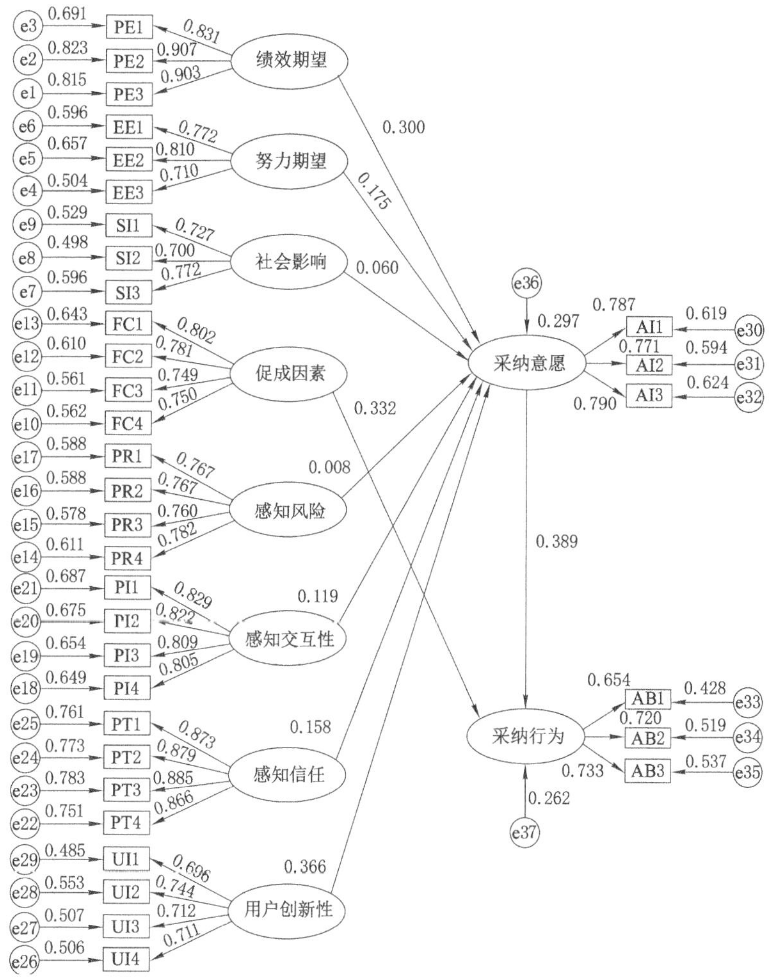

图 6-3　男性分组的结构方程模型

图 6-4 为女性分组的结构方程模型，根据图 6-4 可以看出，采纳意愿作为因变量时 R^2 为 30%。对应采纳意愿的路径关系中：绩效期望—采纳意愿关系中 $\beta=0.131, P<0.05$；社会影响—采纳意愿关系中 $\beta=0.303, P<0.001$；感知交互性—采纳意愿关系中 $\beta=0.237, P<0.001$；感知信任—采纳意愿关系中 $\beta=0.218, P<0.001$；用户创新性—采纳意愿关系中 $\beta=0.267, P<0.001$。根据结果可以看出，绩效期望、社会影响、感知交互性、感知信任、用户创新性与采纳意愿之间的路径关系均为显著的正向影响关系。在采纳行为作为因变量时 R^2 为 26.8%，在对应的路径关系中，采纳意愿—采纳行为关系中 $\beta=0.328, P<0.001$；促成因素—采纳行为关系中 $\beta=0.4, P<0.001$，表明采纳意愿和促成因素与采纳行为之间的路径关系都是显著的正向影响关系。

本书结合 Z 检验推断男性和女性两个大样本差异的显著性。一般将个数超过 30 的随机样本容量称为大样本。当差异显著性水平确定在 $\alpha=0.05$ 时，Z 的临界值为 1.96，只有当 $Z\geqslant1.96$ 时才说明差异显著。

根据表 6-21 可以看出，在绩效期望—采纳意愿路径中，男性系数高于女性系数，并且后续的 Z 检验显著，说明系数差异明显，男性绩效期望对其采纳意愿的影响更强，因此假设 H10-a 成立。在社会影响—采纳意愿路径中，男性系数相较于女性系数有减弱趋势，且 Z 检验显著，这一研究数据表明女性在接受信息技术过程中比男性更容易受到外界环境因素的影响，因此假设 H10-c 成立。在感知信任—采纳意愿路径中，男性系数相比于女性系数有减弱趋势，并且 Z 检验显著，这一研究数据表明女性对基于数字孪生的高校图书馆智慧服务能力的信任比男性更强，因此假设 H10-f 成立。而在努力期望—采纳意愿、感知风险—采纳意愿和感知交互性—采纳意愿路径中，Z 检验结果都是不显著的，因此，对应的 H10-b、H10-d 和 H10-e 假设检验均不成立。

表 6-21　男性和女性的路径系数比较

路径			全模型	女性	男性	Z 值	假设	结论
采纳意愿	<---	绩效期望	0.239***	0.131*	0.300***	2.571*	H10-a	支持
采纳意愿	<---	努力期望	0.153***	0.120	0.175***	0.640	H10-b	不支持
采纳意愿	<---	社会影响	0.159***	0.303***	0.060	3.275**	H10-c	支持
采纳意愿	<---	感知风险	−0.016	−0.040	0.008	0.700	H10-d	不支持
采纳意愿	<---	感知交互性	0.159***	0.237***	0.119*	1.700	H10-e	不支持
采纳意愿	<---	感知信任	0.171***	0.218***	0.158***	2.697**	H10-f	支持

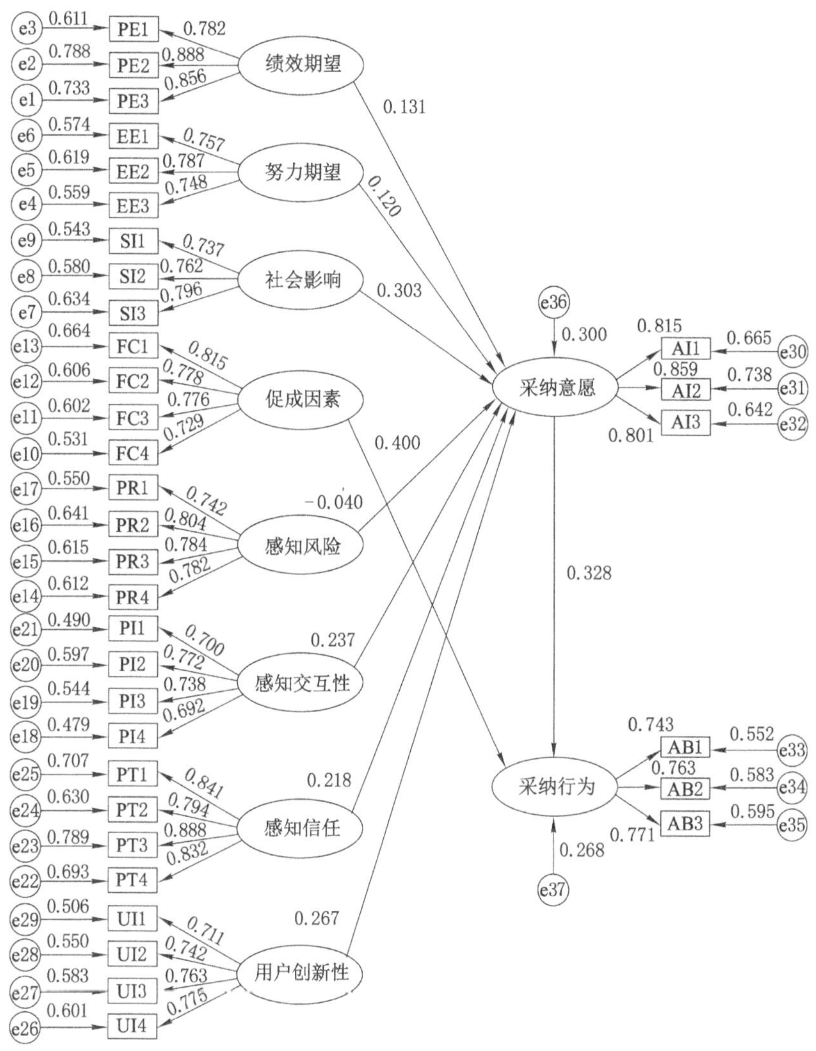

图 6-4　女性分组的结构方程模型

6.3.3.2　年龄作为调节变量的群组分析

同样根据年龄分组建立群组模型，并且导入对应的数据，建立无限制模型以及按照对应的路径关系建立六个限制模型：绩效期望—采纳意愿、努力期望—采纳意愿、社会影响—采纳意愿、感知风险—采纳意愿、感知交互性—采纳意愿、感知信任—采纳意愿。结合上一节中恒等性检验方法，通过 $\Delta\chi^2$ 的变化判断模型是否受到年龄的调节。根据表 6-22 可以看出，模型总体的拟合效果可以接受。

表 6-22　年龄为调节变量的模型恒等检验

模型	χ^2/df	RMSEA	NFI	IFI	TLI	CFI	$\Delta\chi^2$	P
无限制模型	2.566	0.047	0.805	0.871	0.86	0.87		
绩效期望—采纳意愿	2.564	0.047	0.805	0.871	0.86	0.871	0.469	0.493
努力期望—采纳意愿	2.566	0.047	0.805	0.871	0.86	0.87	2.630	0.105
社会影响—采纳意愿	2.564	0.047	0.805	0.871	0.86	0.871	0.229	0.632
感知风险—采纳意愿	2.565	0.047	0.805	0.871	0.86	0.87	1.478	0.224
感知交互性—采纳意愿	2.564	0.047	0.805	0.871	0.86	0.871	0.277	0.599
感知信任—采纳意愿	2.565	0.047	0.805	0.871	0.86	0.87	1.602	0.206

图 6-5 为年轻组结构方程模型，根据图 6-5 可以看出，采纳意愿作为因变量时 R^2 为 25.7%。对应采纳意愿的路径关系中：绩效期望—采纳意愿关系中 β=0.227，P<0.001；努力期望—采纳意愿关系中 β=0.213，P<0.001；社会影响—采纳意愿关系中 β=0.123，P<0.05；感知交互性—采纳意愿关系中 β=0.185，P<0.01；感知信任—采纳意愿关系中 β=0.157，P<0.01；用户创新性—采纳意愿关系中 β=0.292，P<0.01。根据结果可以看出，绩效期望、努力期望、社会影响、感知交互性、感知信任和用户创新性与采纳意愿之间的路径关系均为显著的正向影响关系。同时，在采纳行为作为因变量时 R^2 为 29.7%，在对应采纳行为的路径关系中，采纳意愿—采纳行为关系中 β=0.342，P<0.001，促成因素—采纳行为关系中 β=0.424，P<0.001，表明采纳意愿和促成因素与采纳行为之间的路径关系均为显著的正向影响关系。

图 6-6 为成熟组结构方程模型，根据图 6-6 可以看出，采纳意愿作为因变量时 R^2 为 31.3%。在对应采纳意愿的路径关系中，绩效期望—采纳意愿关系中 β=0.291，P<0.001；社会影响—采纳意愿关系中 β=0.173，P<0.01；感知交互性—采纳意愿关系中 β=0.116，P<0.05；感知信任—采纳意愿关系中 β=0.175，P<0.01；用户创新性—采纳意愿关系中 β=0.383，P<0.01。根据结果可以看出，绩效期望、社会影响、感知交互性、感知信任和用户创新型与采纳意愿之间的路径关系均为显著的正向影响关系。同时，在采纳行为作为因变量时 R^2 为 20.5%，在对应采纳行为的路径关系中，采纳意愿—采纳行为关系中 β=0.382，P<0.001，促成因素—采纳行为关系中 β=0.243，P<0.001，表明采纳意愿和促成因素与采纳行为之间的路径关系都是显著的正向影响关系。

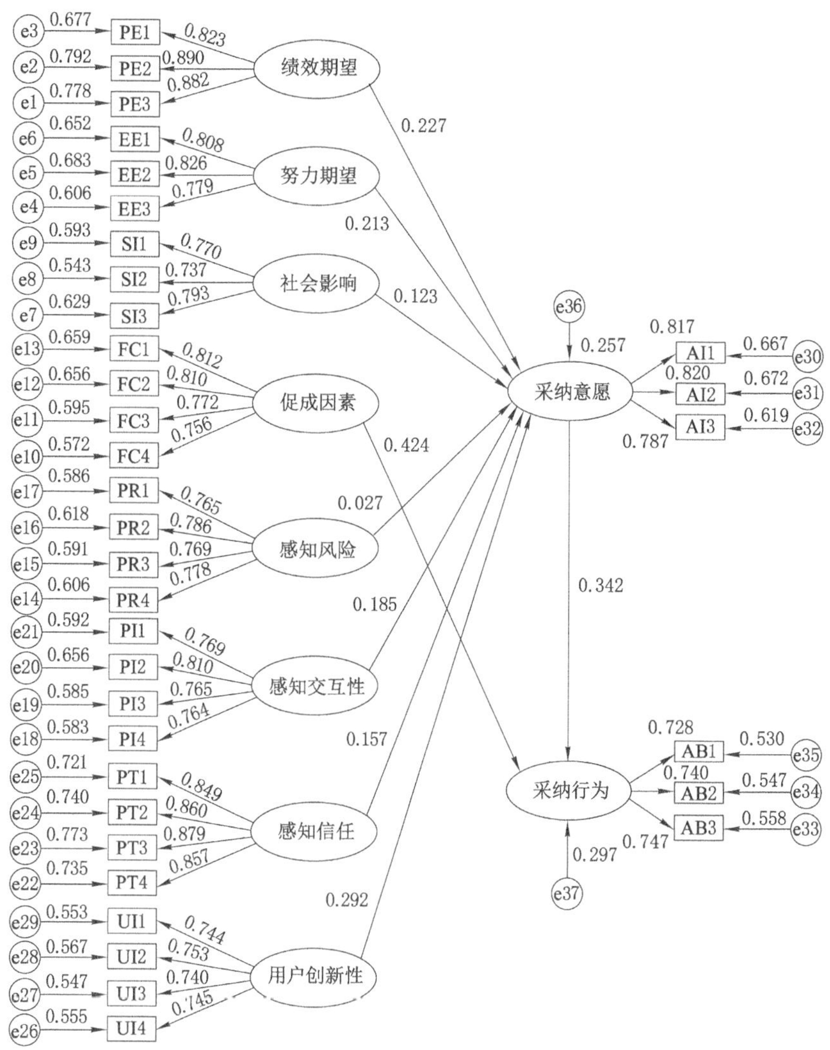

图 6-5　年轻组结构方程模型

根据表 6-23 可以看出，相比较年轻组用户，随着用户年龄的增长，成熟组用户基于数字孪生的高校图书馆智慧服务的绩效期望对采纳意愿的影响作用增强，假设 H11-a 不成立。在这里，Z 检验结果显著，说明年轻组用户和成熟组用户的绩效期望对采纳意愿的影响差异显著。与此同时，相比较年轻组用户，成熟组用户基于数字孪生的高校图书馆智慧服务的努力期望对采纳意愿的影响作用减弱，表明年轻组用户在基于数字孪生的高校图书馆智慧服务的采纳意愿

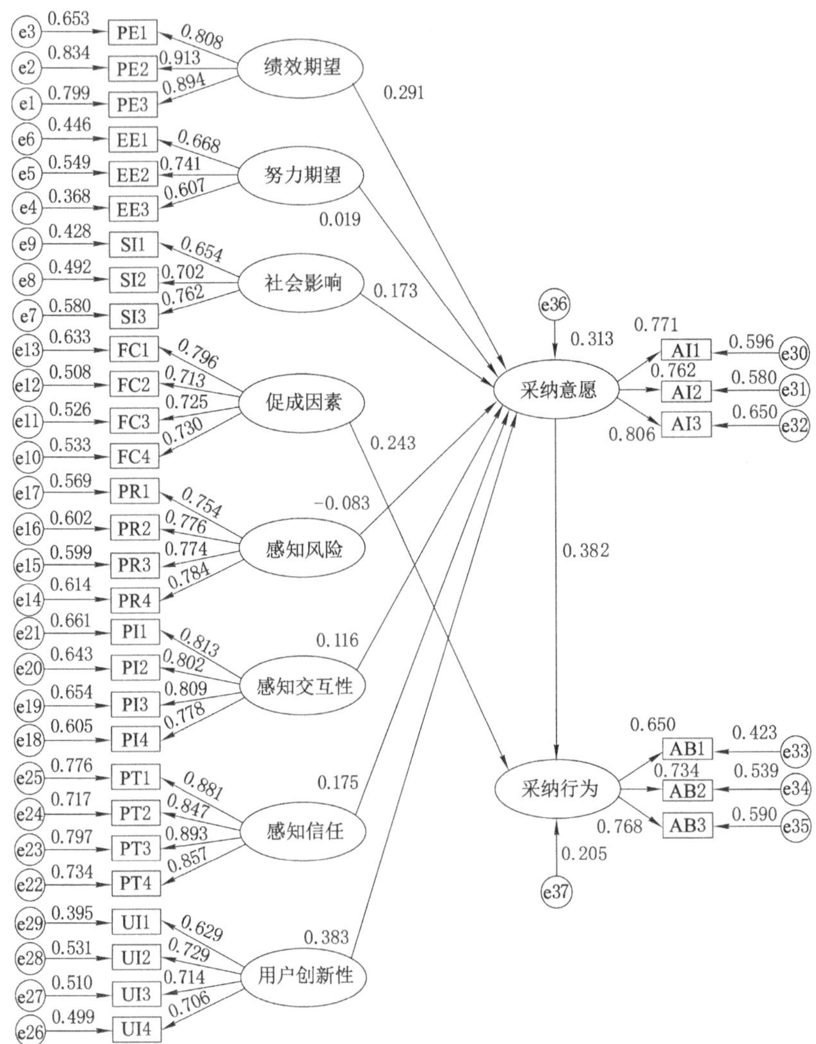

图 6-6　成熟组结构方程模型

上，更加关注学习该技术需要付出的努力，假设 H11-b 不成立。而在社会影响—采纳意愿、感知风险—采纳意愿、感知交互性—采纳意愿和感知信任—采纳意愿的路径关系中，Z 检验结果均不显著，假设 H11-c、H11-d、H11-e 和 H11-f 均不成立。

表 6-23 年轻组和成熟组的路径系数比较

路径			全模型	年轻组	成熟组	Z 值	假设	结论
采纳意愿	<---	绩效期望	0.239***	0.227***	0.291***	1.05	H11-a	不支持
采纳意愿	<---	努力期望	0.153***	0.213***	0.019	2.05	H11-b	不支持
采纳意愿	<---	社会影响	0.159***	0.123*	0.173**	0.68	H11-c	不支持
采纳意愿	<---	感知风险	−0.016	0.027	−0.083	1.67	H11-d	不支持
采纳意愿	<---	感知交互性	0.159***	0.185**	0.116*	0.93	H11-e	不支持
采纳意愿	<---	感知信任	0.171***	0.157**	0.175**	0.24	H11-f	不支持

6.4 实证研究结果及分析讨论

6.4.1 实证研究结果

通过以上实证分析，对本研究提出的基于数字孪生的图书馆智慧服务用户接受驱动模型中所有假设检验结果进行汇总，如表 6-24 所示：

表 6-24 研究假设检验结果汇总

假设条目	假设内容	检验结果
H1	基于数字孪生的高校图书馆智慧服务用户的绩效期望对采纳意愿呈显著的正向影响	支持
H2	基于数字孪生的高校图书馆智慧服务用户的努力期望对采纳意愿呈显著的正向影响	支持
H3	基于数字孪生的高校图书馆智慧服务用户的社会影响对采纳意愿呈显著的正向影响	支持
H4	基于数字孪生的高校图书馆智慧服务用户的感知风险对采纳意愿呈显著的负向影响	不支持
H5	基于数字孪生的高校图书馆智慧服务用户的感知交互性对采纳意愿呈显著的正向影响	支持
H6	基于数字孪生的高校图书馆智慧服务用户的感知信任对采纳意愿呈显著的正向影响	支持
H7	基于数字孪生的高校图书馆智慧服务用户的用户创新性对采纳意愿呈显著的正向影响	支持

表 6-24(续)

假设条目	假设内容	检验结果
H8	基于数字孪生的高校图书馆智慧服务用户的促成因素对采纳行为呈显著的正向影响	支持
H9	基于数字孪生的高校图书馆智慧服务用户的采纳意愿对采纳行为呈显著的正向影响	支持
H10	相对于女性图书馆用户,对于男性图书馆用户而言	
H10-a	绩效期望对采纳意愿的影响作用增强	支持
H10-b	努力期望对采纳意愿的影响作用减弱	不支持
H10-c	社会影响对采纳意愿的影响作用减弱	支持
H10-d	性别对感知风险与采纳意愿关系有调节作用	不支持
H10-e	性别对感知交互性与采纳意愿关系有调节作用	不支持
H10-f	性别对感知信任与采纳意愿关系有调节作用	支持
H11	随着图书馆用户年龄的增加	
H11-a	绩效期望对采纳意愿的影响作用减弱	不支持
H11-b	努力期望对采纳意愿的影响作用增强	不支持
H11-c	社会影响对采纳意愿的影响作用增强	不支持
H11-d	年龄对感知风险与采纳意愿关系有调节作用	不支持
H11-e	年龄对感知交互性与采纳意愿关系有调节作用	不支持
H11-f	年龄对感知信任与采纳意愿关系有调节作用	不支持

综上所述,本研究提出 21 个基于数字孪生的高校图书馆智慧服务用户接受驱动研究假设中,有 11 个假设得到了数据支持,10 个假设未得到数据支持。基本研究模型中,除假设 H4 未通过外,假设 H1、H2、H3、H5、H6、H7、H8、H9 均获得支持,而关于两个调节变量的假设大多数没有获得支持。

6.4.2 分析与讨论

理论模型结构方程的分析结果表明:① 对基于数字孪生的高校图书馆智慧服务用户采纳意愿而言,影响较为显著的因素是用户创新性、绩效期望、感知信任,而社会影响、感知交互性、努力期望和感知风险等因素对采纳意愿没有显著影响。② 对基于数字孪生的高校图书馆智慧服务用户采纳行为而言,最为显著的驱动因素是采纳意愿,其次是促成因素。③ 对于性别和年龄两个调节变量而言,性别作为调节变量时,其对绩效期望与采纳意愿、社会影响与采纳意愿和感知信任与采纳意愿之间的关系起显著调节作用；年龄作为调节变量时，其对绩效期望与采纳意愿、努力期望与采纳意愿之间的关系起显著调节作用。

从以上的检验结果可以看出，本书概念模型中的基本假设（绩效期望、努力期望、社会影响、感知交互性、感知信任和用户创新性对采纳意愿存在显著的正向影响，采纳意愿和促成因素对采纳行为存在显著的正向影响）都得到了验证。同时，对于 UTAUT 中的努力期望因素而言，其对采纳意愿的影响程度明显低于其他因素，在特定群体中（如女性组）努力期望对于采纳意愿的影响甚至不显著，这说明 UTAUT 在解释基于数字孪生的高校图书馆智慧服务用户接受驱动时可能存在不足，引入新变量（如感知交互性、感知信任、用户创新性）来提高模型的可解释性是很有必要的。

6.4.2.1　基于数字孪生的高校图书馆智慧服务用户采纳意愿驱动因素分析

（1）用户创新性

在所有驱动因素中，用户创新性对采纳意愿的影响最为显著。创新性较强的用户更可能注意其他人所使用的创新产品或服务，当用户通过社会沟通获得了足够多的产品知识时，就会产生创新采纳行为。因此主流观点认为，用户创新性作为用户潜在的个性特质，与新产品采用行为正相关。陈文沛等[287]通过实证研究发现用户自身的创新性会显著增强其对新技术、新产品的使用的积极性。H. J. Kim 等[288]提到，创新型用户更有兴趣使用高科技产品和新技术。高校图书馆用户创新性同样显著影响用户对基于数字孪生的图书馆智慧服务的采纳意愿。基于多样性的感知需求和好奇的认知心理是高校图书馆用户寻求不同体验的内在驱动，因此，创新性强的高校图书馆用户往往会比其他用户有更多的勇气和更高的个人价值，当考虑接受新的技术服务时，他们可能会产生积极的感知态度。在这种情况下，在基于数字孪生的高校图书馆智慧服务引入阶段，可以更多地关注接受主体中创新性用户接受度的研究。

（2）绩效期望

绩效期望对基于数字孪生的高校图书馆智慧服务用户的采纳意愿有显著的正向影响。在本书中，绩效期望是用户认为利用基于数字孪生的智慧服务系统将有益于提升其工作、学习绩效的程度。在用户信息技术采纳研究中，绩效期望显著影响采纳意愿，可以用于预测用户使用任何给定信息系统的意愿[289]。研究结果显示，绩效期望是用户接受基丁数字孪生的高校图书馆智慧服务意愿的决定性因素，该研究结果与 V. Venkatesh 等的原始研究一致。因此，本书认为高校图书馆在驱动用户接受基于数字孪生的高校图书馆智慧服务中应充分考虑接受过程中的绩效期望驱动因素，有效提升用户实时获得精准信息的满意度。

(3) 感知信任

感知信任对基于数字孪生的高校图书馆智慧服务用户的采纳意愿有显著的正向影响。感知信任是影响用户对新技术的采纳意愿的重要因素之一,在之前的各种主题研究中都有考虑,在电子学习[290]和移动学习[291]的情况下对感知信任在采纳意愿中的作用也进行了研究。由于信任是可以逐渐实现的,可能会减少或增加,图书馆在开展基于数字孪生的智慧服务过程中,也应该随着时间的推移保护和促进用户的感知信任。S. Al-Natour 等[292]指出较高的信任对用户接受新技术的意愿具有积极影响。研究结果表明,建立感知信任对于基于数字孪生的高校图书馆智慧服务用户接受行为非常重要。因此,高校图书馆在开展基于数字孪生的智慧服务时需要更好地满足用户个性化需求,增强用户对图书馆相关服务的信任感。

(4) 感知交互性

感知交互性对基于数字孪生的高校图书馆智慧服务用户的采纳意愿有显著的正向影响。先前的研究将感知交互性分为三类:用户-机器、用户-用户和用户-消息交互[293]。实现物理实体与虚拟实体的交互性是数字孪生区别于其他概念的重要特征,用户通过数字孪生技术能够实现与图书馆智慧服务中其他对象(人、物和系统等)的互动。本书认为感知交互性会积极地影响用户对基于数字孪生的高校图书馆智慧服务的采纳意愿。因此,高校图书馆在开展基于数字孪生的智慧服务中,为了更好地驱动用户接受相关服务,需要有效提升用户虚实交互体验感,使用户能够从基于数字孪生的图书馆智慧服务中及时获取需要的信息、服务和反馈。

(5) 社会影响

基于传统的规范,个人的行为预期和态度一般会受到社会的影响。V. Venkatesh 等[39]认为社会影响往往是影响用户使用新技术意向的更强因素,将社会影响力定义为个人认为重要的其他人感知他们应该使用新技术的程度。先前的研究表明,社会影响对个体使用新技术的采纳意愿有重要影响,因为个体通过从众和认同获得了满足感[38,140]。研究结果表明,高校图书馆用户在接受基于数字孪生的智慧服务过程中,社会影响对用户使用基于数字孪生的高校图书馆智慧服务的采纳意愿有显著的预测作用,并倾向于对接受相关服务的采纳意愿产生积极的影响。因此,在基于数字孪生的高校图书馆智慧服务推广阶段可适当加大社会影响的接受环境宣传力度,例如:数字孪生作为元宇宙的一个重要应用技术层,高校图书馆结合元宇宙的热潮,加强用户对基于数字孪生的高校图书馆智慧服务应用场景与发展前景的关注,提升用户对相关智慧服务的接受意愿。

(6) 努力期望

努力期望对基于数字孪生的高校图书馆智慧服务用户的采纳意愿有正向影响。V. Venkatesh 等[39]认为努力期望是与使用给定系统相关联的容易程度，通过研究发现在 UTAUT 中努力期望是较微弱的预测因子，用户的努力期望对于其采纳新技术意愿的影响程度随其经验增加而逐渐减弱。本书观点与 V. Venkatesh 等研究结论一致，努力期望—采纳意愿($\beta=0.153, P<0.001$)在本模型驱动因素的分析中是较弱的预测因子。对于高校图书馆而言，其用户具有较强的学习能力，接受新事物较快，努力期望对于其接受基于数字孪生的高校图书馆智慧服务的影响程度比其他驱动因素低。因此，建议高校图书馆在基于数字孪生的智慧服务中，可以通过人性化的设计充分降低用户的努力成本，这将是提高用户接受度的有效途径之一。

(7) 感知风险

本研究中，基于数字孪生的高校图书馆智慧服务用户的感知风险对采纳意愿呈显著的负向影响没有得到支持。用户在采用产品和服务时，会有意识或无意识地感知风险。用户对信息系统的采用已经被证明会给用户带来焦虑和不适[222]。感知风险已被证明会抑制电子服务的采用[294]，如云服务[230]用户接受研究中，用户的感知风险会对其采纳云服务的意愿产生负向影响。然而，该假设在本研究中未得到验证，其原因可能是作为新兴技术的数字孪生技术在初期可能没有引起用户的明显风险感知，用户对于未知技术的态度通常会受到他们对新技术的了解程度和体验的影响。如果用户不了解或没有足够的信息来评估可能的风险，他们可能会对这项技术采取较为乐观的态度。因此，他们对数字孪生技术的采纳意愿暂时没有受到感知风险的影响。

6.4.2.2 基于数字孪生的高校图书馆智慧服务用户采纳行为驱动因素分析

(1) 采纳意愿

采纳意愿对基于数字孪生的高校图书馆智慧服务用户采纳行为有显著的正向影响。在用户信息技术采纳相关研究中，采纳意愿直接正向影响其采纳行为。在本书中，采纳意愿主要表现为用户认为自己在未来采纳基于数字孪生的高校图书馆智慧服务进行学习或工作的可能性，结合分析得出：用户对基于数字孪生的高校图书馆智慧服务的采纳意愿同样正向显著地影响其对相应服务的采纳行为。在这里，本书建议高校图书馆在开展基于数字孪生的智慧服务过程中，加强基于数字孪生的高校图书馆智慧服务场景的建设，包括智慧阅读服务、智慧资源导航服务、智慧教学服务、智慧空间服务、智慧学科服务、智慧安防服务和数字人文建设，这将有效驱动用户更深入地了解和接受相关服务内容。图书馆行业数字孪生技术的应用才刚刚起步，需要经过长期探索和反复实践才能构建成熟的基于数字孪生的高校图书馆智慧服务的应用。高校图书馆在落地实施基于数字孪生的智慧服务时，可以综合考虑国内外在数字孪生领域的最新研究成果和最佳实践效果，重视用户的接受过程，积极推动数字孪生技术与其核心业务的深度融合。

(2) 促成因素

促成因素对基于数字孪生的高校图书馆智慧服务用户采纳行为有显著的正向影响。V. Venkatesh 等[39]将促成因素描述为用户如何识别组织和技术资源的可访问性，以促进给定系统的使用。V. Venkatesh 和相关研究还表明，促成因素在预测信息系统用户接受行为中起着关键作用。在特定情境下，促成因素还可以是鼓励推动成引导用户采取某种行为的因素。在本书中，促成因素是用户接受基于数字孪生的高校图书馆智慧服务行为的重要预测因素。因此，高校图书馆需要从改善基于数字孪生的智慧服务环境着手，准备足够的技术资源和管理支持为用户接受创造有利的组织环境。

6.4.2.3 调节作用分析

(1) 性别的调节作用

性别在绩效期望、社会影响和感知信任驱动因素对基于数字孪生的高校图书馆智慧服务用户采纳意愿关系中起调节作用。与女性用户相比，男性用户的绩效期望对基于数字孪生的高校图书智慧服务采纳意愿的影响作用更鲜明，其感知使用基于数字孪生的图书馆智慧服务可以帮助其获得更佳的学习或工作绩效的程度更加强烈。通过前文分析表明，与男性用户相比，社会影响是女性接受基于数字孪生的高校图书馆智慧服务更加鲜明的决定性因素，这可能是因为女性更不熟悉相对先进的数字孪生技术，这使得她们在接受相关智慧服务的早期阶段受到其外界环境因素的影响较大，这与 UTAUT 的原有检验结果是一致的。此外，通过分析发现，女性用户对基于数字孪生的图书馆智慧服务能力的信任比男性用户更强。这就要求高校图书馆在实际推广基于数字孪生的智慧服务过程中，需要更多地关注女性用户对新技术的接受情况，而在对于基于数字孪生的高校图书馆智慧服务的绩效期望方面，需要重点关注男性用户的接受态度。

(2) 年龄的调节作用

V. Venkatesh 等[39]提出考虑用户接受技术的潜在调节因素，研究发现，年龄在决定用户接受特定技术的采纳意愿方面较重要，证实了年龄对努力期望与采纳意愿之间的关系起调节作用。在本书中,年龄在绩效期望、努力期望驱动因素对基于数字孪生的高校图书馆智慧服务用户采纳意愿关系中起调节作用,这与 UTAUT 原有调节作用相关的推断是一致的。但与 UTAUT 中年轻用户与年长用户差异情况相比,随着高校用户年龄增长,绩效期望对其接受基于数字孪生的高校图书馆智慧服务的意愿的影响作用更加强烈,其原因可能是高校年长用户对于学习、工作的态度更加严谨,并且更加关注取得的成果。此外,研究结果表明,年轻用户与年长用户相比,其更容易学习和接触新技术,对接受新技术付出的努力程度更高,其原因可能是因为高校年长用户往往具有更高的计算机自我效能,因此努力期望并不影响他们在基于数字孪生的高校图书馆智慧服务采纳方面的决策。

6.5 本章小结

本章通过数据分析对基于数字孪生的高校图书馆智慧服务用户接受概念模型和相关假设进行了检验。首先,对研究模型的相关变量进行了描述性统计分析,包括基本情况频数分析、用户希望图书馆基于数字孪生技术提供智慧服务的内容和主要变量描述性统计。然后,对问卷调查收集的数据进行信度、效度和差异性检验分析,并对研究模型进行了研究假设检验和模型结构分析。最后,对本章实证研究结果进行分析,结合结构方程模型对提出的假设和理论模型进行了解释和验证。路径系数情况分析表明:21 个基于数字孪生的高校图书馆智慧服务用户接受驱动研究假设中,有 11 个假设得到了数据支持,10 个假设未得到数据支持;基本研究模型中,除假设 H4 未通过外,假设 H1、H2、H3、H5、H6、H7、H8、H9 均获得支持,而关于两个调节变量的假设大多数没有获得支持。

第7章 研究结论与对策建议

当前学术界高度关注数字孪生技术主题，并思考数字孪生技术主题与图书馆智慧服务结合所带来的崭新前景，但很少有学者系统地研究基于数字孪生的高校图书馆智慧服务用户接受情况。本研究重点分析基于数字孪生的高校图书馆智慧服务用户接受的驱动因素和影响机理，并在研究结论的基础上，提出促进基于数字孪生的高校图书馆智慧服务用户接受的对策与建议。

7.1 主要研究结论

本书在分析基于数字孪生的高校图书馆智慧服务用户接受的背景与意义，以及复杂适应系统、信息技术用户接受和整合型技术接受等相关理论的基础上，从系统的角度出发对基于数字孪生的高校图书馆智慧服务用户接受过程及其构成要素进行了分析。从研究理论的角度，以复杂适应系统理论为基础，研究了基于数字孪生的高校图书馆智慧服务用户接受原则；以信息技术用户接受理论为基础，研究了基于数字孪生的高校图书馆智慧服务用户接受过程与组成因素；以 UTAUT 为基础，建立了基于数字孪生的高校图书馆智慧服务用户接受概念模型。从研究方法的角度，以文本挖掘分析为基础，研究了国内外图书馆智慧服务、数字孪生和 UTAUT 相关文献研究的热点和演化历程；以实证研究分析为基础，设计基于数字孪生的高校图书馆智慧服务用户接受驱动量表，并通过问卷调查形式选取部分高校实施预测试和大样本问卷调查；以结构方程模型为基础，分析了基于数字孪生的高校图书馆智慧服务用户接受驱动各要素对于用户接受效果的影响作用及影响路径。本书具体研究结论如下。

(1) 基于文本挖掘分析的相关研究主题演变趋势识别

本研究运用 CiteSpace 构建图书馆智慧服务、数字孪生和 UTAUT 研究的知识图谱，分析不同时期各研究主题的演变趋势。① 图书馆智慧服务相关研究，国内外研究历程划分为图书馆智慧服务相应研究刚刚起步时期、成长时期和逐渐深化时期三个阶段，研究热点主要集中在智慧图书馆、智慧服务、物联网、大数据、数字孪生和人工智能等方面。② 数字孪生相关研究，国内研究历程划分为两个阶段，国外研究历程划分为三个阶段，研究热点主要集中在数字孪生、智能制造、人工智能、BIM、深度学习、边缘计算、未来图书馆等方面。③ UTAUT 相关研究，国内研究历程划分为三个阶段，国外研究历程划分为四个阶段，其中国内研究历程包括国内对 UTAUT 的初期关注时期、深化研究时期、UTAUT 在学术社交网络领域得到更多关注的发展时期三个阶段。研究热点主要集中在技术接受模型、用户接受度、感知风险、感知信任和采纳行为等方面。

（2）基于数字孪生的高校图书馆智慧服务用户接受体系构建

本书首先对基于数字孪生的高校图书馆智慧服务用户接受体系开展分析，阐释其用户接受驱动机理是为实现协调用户接受基于数字孪生的高校图书馆智慧服务，即该智慧服务系统中各驱动要素的内在运行方式以及各驱动要素在基于数字孪生的智慧服务环境中相互影响、相互作用的具体路径原理。然后剖析基于数字孪生的高校图书馆智慧服务用户接受过程的组成因素，包括基于数字孪生的智慧服务用户接受主体、接受过程、接受对象和接受环境四个方面。其中，用户接受主体的主观因素包括认知类型、创新思维能力等，客观因素包括性别和年龄。用户接受对象是基于数字孪生的高校图书馆智慧服务。用户接受过程包括接触阶段、领会阶段、评估阶段和适应接受阶段。用户接受环境包括微观层面和宏观层面的环境，微观层面的环境是基于数字孪生的图书馆智慧服务所依靠的系统平台、技术支持、硬件设备等，宏观层面的环境是指社会影响、顶层设计、标准化体系等。最后提出基于数字孪生的高校图书馆智慧服务体系组成内容主要包括数据保障层、建模计算层、功能层、沉浸式体验层、用户界面交互层、数据分析和决策支持层。

（3）基于数字孪生的高校图书馆智慧服务用户接受概念模型构建

从深入认识基于数字孪生的高校图书馆智慧服务用户接受驱动因素出发，对数字孪生及其核心技术用户接受相关因素进行了识别与归纳，结合高校图书馆基于数字孪生开展智慧服务的特征，通过对部分高校师生用户进行小范围访谈，确定了基于数字孪生的高校图书馆智慧服务用户接受驱动因素，包括绩效期望、努力期望、社会影响、促成因素、感知交互性、感知信任、感知风险、用户创新性、采纳意愿和采纳行为 10 个驱动因素。将感知风险、感知信任、感知交互性、用户创新性 4 个新变量引入 UTAUT，并提出相应理论假设和概念模型。本书概念模型包括 2 个因变量、8 个自变量和 2 个调节变量。其中：因变量为采纳意愿和采纳行为；自变量包括绩效期望、努力期望、社会影响、促成因素、感知风险、感知信任、感知交互性、用户创新性；调节变量为性别和年龄。

（4）基于数字孪生的高校图书馆智慧服务用户接受驱动实证研究

本书对基于数字孪生的高校图书馆智慧服务用户接受驱动进行了实证研

究，对相关理论模型进行假设检验。结合已有相关研究，构建了基于数字孪生的高校图书馆智慧服务用户接受驱动因素的测量量表。通过716名高校用户的调查样本数据，运用信度、效度和差异性检验对基于数字孪生的高校图书馆智慧服务用户接受驱动要素的测量题项进行了考察。采用结构方程模型对基于数字孪生的高校图书馆智慧服务用户接受驱动假设模型进行实证检验，检验结果表明本书所提大部分假设均成立，证明了基于数字孪生的高校图书馆智慧服务用户接受概念模型的有效性。综合结构方程模型的分析结果，对基于数字孪生的高校图书馆智慧服务用户采纳意愿影响较为显著的因素是用户创新性、绩效期望和感知信任，其次是社会影响、感知交互性和努力期望，而感知风险对采纳意愿则没有显著影响。对基于数字孪生的高校图书馆智慧服务用户采纳行为影响最为显著的因素是采纳意愿，其次是促成因素。对于性别和年龄两个调节变量而言，性别作为调节变量时，其对绩效期望与采纳意愿、社会影响与采纳意愿和感知信任与采纳意愿之间的关系起显著调节作用；年龄作为调节变量时，其对绩效期望与采纳意愿、努力期望与采纳意愿之间的关系起显著调节作用。结果从实践角度为基于数字孪生的高校图书馆智慧服务用户接受驱动提供决策支持。

7.2 对策和建议

7.2.1 基于用户视角的对策和建议

本书总结了基于数字孪生的高校图书馆智慧服务用户视角的驱动策略，包括以下五个方面。

(1) 提供满足用户个性化创新需求的智慧服务

本书结合结构方程模型的分析结果来看，对基于数字孪生的高校图书馆智慧服务用户采纳意愿影响最为显著的因素是用户创新性。在本书中的用户创新性是用户具备的知识和经验，包括对数字孪生技术的敏感性等。创新性较强的高校图书馆用户比其他用户具有更加强烈的创新意识和动力，当考虑接受新技术服务时，他们可能会产生积极的感知态度。图书馆可以充分地与创新性较强的用户交流沟通，通过密切的合作实现共同开发满足用户需求的基于数字孪生的图书馆智慧服务内容。与此同时，建议高校图书馆还应考虑适当降低基于数字孪生的智慧服务的技术复杂性，为用户提供相关智慧服务使用指南，帮助用户更好地理解和接受基于数字孪生的高校图书馆智慧服务理念。

(2) 理解用户对基于数字孪生的智慧服务体验期望

高校图书馆是为用户提供知识信息的学术性服务机构，服务是其永恒的主题。本书中绩效期望对高校图书馆用户基于数字孪生的智慧服务的采纳意愿有显著的正向影响。相对于用户期望而言，用户所感受到的基于数字孪生的图书馆智慧服务绩效信息越强，其采纳相关智慧服务的意愿就越强。用户对基于数字孪生的图书馆智慧服务绩效期望包括智慧服务过程中的操作性绩效期望和表达性绩效期望。前者是指智慧服务的物理绩效是否满足用户的实际需要，后者是指该智慧服务为个体习惯存在差异性的不同用户带来的心理满足感。高校图书馆应全面提升基于数字孪生的智慧服务的全生命周期管理，通过对人、物、行为、环境和社会之间系统关系的梳理，消除信息孤岛，实现各部门之间的密切协同，时刻感知用户需求，提升用户服务体验。

(3) 提升基于数字孪生的智慧服务用户信任度

本书发现感知信任是用户接受基于数字孪生的高校图书馆智慧服务的重要因素之一。影响用户信任的因素大体上归结于基于数字孪生的图书馆智慧服务交互过程中认知和情感两个方面。其中，情感维度包括用户对基于数字孪生的高校图书馆智慧服务过程中的成长和收获的信任。随着信息技术的发展，高校用户的学习、工作方式发生了巨大的变化，数字孪生技术应用到文化教育等多个领域。越来越多的用户利用基于数字孪生的智慧服务快速便捷地从事各类活动，如基于数字孪生的课堂教学等。传统的图书馆服务环境正随着数字孪生技术的发展，逐渐转变为开放的面向智慧服务的新环境，建议高校图书馆结合智慧服务实际需要，将数字孪生技术应用到智慧阅读服务、智慧资源导航服务、智慧教学服务、智慧空间服务、智慧学科服务、智慧安防服务和数字人文建设等环节，通过场景真实还原、全景漫游等可视化展示，为用户打造身临其境的沉浸式学习体验，增强用户对基于数字孪生的高校图书馆智慧服务的信任度。

(4) 增强基丁数字孪生的智慧服务人机交互感知

本书表明感知交互性对用户基于数字孪生的高校图书馆智慧服务的采纳意愿有显著的正向影响。实现物理实体与虚拟实体的交互性是数字孪生区别于其他概念的重要特征，高校图书馆在开展基于数字孪生的智慧服务过程中，可以充分结合 5G 技术等先进可靠的数据传输技术为用户与智慧服务中其他对象(人、物、系统等)人机交互提供更好的交互体验。高校图书馆可以结合数字孪生技术对智慧服务流程进行数据驱动的建模，实现基于数字孪生的高校图书馆智慧服务流程的协同优化，为用户提供主动式服务，激励用户更好地参与图书馆智慧服务交流。与此同时，高校图书馆应关注用户浏览的轨迹等，建立物理图书馆对应的数字孪生模型，实现可感知、可判断和快速响应的基于数字孪生的协同智慧服务。

(5) 积极引导用户参与基于数字孪生的智慧服务过程

本书表明社会影响对基于数字孪生的高校图书馆智慧服务的用户采纳意愿影响较为显著。高校用户对社会影响驱动因素的感知主要来自身边的同学、老师、大众媒体等,为了让用户更直观地感受基于数字孪生的高校图书馆智慧服务,高校图书馆应积极借助社会影响宣传数字孪生技术相关的发展理念等内容。此外,本书还表明不同性别、不同年龄段的高校用户在基于数字孪生的高校图书馆智慧服务采纳意愿上存在差异,其中,性别在绩效期望、社会影响、感知信任驱动因素对用户采纳意愿关系中起调节作用,年龄在绩效期望、努力期望驱动因素对用户采纳意愿关系中起调节作用。建议高校图书馆在开展基于数字孪生的智慧服务过程中,结合不同用户群体的特点,加强与用户互动,重视领袖用户对周围用户采纳意愿的影响,以满足用户需求为服务目标。

7.2.2 基于智慧服务体系视角的对策和建议

(1) 做好基于数字孪生的高校图书馆智慧服务体系架构的顶层设计

基于数字孪生的高校图书馆智慧服务需要有机融合智慧服务相关领域的多方力量。在建设前期,高校图书馆可以联合行业力量研究明确基于数字孪生的智慧服务中长期发展规划,依据高校图书馆资源承载能力和用户核心诉求,引导各职能部门围绕基于数字孪生的高校图书馆智慧服务实际需求展开顶层设计工作。同时,力争建立完备的基于数字孪生的高校图书馆智慧服务评价体系,从建模精度、数据互通性、同步演进性和系统数据的共享程度等多种维度构建评价指标,打通不同部门之间的数据源并建立统一的底层标准。采用加密、认证等技术,加强基于数字孪生的高校图书馆智慧服务过程中的信息安全保护,确保高校用户的个人信息安全。为了适应现代信息技术发展形势,为新阶段高校图书馆智慧服务高质量发展提供有力支撑和驱动,可以考虑在国内高校图书馆中开启试点建设,积极探索数字化场景、智慧化模拟、精准化决策的应用,培养专业化人才队伍,共同保障基于数字孪生的高校图书馆智慧服务的建设和运行。此外,政府的基础教育保障、高校领衔智库的引导和校企协同合作是基于数字孪生的高校图书馆智慧服务落地的基础,从顶层设计的角度构建基于数字孪生的高校图书馆智慧服务体系,实现高校图书馆智慧服务应用系统的不断扩充,解决当前我国高校图书馆基于数字孪生的智慧服务顶层规划瓶颈问题。

(2) 开展基于数字孪生的高校图书馆智慧服务体系的标准化建设

目前,高校、科研院所、服务供应商以及不同领域的企业对数字孪生进行探索应用。对于高校图书馆而言，在基于数字孪生的智慧服务体系建设中，建议尽快完善标准化的通用架构、功能要求和技术要求，形成高校图书馆进行数字孪生技术落地应用部署的规范性指导框架。为了推动数字孪生技术进一步落地推广应用，陶飞等[295]提出了数字孪生标准体系，本书认为基于数字孪生的高校图书馆智慧服务体系标准化主要包括基于数字孪生的高校图书馆智慧服务的基础共性标准、关键技术标准、工具/平台标准、测评标准、安全标准和行业应用标准等。其中，基于数字孪生的高校图书馆智慧服务的关键技术标准包括物理图书馆标准、虚拟图书馆标准、孪生数据标准、连接与集成标准、智慧服务标准五部分。

(3) 加强基于数字孪生的高校图书馆智慧服务体系的技术攻关

本书中促成因素对基于数字孪生的高校图书馆智慧服务用户采纳行为影响较为显著。建议高校图书馆在开展基于数字孪生的智慧服务时，特别是相关技术体系的设计过程中，基于数字孪生的信息系统设计需要符合人机互动需求，结合物联网、大数据、虚拟现实、人工智能等技术创建良好的智慧服务信息共享氛围，降低用户操作相关信息系统的难度，以及用户采纳基于数字孪生的高校图书馆智慧服务所需要的成本，促进用户的信息采纳行为。同时，建议基于数字孪生的高校图书馆智慧服务信息系统的各参与方(如高校图书馆、数字孪生技术服务商等)，加快基于数字孪生的高校图书馆智慧服务体系建设，加强高校图书馆和数字孪生技术服务商之间的合作，分享基于数字孪生的高校图书馆智慧服务体系的突破性进展，例如信息建模、模型同步、智能决策和信息安全等技术突破，力争形成基础扎实、稳定成熟的基于数字孪生的高校图书馆智慧服务体系。

(4) 建立基于数字孪生的高校图书馆智慧服务产业生态系统

中国工程院院士李培根认为构建数字孪生涉及多个领域的技术问题，如构建模型、数据传递、服务接口、连接识别、部署机制等，如果想释放数字孪生的全部价值，需要整合其生态系统中所有数据和模型。对于基于数字孪生的高校图书馆智慧服务而言，其数字孪生产业链长，技术体系复杂，需要产业链上下游协同合作、优势互补，特别是在基础设施构建、跨领域技术融合、数据共享互认等方面形成长效协同机制，依托图书馆行业联盟等方式加深产业链的交流合作与需求对接，构建优势互补、协同共赢的产业生态系统。基于数字孪生的高校图书馆智慧服务生态系统主要由数据保障层、建模计算层、功能层、沉浸式体验层和行业应用层组成。其中，功能层是数字孪生生态系统的核心组成部分，其提供获取数据和建立数字化模型服务。利用数据建模得到的模型和数据分析结果可以实时反映物理图书馆智慧服务系统的详细情况，实现辅助决策，提升高校图书馆用户服务体验。在相关生态系统构建的具体实施过程中,建议高校图书馆要以用户体验为核心,满足用户个性化需求。

(5) 构建基于数字孪生的高校图书馆智慧服务安全保障体系

2020 年以来,数字孪生作为实现高校图书馆智慧服务虚实之间双向映射、动态交互、实时连接的关键途径,正展现出巨大的应用潜能。工业和信息化部人事教育司副司长朱秀梅指出数字孪生可以大幅度降低成本,提升各行各业数字化的部署速度和验证效率。基于数字孪生的高校图书馆智慧服务通过数据全域标识、状态精准感知、数据实时分析、模型科学决策以及智能精准执行等科学手段,有望成为高校图书馆智慧服务的创新模式。但与此同时,随着数字孪生技术汇聚海量的数据集合,对相关智慧服务数据安全防护提出了更高的要求。基于数字孪生的高校图书馆智慧服务过程中的数据信息安全关系到国家、高校、图书馆、用户的安全性和社会的稳定性。因此,必须建立基于数字孪生的高校图书馆智慧服务安全保障体系,以法律规制各种网络恶意攻击行为,结合行业数据规范,提高服务数据处理的安全性,积极营造一个绿色安全的智慧服务环境。

7.3 研究不足

本书虽然对基于数字孪生的高校图书馆智慧服务用户接受驱动机理进行了一些积极的探索,但由于现有研究条件、时间和自身知识积累的限制,研究还存在一定的局限和不足,这也为将来的研究提供了发展空间。该书研究不足主要体现在以下两个方面。

7.3.1 变量测量的局限性

关于基于数字孪生的高校图书馆智慧服务用户接受驱动的测量量表设计,本书主要参考了数字孪生及其核心技术的用户接受相关研究领域的部分量表,然后对合部分高校师生用户进行小范围访谈,在 UTAUT 的基础上增加感知风险、感知信任、感知交互性、用户创新性四个新的自变量,并结合调查问卷对量表进行了信度和效度检验。虽然相关检验结果显示量表的信度和效度良好,但不排除仍然存在其他的驱动变量影响研究结果,在未来的研究中将进一步完善相关驱动因素的测度。

7.3.2 研究数据的局限性

在进行问卷调查过程中,数据来源主要是清华大学、武汉大学、南京大学、哈尔滨工业大学、东南大学、中国矿业大学、河南理工大学、西安科技大学、山东科技大学、青岛理工大学、安徽理工大学、江苏师范大学等高校的部分用户，多数样本数据来自江苏省高校用户，实证分析仍然存在一定的局限性，样本抽样的随机性不够，在一定程度上降低了样本的代表性。此外，基于数字孪生的高校图书馆智慧服务是一个较新的概念，虽然本书对部分术语进行界定，以便于高校用户能够充分理解，但是不可避免地可能会出现一定的偏差，在某些程度上也会影响研究结论。

7.4　未来展望

本书致力于探索高校用户接受基于数字孪生的高校图书馆智慧服务的驱动因素及内在机理。尽管取得了一些阶段性成果，但是受限于作者的时间、水平和资源，以及现有理论和技术发展，书中涉及的许多问题仍有待未来的研究予以继续深入。需要进一步深入研究的问题主要包括以下两个方面。

7.4.1　基于数字孪生的高校图书馆智慧服务用户接受驱动的细化性研究

本书首次从用户接受的角度对基于数字孪生的高校图书馆智慧服务进行研究，界定了基于数字孪生的高校图书馆智慧服务的内涵及其用户需求内容。由于条件限制，本书在样本的选取上主要是江苏省的高校用户，虽然基于数字孪生的高校图书馆智慧服务的用户接受问题有一定的规律和共性，但不同地域、不同类型高校用户对基于数字孪生的图书馆智慧服务接受的方式可能会有所不同。未来在样本数据丰富充足的条件下，可以考虑深入分类研究不同地域、不同类型高校用户接受基于数字孪生的高校图书馆智慧服务的驱动因素。此外，本书拓宽了基于数字孪生的高校图书馆智慧服务的实证分析方法，未来可以在此基础上进一步开展细化研究。例如：探求基于数字孪生的高校图书馆智慧服务中不同场景下用户接受驱动因素、驱动路径、路径产生的原因及效果。

7.4.2　基于数字孪生的高校图书馆智慧服务用户接受驱动的其他驱动因素研究

本书针对基于数字孪生的高校图书馆智慧服务的用户接受驱动因素进行了实证研究。在研究过程中，随着文献调查和研究的深入，笔者发现了 UTAUT 在最近几年又获得了发展，基于 UTAUT 的数字孪生及其核心技术用户接受相关文献研究不断出现，反映了学术界对数字孪生用户接受的关注和热情日益高涨。由于个人能力有限,面对基于数字孪生的高校图书馆智慧服务用户接受驱动机理这一命题,各构成部分的分析和驱动因素的提炼难免存在考虑不周全的可能。在后续研究中,笔者将在本研究基础上继续追踪数字孪生及其核心技术用户接受相关研究的进展情况,及时吸收最新、最优秀的成果,对目前的研究模型进一步完善,以使本研究在未来一段时间内仍将具有较大的研究潜力。

参考文献

[1] 饶权.现代图书馆越来越智慧[N].人民日报,2020-11-13(20).

[2] GRIEVES M, VICKERS J. Digital twin: mitigating unpredictable, undesirable emergent behavior in complex systems[J]. Transdisciplinary perspectives on complex systems,2017(8):85-113.

[3] Gartner:如何利用数字孪生帮助企业创造价值[EB/OL].(2020-08-11)[2022-06-05]. http://www.cbdio.com/BigData/2020-08/11/content_6159243.htm.

[4] AITTOLA M, RYHÄNEN T, OJALA T. SmartLibrary-location-aware mobile library service[M]//Lecture notes in computer science. Berlin, Heidelberg: Springer Berlin Heidelberg,2003:411-416.

[5] 刘志勇.智慧服务:网络时代图书馆员的崭新职业理念[J].现代情报,2004,24(2):140-141.

[6] 王世伟.未来图书馆的新模式:智慧图书馆[J].图书馆建设,2011(12):1-5.

[7] 初景利,段美珍.智慧图书馆与智慧服务[J].图书馆建设,2018(4):85-90,95.

[8] 刘炜,刘圣婴.智慧图书馆标准规范体系框架初探[J].图书馆建设,2018(4):91-95.

[9] 严栋.基于物联网的智慧图书馆[J].图书馆学刊,2010,32(7):8-10.

[10] 梁光德.智慧服务:知识经济时代图书馆服务新理念[J].图书馆学研究,2011(6):88-92.

[11] 乌恩.智慧图书馆及其服务模式的构建[J].情报资料工作,2012(5):102-104.

[12] 张延贤,王梅.图书馆智慧服务的概念、内涵与分析[J].现代情报,2013,33(4):34-38.

[13] 田梅.基于关联主义学习理论的智慧图书馆服务模式构建[J].图书馆学研究,2014(19):64-67,46.

[14] 陈远,许亮.面向用户泛在智慧服务的智慧图书馆构建[J].图书馆杂志,2015,34(8):4-9.

[15] 李后卿,董富国.智慧图书馆服务实现策略探析[J].图书馆,2016(5):

80-84.

[16] 刘宝瑞,沈苏阳.用户体验视阈下的智慧图书馆研究[J].图书馆学研究,2017(6):43-47.

[17] 夏立新,白阳,张心怡.融合与重构:智慧图书馆发展新形态[J].中国图书馆学报,2018,44(1):35-49.

[18] 柯平.关于智慧图书馆基本理论的思考[J].国家图书馆学刊,2021,30(4):3-13.

[19] 程焕文,钟远薪.智慧图书馆的三维解析[J].图书馆论坛,2021,41(6):43-55.

[20] 邵波,许苗苗,王怡.数据驱动视野下高校智慧图书馆建设及服务规划:兼论"十四五"时期智慧图书馆发展路径[J].图书情报工作,2021,65(1):41-46.

[21] 胡娟,柯平.我国智慧图书馆的发展现状与发展趋势研究[J].图书馆建设,2022(2):80-89,101.

[22] GLAESSGEN E, STARGEL D. The digital twin paradigm for future NASA and U. S. air force vehicles[C]//53rd AIAA/ASME/ASCE/AHS/ASC structures, structural dynamics and materials conference 2012. vol. 8. Honolulu, Hawaii: AIAA, 2012: 1818.

[23] 德勤.制造业如虎添翼:工业 4.0 与数字孪生[J].软件和集成电路,2018(9):42-49.

[24] 刘大同,郭凯,王本宽,等.数字孪生技术综述与展望[J].仪器仪表学报,2018,39(11):1-10.

[25] 陶飞,刘蔚然,张萌,等.数字孪生五维模型及十大领域应用[J].计算机集成制造系统,2019,25(1):1-18.

[26] 张辰源,陶飞.数字孪生模型评价指标体系[J].计算机集成制造系统,2021,27(8):2171-2186.

[27] 赵沁平.发展数字孪生互联网 支撑虚拟现实深度应用[N].中国电子报,2020-12-01(01).

[28] 赵敏,宁振波.什么是数字孪生?已有哪些应用?终于有人讲明白了[EB/OL].(2020-06-25)[2022-06-05]. https://www.iyiou.com/news/202006251005036.

[29] 李培根.浅说数字孪生[EB/OL].(2020-08-11)[2022-06-05]. https://m.thepaper.cn/baijiahao_8682551.

[30] STARK R, KIND S, NEUMEYER S. Innovations in digital modelling for

next generation manufacturing system design[J]. CIRP annals-manufacturing technology,2017,66(1):169-172.

[31] 李岩冰.基于 ANSYS 平台的数字孪生[EB/OL].(2020-05-14)[2022-06-05]. https://www.infoobs.com/article/20200514/39398.html.

[32] 颜端武,吴鹏,李晓鹏.信息服务活动中用户技术接受行为研究[M].北京:科学出版社,2017.

[33] AJZEN I,FISHBEIN M. Understanding attitudes and predicting social behavior[M]. Englewood Cliffs,NJ:Prentice-Hall,1980.

[34] DAVIS F D,BAGOZZI R P,WARSHAW P R.User acceptance of computer technology:a comparison of two theoretical models[J]. Management science,1989,35(8):982-1003.

[35] AJZEN I. From intentions to actions:a theory of planned behavior[M]//Action control.Berlin,Heidelberg:Springer Berlin Heidelberg,1985:11-39.

[36] TAYLOR S,TODD P A. Understanding information technology usage:a test of competing models[J]. Information systems research,1995,6(2):144-176.

[37] ROGERS E M. Diffusion of innovations[M]. 5th ed. New York:Free Press,2003.

[38] MOORE G C,BENBASAT I. Development of an instrument to measure the perceptions of adopting an information technology innovation[J]. Information systems research,1991,2(3):192-222.

[39] VENKATESH V,MORRIS M G,DAVIS G B,et al. User acceptance of information technology:toward a unified view[J]. MIS quarterly,2003,27(3):425-478.

[40] THOMPSON R L,HIGGINS C A,HOWELL J M.Personal computing:toward a conceptual model of utilization[J]. MIS quarterly,1991,15(1):125-143.

[41] DAVIS F D,BAGOZZI R P,WARSHAW P R. Extrinsic and intrinsic motivation to use computers in the workplace[J]. Journal of applied social psychology,1992,22(14):1111-1132.

[42] BANDURA A. Social foundations of thought and action:a social cognitive theory[M]. Englewood Cliffs,NJ:Prentice-Hall,1986.

[43] 伊安·约翰逊,陈旭炎.智慧城市、智慧图书馆与智慧图书馆员[J].图书馆杂志,2013,32(1):4-7.

[44] 王世伟.论"十四五"期间公共图书馆"全程智能"发展的三重境界[J].图书

馆建设,2020(6):35-46.

[45] 苏伟,陈佳,周华春,等.智慧协同网络中的服务机理研究[J].电子学报,2013,41(7):1255-1260.

[46] 田杰.5G信息管理背景下智慧图书馆VR服务平台构建[J].情报科学,2021,39(5):124-129.

[47] 王世伟.再论智慧图书馆[J].图书馆杂志,2012,31(11):2-7.

[48] 龚娅君.智慧图书馆公共文化服务平台建设研究[J].图书馆工作与研究,2015(12):4-8.

[49] 陈丹,柳益君,罗烨,等.基于用户画像的图书馆个性化智慧服务模型框架构建[J].图书馆工作与研究,2019(6):72-78.

[50] 谢蓉,刘炜.SoLoMo与智慧图书馆[J].大学图书馆学报,2012,30(3):5-10.

[51] 龙朝阳,胡灿,杨思洛.论融合图书馆的理论基础和四大特点:基于康斯坦丁大学图书馆创新实践的分析[J].图书馆,2018(9):58-64.

[52] 孔繁超.基于数字孪生技术的智慧图书馆空间重构研究[J].情报理论与实践,2020,43(8):146-151.

[53] 李玥,王宏起,李长云.云环境下区域科技资源共享平台智慧服务研究[J].学习与探索,2015(7):112-115.

[54] 朱洪波,杨龙祥,金石,等.物联网的协同创新体系与智慧服务产业研究[J].南京邮电大学学报(自然科学版),2014,34(1):1-9.

[55] 郭利敏,刘炜,吴佩娟,等.机器学习在图书馆应用初探:以TensorFlow为例[J].大学图书馆学报,2017,35(6):31-40.

[56] 秦鸿,李泰峰,郭亨艺,等.人脸识别技术在图书馆的应用研究[J].大学图书馆学报,2018,36(6):49-54.

[57] 刘建平,刘宇桐."智能+"时代高校智慧图书馆用户服务体系创新研究[J].情报科学,2020,38(11):33-38.

[58] OYIEKE L I,DICK A L.Empowering academic librarians for effective e-services[J].The electronic library,2017,35(2):263-282.

[59] CHEN L S. Design and implementation of intelligent library system[J]. Library collections, acquisitions, & technical services, 2008, 32(3/4):127-141.

[60] HACK M D,RASSOKHIN D N,BUYCK C,et al. Library enhancement through the wisdom of crowds[J]. Journal of chemical information and modeling,2011,51(12):3275-3286.

[61] GUL S,BANO S. Smart libraries:an emerging and innovative technological habitat of 21st century[J]. The electronic library,2019,37(5):764-783.

[62] MUSTAFA A,NOORHIDAWATI A. Adoption and implementation of evidence-based library acquisition of electronic resources[J]. Malaysian journal of library & information science,2020,25(1):1-29.

[63] GRIOL D,MOLINA J M,CALLEJAS Z. Incorporating android conversational agents in m-learning apps[J]. Expert systems,2017,34(4):e12156.

[64] AGUILAR-MORENO E,MONTOLIU-COLAS R,TORRES-SOSPEDRA J. Indoorpositioning technologies for academic libraries:towards the smart library[J]. Profesional de la informacion,2016,25(2):295-302.

[65] SIMOVIĆ A. A Big Data smart library recommender system for an educational institution[J]. Library hi tech,2018,36(3):498-523.

[66] MOHAMMADI F,ABDULLAH A,NAZARI M. Is the information fit for use? Exploring teachers perceived information quality indicators for Farsi web-based learning resources[J]. Malaysian journal of library & information science,2015,20(1):99-122.

[67] CHEN J P, LI Y H, LI G. The use of intelligent information access technologies in digital libraries[M]//Web information systems-WISE 2006 workshops. Berlin, Heidelberg: Springer Berlin Heidelberg, 2006: 239-250.

[68] RAFIQUE H,ALMAGRABI A O,SHAMIM A,et al. Investigating the acceptance of mobile library applications with an extended technology acceptance model (TAM)[J]. Computers & education,2020,145:103732.

[69] 张兴旺,王璐. 数字孪生技术及其在图书馆中的应用研究:以雄安新区图书馆建设为例[J]. 图书情报工作,2020,64(17):64-73.

[70] 缪远明,赵辰,顾荃莹,等. 硬X射线调制望远镜卫星数字伴飞系统设计与应用[J]. 航天器工程,2018,27(5):46-49.

[71] 庄存波,刘检华,熊辉,等. 产品数字孪生体的内涵、体系结构及其发展趋势[J]. 计算机集成制造系统,2017,23(4):753-768.

[72] 陶飞,程颖,程江峰,等. 数字孪生车间信息物理融合理论与技术[J]. 计算机集成制造系统,2017,23(8):1603-1611.

[73] 王强,霍慧彬,陈展,等. 基于5G边缘计算的全场景智慧校园建设[J]. 中国高校科技,2019(10):94-96.

[74] 朱珂,张莹,李瑞丽. 全息课堂:基于数字孪生的可视化三维学习空间新探

[J]. 远程教育杂志,2020,38(4):38-47.

[75] 姜昌亮. 中俄东线天然气管道工程管理与技术创新[J]. 油气储运,2020,39(2):121- 129.

[76] 张枝实. 数字孪生技术的教育应用研究[J]. 成人教育,2021,41(5):27-32.

[77] 王成山,董博,于浩,等. 智慧城市综合能源系统数字孪生技术及应用[J]. 中国电机工程学报,2021,41(5):1597-1607.

[78] 黄祖广,潘辉,薛瑞娟,等. 基于数字孪生的数控设备互联互通及可视化[J]. 制造技术与机床,2021(1):128-132.

[79] 万昆,李建生,李荣辉. 全息技术及其教育应用前瞻:兼论未来学习环境的发展[J]. 现代远距离教育,2020(6):35-40.

[80] 任涛,于劲松,唐荻音,等. 基于数字孪生的机载光电探测系统性能退化建模研究[J]. 航空兵器,2019,26(2):75-80.

[81] 刘占省,刘子圣,孙佳佳,等. 基于数字孪生的智能建造方法及模型试验[J]. 建筑结构学报,2021,42(6):26-36.

[82] 陈勇,陈燚,裴植,等. 基于文献计量的数字孪生研究进展分析[J]. 中国机械工程,2020,31(7):797-807.

[83] 秦晓珠,张兴旺. 数字孪生技术在物质文化遗产数字化建设中的应用[J]. 情报资料工作,2018(2):103-111.

[84] PANG J J,HUANG Y,XIE Z Z,et al. Collaborative city digital twin for the COVID-19 pandemic:a federated learning solution[J]. Tsinghua science and technology,2021,26(5):759-771.

[85] FULLER A,FAN Z,DAY C,et al. Digital twin:enabling technologies, challenges and open research[J]. IEEE access,2020,8:108952-108971.

[86] SEPASGOZAR S M E. Differentiating digital twin from digital shadow: elucidating a paradigm shift to expedite a smart, sustainable built environment[J]. Buildings,2021,11(4):151.

[87] ABDOLVAND H,DAYMOND M R. Multi-scale modeling and experimental study of twin inception and propagation in hexagonal close-packed materials using a crystal plasticity finite element approach; part Ⅱ: local behavior[J]. Journal of the mechanics and physics of solids,2013,61(3):803-818.

[88] RATHORE M M,SHAH S A,SHUKLA D,et al.The role of AI,machine learning,and big data in digital twinning: a systematic literature review, challenges,and opportunities[J]. IEEE access,2021,9:32030-32052.

[89] ZHANG H J,ZHANG G H,YAN Q. Digital twin-driven cyber-physical

production system towards smart shop-floor[J]. Journal of ambient intelligence and humanized computing,2019,10(11):4439-4453.

[90] QAMSANE Y, MOYNE J, TOOTHMAN M, et al. A methodology to develop and implement digital twin solutions for manufacturing systems [J]. IEEE access,2021,9:44247-44265.

[91] LUO W C, HU T L, YE Y X, et al. A hybrid predictive maintenance approach for CNC machine tool driven by Digital Twin[J]. Robotics and computer-integrated manufacturing,2020,65:101974.

[92] SEPASGOZAR S M E. Digital twin and web-based virtual gaming technologies for online education: a case of construction management and engineering [J]. Applied sciences,2020,10(13):4678.

[93] CORRAL-ACERO J, MARGARA F, MARCINIAK M, et al. The 'Digital Twin' to enable the vision of precision cardiology[J]. European heart journal,2020,41(48):4556-4564.

[94] STOYKOVA E, KANG H, PARK J. Twin-image problem in digital holography: a survey (Invited Paper)[J]. Chinese optics letters,2014,12(6):60013-60024.

[95] CHEN Z, DALY S. Deformation twin identification in magnesium through clustering and computer vision[J]. Materials science and engineering: A, 2018,736:61-75.

[96] BAO J S, GUO D S, LI J, et al. The modelling and operations for the digital twin in the context of manufacturing[J]. Enterprise information systems,2019,13(4):534-556.

[97] CIMINO C, NEGRI E, FUMAGALLI L. Review of digital twin applications in manufacturing[J]. Computers in industry,2019,113:103130.

[98] GUERRA R H, QUIZA R, VILLALONGA A, et al. Digital twin-based optimization for ultraprecision motion systems with backlash and friction [J]. IEEE access,2019,7:93462-93472.

[99] XU L Z, XIE Q. Dynamic production scheduling of digital twin job-shop based on edge computing[J]. Journal of information science and engineering, 2021,37(1):93-105.

[100] KNAPP G L, MUKHERJEE T, ZUBACK J S, et al. Building blocks for a digital twin of additive manufacturing[J]. Acta materialia,2017,135: 390-399.

[101] RUDSKOY A I, KOLBASNIKOV N G. Digital twins of processes of thermomechanical treatment of steel[J]. Metal science and heat treatment, 2020,62(1/2):3-10.

[102] LU Q, XIE X, PARLIKAD A K, et al. Digital twin-enabled anomaly detection for built asset monitoring in operation and maintenance[J]. Automation in construction,2020,118:103277.

[103] BOLTON R N,MCCOLL-KENNEDY J R,CHEUNG L,et al. Customer experience challenges: bringing together digital, physical and social realms[J]. Journal of service management,2018,29(5):776-808.

[104] RASHEED A,SAN O,KVAMSDAL T. Digital twin:values,challenges and enablers from a modeling perspective[J]. IEEE access, 2020, 8: 21980-22012.

[105] CHO C,CHOI B,KANG H,et al. Numerical twin image suppression by nonlinear segmentation mask in digital holography[J]. Optics express, 2012,20(20):22454.

[106] TAO F,CHENG J F,QI Q L,et al. Digital twin-driven product design, manufacturing and service with big data[J]. International journal of advanced manufacturing technology,2018,94(9):3563-3576.

[107] 王璐,张兴旺. 面向全周期管理的数字孪生图书馆理论模型、运行机理与体系构建研究[J]. 图书与情报,2020(5):86-95.

[108] 戚媛媛,邓胜利. 交互式问答服务中用户行为影响因素的实证研究[J]. 情报杂志,2010,29(1):32-36.

[109] 范昊,徐颖慧,曾子明. 智慧图书馆 AI 服务用户接受行为影响因素研究[J]. 图书馆学研究,2021(2):37-47.

[110] 杨金龙,胡广伟,王锰. 移动学习采纳动因及其组态效应[J]. 图书馆论坛,2020,40(2):64-73.

[111] 刘炜. 基于扩展 TTF 和 UTAUT 模型的老年用户社会化网络服务采纳行为研究[J]. 软科学,2015,29(3):120-124.

[112] 黄斐,王佳. 基于感知价值的消费者接受行为模型和实证研究[J]. 商业研究,2013(6):19-27.

[113] 朱红灿,廖小巧. 基于 UTAUT 的公众政府信息获取网络渠道使用意愿模型研究[J]. 情报杂志,2016,35(8):204-207.

[114] 刘婧,刘艳华. 儿童网络阅读行为影响因素的实证研究[J]. 西南民族大学学报(人文社会科学版),2015,36(2):232-238.

[115] 牛晓宏,朱洪涛.用户使用图书开放获取资源意愿的影响因素研究[J].情报理论与实践,2020,43(10):130-136.

[116] 吴金鹏,赵良英.影响学术出版及科研机构实现开放存取(OA)的因素及模型研究[J].图书馆学研究,2012(13):59-64.

[117] 牛艳霞,张耀坤,黄磊.基于UTAUT模型的学术社交网络使用行为影响因素研究[J].图书馆,2020(4):91-97.

[118] 李恩科,许强,郭路杰.高校移动图书馆用户采纳意愿影响因素的实证研究[J].图书馆论坛,2016,36(1):85-93.

[119] 何惠倩,张瑞秋,孙炜,等.互联网医疗患者满意度影响因素分析与研究[J].包装工程,2021,42(22):204-211.

[120] 钟玲玲,王战平,谭春辉.虚拟学术社区用户知识交流影响因素研究[J].情报科学,2020,38(3):137-144.

[121] TAN G W, OOI K. Gender and age: do they really moderate mobile tourism shopping it behavior? [J]. Telematics and informatics, 2018, 35(6): 1617-1642.

[122] AL-AZAWEI A, ALOWAYR A. Predicting the intention to use and hedonic motivation for mobile learning: a comparative study in two Middle Eastern countries[J]. Technology in society, 2020, 62: 101325.

[123] TAVARES J, OLIVEIRA T. Electronic health record patient portal adoption by health care consumers: an acceptance model and survey[J]. Journal of medical internet research, 2016, 18(3): e49.

[124] LAKHAL S, KHECHINE H. Technological factors of students' persistence in online course in higher education: the moderating role of gender, age and prior online course experience[J]. Education and information technologies, 2021, 26(3): 3347-3373.

[125] HAMM J, MONEY A G, ATWAL A. Enabling older adults to carry out paperless falls-risk self-assessments using guidetomeasure-3D: a mixed methods study[J]. Journal of biomedical informatics, 2019, 92: 103135.

[126] KIJSANAYOTIN B, PANNARUNOTHAI S, SPEEDIE S M. Factors influencing health information technology adoption in Thailand's community health centers: applying the UTAUT model[J]. International journal of medical informatics, 2009, 78(6): 404-416.

[127] DULLE F W, MINISHI-MAJANJA M K. The suitability of the unified theory of acceptance and use of technology (UTAUT) model in open

access adoption studies[J]. Information development, 2011, 27(1): 32-45.

[128] VENKATESH V, THONG L, XU X. Consumer acceptance and use of information technology: extending the unified theory of acceptance and use of technology[J]. MIS quarterly, 2012, 36(1): 157-178.

[129] XU F, DU J T. Factors influencing users' satisfaction and loyalty to digital libraries in Chinese universities[J]. Computers in human behavior, 2018, 83: 64-72.

[130] 张全瑜，张艺茹．"社交平台＋电子商务"模式的用户采纳意愿模型分析[J]．商业经济研究，2019(15)：92-95.

[131] 王伟赟，侯茂文．基于 UTAUT 的图书馆电子资源使用意愿研究[J]．图书馆工作与研究，2015(04)：51-54.

[132] 陈根．数字孪生[M]．北京：电子工业出版社，2020：38-48.

[133] TOIVONEN V, LANZ M, NYLUND H, et al. The FMS Training Center: a versatile learning environment for engineering education[J]. Procedia manufacturing, 2018, 23: 135-140.

[134] WANG Q Y, JIAO W H, WANG P, et al. Digital twin for human-robot interactive welding and welder behavior analysis[J]. CAA journal of automatica sinica, 2021, 8(2): 334-343.

[135] WANG B C, ZHOU H Y, YANG G, et al. Human digital twin (HDT) driven human-cyber-physical systems: key technologies and applications [J]. Chinese journal of mechanical engineering, 2022, 35(1): 1-6.

[136] XI W, CONG W. Remote practice methods of survey education for HBIM in the post-pandemic era: case study of Kuiwen pavilion in the temple of Confucius (Qufu, China)[J]. Applied sciences, 2022, 12(2): 708.

[137] JOSHI Y, POULLIS C. Portal to knowledge: a virtual library using marker-less augmented reality system for mobile devices [C]//Optical Architectures for Displays and Sensing in Augmented, Virtual, and Mixed Reality (AR, VR, MR). San Francisco, California, USA, 2020: 321-338.

[138] LIU S G, BA L. Holographic classroom based on digital twin and its application prospect[C]//2020 IEEE 3rd International Conference on Electronics and Communication Engineering (ICECE). Xi'An, China, 2020: 122-126.

[139] 董同强，丁世强．"数智"融合驱动下智慧图书馆服务场景与体系设计[J]．图书馆学研究，2022(1)：2-8.

[140] VENKATESH V,DAVIS F D. A theoretical extension of the technology acceptance model: four longitudinal field studies[J]. Management science, 2000,46(2):186-204.

[141] WANG J,LI X C,WANG P,et al. Research trend of the unified theory of acceptance and use of technology theory:a bibliometric analysis[J]. Sustainability,2021,14(1):10.

[142] 陶飞,张贺,戚庆林,等. 数字孪生十问:分析与思考[J]. 计算机集成制造系统,2020,26(1):1-17.

[143] CHO Y W,IM E T,GIM G. A study on the factors affecting usage intention of digital twin technology in product design[J]. Journal of information technology services,2019,18(3):75-93.

[144] KWOK P K,YAN M,QU T,et al. User acceptance of virtual reality technology for practicing digital twin-based crisis management[J]. International journal of computer integrated manufacturing,2021,34(7/8):874-887.

[145] 李成龙. 基于 UTAUT 模型的建筑软件用户接受行为研究[D]. 保定:河北大学,2016.

[146] MA G F,JIA J Y,DING J Y,et al. Interpretive structural model based factor analysis of BIM adoption in Chinese construction organizations [J]. Sustainability,2019,11(7):1982.

[147] LIU N,RUAN L,JIN R Y,et al. Investigation of individual perceptions towards BIM implementation:a Chongqing case study[J]. Engineering, construction and architectural management,2019,26(7):1455-1475.

[148] HONG,LEE,KIM,et al. Acceptance model for mobile building information modeling (BIM)[J]. Applied sciences,2019,9(18):3668.

[149] 黄涅熹. 整合 TTF 与 VAM 视角的 RFID 手机支付用户使用意愿研究[D]. 杭州:浙江大学,2012.

[150] 谷高全. RFID 在大型设备维修管理中的 TAM 实证研究[D]. 武汉:武汉纺织大学,2012.

[151] 赵英,张美,谢彩云. 用户接受手机物联网的影响因素的实证研究[J]. 西南民族大学学报(人文社会科学版),2014,35(2):133-138.

[152] 刘影,范鹏飞. 基于 UTAUT 理论的物联网应用用户接受实证研究[J]. 南京邮电大学学报(社会科学版),2016,18(1)39-48,82.

[153] LEEMJEI-UK. The study on factors affecting RFID product toward chinese

consumers' attitude and purchase intention based on information type[J]. The academy of customer satisfaction management,2007,9(1):39-58.

[154] LEE M S. The effect of trust and perceived risk on the RFID[J]. Journal of industrial economics and business,2007,20(6):2509-2538.

[155] 方珊,吴忠. 大数据环境下 C2C 电子商务消费者行为实证研究[J]. 上海工程技术大学学报,2015,29(2)163-168.

[156] KIM J S,SONG T M. A study on initial characterization of big data technology acceptance-moderating role of technology user & technology utilizer[J].The journal of the korea contents association,2014,14(9):538-555.

[157] AL-RAHMI W M,YAHAYA N,ALDRAIWEESH A A,et al. Big data adoption and knowledge management sharing:an empirical investigation on their adoption and sustainability as a purpose of education[J]. IEEE access,2019,7:47245-47258.

[158] 于小会. 云计算用户采纳行为研究[D]. 济南:山东财经大学,2013.

[159] 刘吉立. 中小企业云计算产品采纳意愿影响因素分析[D]. 武汉:湖北大学,2014.

[160] 沈千里. 企业用户云计算服务采纳行为及促进机制与对策研究[D]. 上海:东华大学,2018.

[161] KIM J W,KIM Y G.The effect of perceived risk and trust on users' acceptance of cloud computing:mobile cloud computing[J]. Journal of society of Korea industrial and systems engineering,2012,35(3):70-76.

[162] BHATIASEVI V,NAGLIS M. Investigating the structural relationship for the determinants of cloud computing adoption in education[J]. Education and information technologies,2016,21(5):1197-1223.

[163] AL-SABER A R. Discovering consumer intentions toward the adoption of cloud computing in higher education institutions in Kuwait[J]. International journal of education,learning and development,2017,5(4):1-24.

[164] CHANGCHIT C,CHUCHUEN C. Cloud computing:an examination of factors impacting users' adoption[J]. Journal of computer information systems,2018,58(1):1-9.

[165] 项益鸣. 模拟现实服务的虚拟服务技术继续使用意向研究:基于虚拟和现实一致性的解释[D]. 杭州:浙江大学,2015.

[166] 于佳. 基于技术接受模型的 VR 眼镜使用意愿研究[D]. 深圳:深圳大

学，2018.
[167] 方翌舟. VR 环境下工程安全培训使用意向影响因素研究[J]. 项目管理技术，2019，17(12)：73-77.
[168] 程娟. MAR 技术支持下文化旅游的教育传播效果研究[D]. 武汉：武汉大学，2019.
[169] 任雪晴. 基于 UTAUT 模型的高校图书馆用户使用 VR 技术意愿实证研究[D]. 天津：天津工业大学，2020.
[170] 王铎，陶冰心，郑国梦. 基于期望与确认理论的 VR 图书馆服务用户持续使用行为影响因素研究[J]. 现代情报，2020，40(8)：111-120.
[171] HYE R J. Study on factors affecting intention to use AR tourism application[J]. Journal of the Korea society of digital industry and information management，2018，14(4)：135-148.
[172] PARK S W，JEONG U. A study on consumer's intention to accept new information media technology in local event field[J]. Korean journal of hospitality & tourism，2019，28(5)：15-30.
[173] GYU C B. Roles of trust in technology acceptance of augmented reality [J]. Journal of venture Innovation，2019，2(2)：1-19.
[174] CABERO-ALMENARA J，FERNÁNDEZ-BATANERO J M，BARROSO-OSUNA J. Adoption of augmented reality technology by university students[J]. Heliyon，2019，5(5)：e01597.
[175] LI Z，JOON Y，LIU Z Y. A study on factors affecting the use intention of virtual reality (VR) devices：based on UTAUT and VAM model[J]. Journal of the Korea society of computer and information，2019，24(4)：35-43.
[176] HAMMADY R，MA M H，STRATHEARN C. Ambient information visualisation and visitors' technology acceptance of mixed reality in museums[J]. Journal on computing and cultural heritage，13(2)：1-22.
[177] SAPRIKIS V，AVLOGIARIS G，KATARACHIA A. Determinants of the intention to adopt mobile augmented reality apps in shopping malls among university students[J]. Journal of theoretical and applied electronic commerce research，2020，16(3)：491-512.
[178] 王林，荆林波. 用户对人工智能设备的接受意愿研究[J]. 产业经济评论，2020(3)：93-107.
[179] HWANG Y，PARK S，CHOI S M. A study of the factors influencing

attitude and behavioral intentions toward AI speakers among non-users [J]. Journal of media economics & culture,2020,18(1):31-71.

[180] LEE K S,YU J,LIM S A. A study on factors affecting the intention to use artificial intelligence(AI) speakers: focusing on the extended technology acceptance model(E-TAM)[J].The society of convergence knowledge transactions,2020,8(4):59-69.

[181] DONOGHUE I, HANNOLA L, MIKKOLA A. The value of digital twins and IoT based services in creating lifecycle value in B2B manufacturing companies[C]//2019 Portland International Conference on Management of Engineering and Technology(PICMET).Portland, OR,USA. IEEE,2019:1-6.

[182] ALRESHIDI E,MOURSHED M,REZGUI Y. Factors for effective BIM governance[J]. Journal of building engineering,2017,10:89-101.

[183] DEBNATH A,KOBRA K T,RAWSHAN P P,et al. An explication of acceptability of wearable devices in context of Bangladesh:a user study [C]//2018 IEEE 6th International Conference on Future Internet of Things and Cloud(FiCloud). Barcelona,Spain. IEEE,2018:136-140.

[184] ZHAN M, WIDÉN G. Public libraries: roles in big data[J]. The electronic library,2018,36(1):133-145.

[185] LEDERER C,ALTSTADT S,ANDRIAMONJE S. Factors affecting the continuous use of cloud computing services from expert's perspective [C]//2017 IEEE Region 10 Conference,TENCON 2017. Penang,Malaysia, 2017:986-991.

[186] 朱娅阳.智慧博物馆视阈下南京博物院的受众体验研究[D].武汉:华中师范大学,2017.

[187] OKADA A,KOWALSKI R P G,KIRNER C,et al. Factors influencing teachers' adoption of AR inquiry games to foster skills for responsible research and innovation[J]. Interactive learning environments,2019,27(3): 324-335.

[188] HUYNH B, IBRAHIM A, CHANG Y S, et al.User perception of situated product recommendations in augmented reality[J]. International journal of semantic computing,2019,13(3):289-310.

[189] DURAK H Y,SARITEPECI M,CAM F B.Examination of university students' opinions on use of augmented reality technology in archeology

field[J]. Journal of qualitative research in education-egitimde nitel arastirmalar dergisi,2020,8(1):156-179.

[190] 许丽颖,喻丰.机器人接受度的影响因素[J].科学通报,2020,65(6):496-510.

[191] YU K,HUANG G.Exploring consumers′ intent to use smart libraries with technology acceptance model[J].Electronic library,2020,38(3):447-461.

[192] CHATTERJEE S,BHATTACHARJEE K K.Adoption of artificial intelligence in higher education:a quantitative analysis using structural equation modelling[J].Education and information technologies,2020,25(5):3443-3463.

[193] 陶飞,刘蔚然,刘检华,等.数字孪生及其应用探索[J].计算机集成制造系统,2018,24(1):1-18.

[194] SONG J,WANG G,LIU Z,et al. Key factors affecting BIM adoption in China based on TOE&RC[C].Proceedings of the 2016 International Conference on Mechanics,Materials and Structural Engineering (ICMMSE). Paris:Atlantis Press,2016:103-108.

[195] BECKER A S. RFID迅速发展的关键因素是技术可接受性和互可操作性[J].电子产品世界,2002,9(2):61-63,24.

[196] 李文川.企业RFID技术采纳行为研究进展[J].信息系统学报,2014,8(2):98-108.

[197] LEE S M,PARK S H,YOON S N,et al.RFID based ubiquitous commerce and consumer trust[J].Industrial management & data systems,2007,107(5):605-617.

[198] JEONG S.The effects of trust and perceived risk for the RFID acceptance intention in the companies[J].Entrue journal of information technology,2010,9(1):61-76.

[199] MEDEIROS M L.Marking the city:interactions in multiple space scales in virtual reality[C]//2019 IEEE International Symposium on Mixed and Augmented Reality Adjunct (ISMAR-Adjunct).Beijing,China,2019:465-469.

[200] ARDAGNA C A,CERAVOLO P,DAMIANI E. Big data analytics as-a-service:Issues and challenges[C]//2016 IEEE International Conference on Big Data (Big Data). Washington,USA,2016:3638-3644.

[201] 孙振曦. 云服务采纳意愿决定因素:基于创新属性和信息化程度[C]//工程和商业管理国际学术会议. 上海,2012:3451-3453.

[202] 程慧平,王建亚. 面向个人用户的云服务采纳行为研究述评[J]. 情报资料工作,2017(6):68-73.

[203] 陈鹤阳. 基于元分析的云计算用户采纳行为影响因素研究[J]. 图书馆杂志,2018,37(4):86-94.

[204] BUCEA-MANEA-ŢONIŞ R,BUCEA-MANEA-ŢONIŞ R,SIMION V E,et al. Sustainability in higher education: the relationship between work-life balance and XR E-learning facilities[J]. Sustainability,2020,12(14):5872.

[205] SORKO S R,KOMAR J. Qualitative acceptance model of augmented reality from the perspective of personalists[J]. Tehnicki glasnik-technical journal, 2020,14(3):352-359.

[206] SANCHEZ PRIETO J C, CRUZ BENITO J, THERON R, et al. Assessed by machines: development of a TAM-based tool to measure AI-based assessment acceptance among students[J]. International journal of interactive multimedia and artificial intelligence,2020,6(4):80-86.

[207] SÁNCHEZ-PRIETO J C,CRUZ-BENITO J,THERÓN R,et al. How to measure teachers′ acceptance of AI-driven assessment in eLearning: a TAM-based proposal[C]//Proceedings of the Seventh International Conference on Technological Ecosystems for Enhancing Multiculturality. New York:ACM,2019:181-186.

[208] GREIFENEDER E,GDE M. Adventures in Winter Wonderland-observing user behaviour in a digital twin bookstore[C]//ISIC: the Information Behaviour Conference,Pretoria,South Africa,2020,25(4):isic2028.

[209] TAGLIABUE L C,CECCONI F R,MALTESE S,et al. Leveraging digital twin for sustainability assessment of an educational building[J]. Sustainability,2021,13(2):480.

[210] 郭文强. 基于"BIM+VR"的建筑可视化设计方法及应用研究[D]. 北京:北京交通大学,2017.

[211] KUBICKI S, LEPREUX S, LEBRUN Y, et al. New human-computer interactions using tangible objects: application on a digital tabletop with RFID technology[C]//International Conference on Human-Computer Interaction (HCI International 2009). San Diego,USA,2009,5612:446-455.

[212] TROISI O,D'ARCO M,LOIA F,et al. Big data management: the case of

Mulino Bianco's engagement platform for value co-creation[J]. International journal of engineering business management,2018(10):1-8.

[213] WU W, LAN L W, LEE Y. Factors hindering acceptance of using cloud services in university:a case study[J]. Electronic library,2013,31(1):84-98.

[214] HUANG H M,LIAW S S. A case study of augmented reality e-book for e-commerce learning[C]//International Conference on Social,Education and Management Engineering.Lancaster,PA:Destech Publications,Inc. , 2014:233-236.

[215] HYE L J,DIAZ-KOMMONEN L,XIAO Y. Applying embodied design improvisation for physical interaction in augmented and virtual reality [J]. Archives of design research,2019,32(2):5-17.

[216] KIM J,SONG J H. Exploring key factors affecting the success of high-tech retailers: 13 retail cases adopting AR (augmented reality) or VR (virtual reality) or AI (artificial intelligence) or automated store[J]. The academy of customer satisfaction management,2019,21(3):91-122.

[217] WILLIAMS M D,RANA N P,DWIVEDI Y K. The unified theory of acceptance and use of technology (UTAUT): a literature review[J]. Journal of enterprise information management,2015,28(3):443-488.

[218] ALAJMI M A.The acceptance and use of electronic information resources among faculty of selected Gulf Cooperation Council States universities [J]. Information development,2019,35(3):447-466.

[219] CHARLES B. What critical factors forecast student-teachers utilization of online learning system in the University of Education,Ghana during the Covid19 pandemic? [J]. Education and information technologies, 2022,27(8):11-14.

[220] 杨方铭,张志强. 电子书用户使用意愿影响模型构建与实证[J]. 图书情报工作,2020,64(9):85-94.

[221] BAUER R A. Consumer behavior as risk taking[J]. Marketing: critical perspectives on business and management,1967:13-21.

[222] IGBARIA M. User acceptance of microcomputer technology:an empirical test [J]. Omega,1993,21(1):73-90.

[223] CHOI H O. An analysis of elementary school teachers' intention to use VR and AR in education[J].The journal of future education, 2018, 8(1):59-81.

[224] BRETZ R, SCHMIDBAUER M. Media for interactive communication [M]. London: Sage Publications, 1983.

[225] LEE S, AHN J, JAHNG J. The effect of perceived interactivity's mediator role on mobile contents users' attitude and behavioral intention [J]. Asia pacific journal of information systems, 2006, 16(3): 205-227.

[226] DÍAZ R G, YU Q T, DING Y Z, et al. Digital twin coaching for physical activities: a survey[J]. Sensors (Basel, Switzerland), 2020, 20(20): 5936.

[227] HSU C L, LIN Y H, CHEN M C, et al. Investigating the determinants of e-book adoption[J]. Program electronic library & information systems, 2017, 51(1): 2-16.

[228] CITRIN A V, SPROTT D E, SILVERMAN S N, et al. Adoption of internet shopping: the role of cosumer innovativeness [J]. Industrial management & data systems, 2000, 100(7): 294-300.

[229] THAKUR R, SRIVASTAVA M. Adoption readiness, personal innovativeness, perceived risk and usage intention across customer groups for mobile payment services in India[J]. Internet research, 2014, 24(3): 369-392.

[230] SHIBL R, LAWLEY M, DEBUSE J. Factors influencing decision support system acceptance[J]. Decision support systems, 2013, 54(2): 953-961.

[231] SHIVDAS A, MENON D G, NAIR C S. Antecedents of acceptance and use of a digital library system Experience from a Tier 3 Indian city[J]. The electronic library, 2020, 38(1): 170-185.

[232] WANG Y S, WU M C, WANG H Y. Investigating the determinants and age and gender differences in the acceptance of mobile learning [J]. British journal of educational technology, 2009, 40(1): 92-118.

[233] BURTON-JONES A, HUBONA G S. Individual differences and usage behavior: revisiting a technology acceptance model assumption[J]. ACM SIGMIS database: the database for advances in information systems, 2005, 36(2): 58-77.

[234] MORRIS M G, VENKATESH V. Age differences in technology adoption decisions: implications for a changing work force[J]. Personnel psychology, 2000, 53(2): 375-403.

[235] RAHMAN A, JAMALUDIN A, MAHMUD Z. Intention to use digital library based on modified UTAUT model: perspectives of Malaysian postgraduate students [J]. proceedings of world academy of science

engineering & technology,2011,75:116-122.

[236] LIN C P, ANOL B. Learning online social support: an investigation of network information technology based on UTAUT[J]. Cyberpsychology & behavior the impact of the internet multimedia & virtual reality on behavior & society,2008,11(3):268-272.

[237] NUNNALLY J C. Psychometric theory[J]. American educational research journal,1978,5(3):83.

[238] MEUTER M L, OSTROM A L, ROUNDTREE R I, et al. Self-service technologies: understanding customer satisfaction with technology-based service encounters[J]. Journal of marketing,2000,64(3):50-64.

[239] VENKATESH V, BROWN S A. A longitudinal investigation of personal computers in homes: adoption determinants and emerging challenges[J]. MIS quarterly,2001,25(1):71-102.

[240] WARSHAW P R. A new model for predicting behavioral intentions: an alternative to Fishbein[J]. Journal of marketing research,1980,17(2):153-172.

[241] MARTIN GARCIA A V, GARCIA DEL DUJO A, MUNOZ RODRIGUEZ J M. Determinants of blended learning adoption in higher education. adaptation of the UTAUT model[J]. Educacion xx1,2014,17(2):217-240.

[242] SUMAK B, POLANCIC G, HERICKO M. An empirical study of virtual learning environment adoption using UTAUT[C]//Second International Conference on Mobile, Hybrid, and On-line Learning. Saint Maarten, Netherlands Antilles,2010:17-22.

[243] GUPTA B, DASGUPTA S, GUPTA A. Adoption of ICT in a government organization in a developing country: an empirical study[J]. The journal of strategic information systems,2008,17(2):140-154.

[244] BLANKERTZ D F, COX D F. Risk taking and information handling in consumer behavior[J]. Journal of marketing research,1969,6(1):110.

[245] ROSELIUS T. Consumer rankings of risk reduction methods[J]. Journal of marketing,1971,35(1):56-61.

[246] JACOBY J, KAPLAN L B. The components of perceived risk[J]. Advances in consumer research,1972,3(3):1-19.

[247] STONE R N, GRØNHAUG K. Perceived risk: further considerations for the marketing discipline[J]. European journal of marketing, 1993, 27(3):

39-50.

[248] NEWHAGEN J,CORDES J W,LEVY M. Nightly@nbc. com:audience scope and the perception of interactivity in viewer mail on the Internet [J]. Journal of communication,1995,45(3):164-175.

[249] LIU Y P. Developing a scale to measure the interactivity of websites[J]. Journal of advertising research,2003,43(2):207-216.

[250] WU G. Conceptualizing and measuring the perceived interactivity of websites[J]. Journal of current issues & research in advertising,2006, 28(1):87-104.

[251] YOO W S,LEE Y.The role of interactivity in e-tailing:creating value and increasing satisfaction[J].Journal of retailing and consumer services,2010, 17(2):89-96.

[252] MCALLISTER D J. Affect- and cognition-based trust as foundations for interpersonal cooperation in organizations[J].Academy of management journal,1995,38(1):24-59.

[253] KOMIAK S X,BENBASAT I.Understanding customer trust in agent-mediated electronic commerce, web-mediated electronic commerce, and traditional commerce[J].Information technology and management,2004, 5(1/2):181-207.

[254] VANCE A,ELIE-DIT-COSAQUE C,STRAUB D W. Examining trust in information technology artifacts:the effects of system quality and culture[J]. Journal of management information systems,2008,24(4):73-100.

[255] LEE J H,SONG C H. Effects of trust and perceived risk on user acceptance of a new technology service[J].Social behavior & personality: an international journal,2013,41(4):587-597.

[256] MIDGLEY D F,DOWLING G R. Innovativeness: the concept and its measurement[J]. Journal of consumer research,1978,4(4):229-242.

[257] AGARWAL R,PRASAD J. A conceptual and operational definition of personal innovativeness in the domain of information technology[J]. Information systems research,1998,9(2):204-215.

[258] VAN RAAIJ E M,SCHEPERS J J L.The acceptance and use of a virtual learning environment in China[J]. Computers & education,2008,50(3): 838-852.

[259] 明均仁. 移动图书馆的用户接受研究[D]. 武汉:武汉大学,2013.

[260] LIU L,SU X,AKRAM U,et al. The user acceptance behavior to mobile digital libraries[J]. International journal of enterprise information systems, 2020,16(2):38-53.

[261] TABACHNICK B G,FIDELL L S. Using multivariate statistics[M]. 5th ed. Boston:Pearson/Allyn & Bacon,2007.

[262] 金志成,何艳茹. 心理实验设计及其数据处理[M]. 2 版. 广州:广东高等教育出版社,2005.

[263] ETIKAN I,MUSA S A,ALKASSIM R S. Comparison of convenience sampling and purposive sampling[J]. American journal of theoretical and applied statistics,2015,5(1):1-4.

[264] 邱皓政,林碧芳. 结构方程模型的原理与应用[M]. 北京:中国轻工业出版社,2009.

[265] 吴明隆. 结构方程模型:AMOS 的操作与应用[M]. 重庆:重庆大学出版社,2009:5-6.

[266] GORSUCH R L. Factor analysis[M]. 2nd ed. New Jersey: Lawrence Erlbaum Associates,1983.

[267] HAIR J F,ANDERSON R E,TATHAM R L,et al. Multivariate data analysis fifth edition[M]. Upper Saddle River, New Jersey: Prentice Hall,1998.

[268] BAGOZZI R P,YI Y. On the evaluation of structural equation models [J]. Journal of the academy of marketing science,1988,16(1):74-94.

[269] KAISER H F. A second generation little jiffy[J]. Psychometrika,1970, 35(4):401-415.

[270] FORNELL C,LARCKER D F. Evaluating structural equation models with unobservable variables and measurement error[J]. Journal of marketing research,1981,18(1):39-50.

[271] JÖRESKOG K G. A general method for estimating a linear structural equation system[J]. ETS research bulletin series,1970(2):1-41.

[272] SEGARS A,GROVER V. Reexamining perceived ease of use and usefulness:a confirmatory factor-analysis[J]. MIS quarterly,1993,17:517-525.

[273] DOLL W J,XIA W D,TORKZADEH G. A confirmatory factor analysis of the end-user computing satisfaction instrument[J]. MIS quarterly, 1994,18(4):453-461.

[274] BROWNE M W,CUDECK R. Alternative ways of assessing model fit

[J]. Sociological methods & research,1992,21(2):230-258.

[275] ULLMAN J B,B ENTLER P M. Structural equation modeling with robust covariances[M]. New York:John Wiley & Sons,Inc. ,2003.

[276] 侯杰泰,温忠麟,成子娟. 结构方程模型及其应用[M]. 北京:教育科学出版社,2004.

[277] BOLLEN K A. Structural equations with latent variables[M]. New York:John Wiley & Sons Inc. ,1989.

[278] BENTLER P M. Comparative fit indexes in structural models[J]. Psychological bulletin,1990,107(2):238.

[279] MULAIK S A,JAMES L R,VAN ALTINE J,et al. Evaluation of goodness-of-fit indices forstructural equation models[J]. Psychological bulletin,1989,105(3):430-445.

[280] MEDSKER G J,WILLIAMS L J,HOLAHAN P J. A review of current practices for evaluating causal models in organizational behavior and human resources management research[J]. Journal of management, 1994,20(2):439-464.

[281] RITTER T,GEMÜNDEN H G. The impact of a company's business strategy on its technological competence, network competence and innovation success[J]. Journal of business research,2004,57(5):548-556.

[282] WHEATON B,MUTHÉN B,ALWIN D,et al. Assessing reliability and stability in panel models[J]. Sociological methodogy,1977,8:84-136.

[283] SCHUMACKER R E,LOMAX R G. A beginner's guide to structural equation modeling[M]. Mahwah,NJ:Psychology press,2004.

[284] BARON R M,KENNY D A. The moderator-mediator variable distinction in social psychological research: conceptual, strategic, and statistical considerations[J]. Journal of personality and social psychology,1986, 51(6):1173-1182.

[285] 张伟豪,徐茂洲,苏荣海. 与结构方程模型共舞:曙光初现[M]. 厦门:厦门大学出版社,2020.

[286] BAUMERGARTNER H, HOMBURG C. Applications of structural equation modeling in marketing and consumer research: a review[J]. International journal of research in marketing,1996,13(2):139-161.

[287] 陈文沛,刘伟,李忆. 消费者创新性、消费者特性与新产品采用行为关系的实证研究[J]. 管理评论,2010,22(5):35-41,62.

[288] KIM H J,LEE J M,RHA J Y. Understanding the role of user resistance on mobile learning usage among university students[J]. Computers & education,2017,113:108-118.

[289] ABUSHANAB E,PEARSON J M. Internet banking in Jordan: the unified theory of acceptance and use of technology (UTAUT) perspective[J]. Journal of systems and information technology,2007,9(1):78-97.

[290] EL-MASRI M,TARHINI A. Factors affecting the adoption of e-learning systems in Qatar and USA:extending the Unified Theory of Acceptance and Use of Technology 2 (UTAUT2)[J].Educational technology research and development,2017,65(3):743-763.

[291] HAMIDI H,CHAVOSHI A.Analysis of the essential factors for the adoption of mobile learning in higher education:a case study of students of the University of Technology[J]. Telematics and informatics,2018,35(4):1053-1070.

[292] AL-NATOUR S,BENBASAT I. The adoption and use of IT artifacts:a new interaction-centric model for the study of user-artifact relationships [J].Journal of the association for information systems,2009,10(9):661-685.

[293] LIU Y P,SHRUM L J. What is interactivity and is it always such a good thing? implications of definition,person,and situation for the influence of interactivity on advertising effectiveness[J]. Journal of advertising, 2002,31(4):53-64.

[294] FEATHERMAN M S,PAVLOU P A. Predicting e-services adoption:a perceived risk facets perspective[J].International journal of human-computer studies,2003,59(4):451-474.

[295] 陶飞,马昕,胡天亮,等.数字孪生标准体系[J].计算机集成制造系统,2019,25(10):2405-2418.

附录 调查问卷

尊敬的老师及同学：

您好！非常感谢您参与本次问卷调查。

本调查旨在探讨高校师生用户对基于数字孪生的高校图书馆智慧服务的接受情况。请根据您的真实感受填写问卷，您的一切回答仅供学术研究之用，我们承诺对您的资料予以保密并妥善保管。

填写本问卷大概需要耽误您十分钟时间，您的回答对我们的研究十分重要，在此衷心感谢您的参与和合作！如果您对数字孪生技术比较陌生，请先阅读下面这段描述。

[备注] 基于数字孪生的高校图书馆智慧服务主要是由物理图书馆、虚拟图书馆、基于数字孪生的智慧服务、数字孪生数据及连接五部分组成，利用物理图书馆感知设备采集用户行为数据、监测智慧服务中全要素轨迹数据，在虚拟图书馆中建立虚拟模型，并对该模型实行数据和模型双驱动，实现高校图书馆智慧服务全生命周期的虚实交互闭环优化。

数字孪生技术在高校图书馆智慧服务的应用场景举例说明。

场景 1：基于数字孪生的智慧阅读服务

高校图书馆依托数字孪生技术还原图书馆物理场景，以三维数字化呈现的方式将物理图书馆智慧导航服务中的资源数据融入虚拟空间，将物理图书馆馆藏和虚拟图书馆馆藏连接为一个有机整体，实现物理图书馆与虚拟图书馆的智能书架、图书定位设备等全息互联。用户可以使用无标记的 AR 系统在物理空间中与虚拟图书馆进行交互体验，当用户对虚拟图书馆中一本图书资源进行“凝视”，该行为被跟踪并映射到智慧阅读服务系统的虚拟库中，随后用户可以获得该图书的数字版本下载和阅读服务。如图 1 所示。

场景 2：基于数字孪生的智慧教学服务

基于数字孪生的智慧教学服务能够突破高校图书馆物理条件的限制，通过立体影像采集与重建技术、全息投影技术以及 5G 传输技术，实现信息素养教学沉浸式远程互动模式，用户可以利用混合现实眼镜和体感设备与数字孪生教师实时互动，提升用户学习成效与体验。同时，结合数字孪生技术可以采集学生用户数据，创建学生用户的孪生画像，描述学生的全学习过程，帮助学生进行客

图 1　基于数字孪生的智慧阅读服务①

观的自我评价，使学生更加明确自己的学习目标和动机。基于数字孪生的智慧教学服务如图 2 所示。

图 2　基于数字孪生的智慧教学服务②

---

① Joshi Y，Poullis C. Portal to knowledge：a virtual library using marker-less augmented reality system for mobile devices[C]//Optical Architectures for Displays and Sensing in Augmented，Virtual，and Mixed Reality(AR，VR，MR)，2020，11310：321-338.

② 联想展示未来教室全景：三维全息影像＋数字孪生教师[EB/OL].（2020-10-29）[2020-12-01]. https：//baijiahao. baidu. com/s? id＝1681879305887296723&wfr＝spider&for＝pc.

第一部分 个人基本信息(注:请在相符的选项上打√)

Q1 您的性别:

□ A 男 □ B 女

Q2 您的年龄:

□ A 25 岁以下 □ B 25～34 岁 □ C 35～44 岁 □ D 45～54 岁

□ E 55 岁以上

Q3 您目前的身份:

□ A 学生 □ B 教师

Q4 您的专业:

□ A 文科 □ B 理工科

Q5 您目前的学历是:

□ A 专科 □ B 本科 □ C 硕士研究生 □ D 博士研究生

Q6 您最希望图书馆基于数字孪生技术提供哪些智慧服务?(可多选)

□ A 机器人参考咨询

□ B 可视化场景阅读

□ C 图书自助借阅

□ D 数字资源可视化分析

□ E 信息素养场景化教学

□ F 信息精准推送

□ G 虚拟互动体验空间

□ H 虚拟图书馆馆藏架位导航

□ I 虚拟图书馆座位预约

□ J 学科协同服务

□ K 智能安防监控

□ L 资源一站式检索

Q7 您对数字孪生技术的了解程度:

□ A 比较了解 □ B 一般了解 □ C 不太清楚 □ D 完全没听过

第二部分 用户接受基于数字孪生技术的图书馆智慧服务行为调查

请您根据您自己的判断,对下面的情形打分。回答时采用 5 分制,分数越高表示同意程度越高,分数越低表示反对程度越高。即:“1”表示非常不同意,“2”

表示不同意，“3”表示不确定，“4”表示同意，“5”表示非常同意。

1. 绩效期望方面

PE1 我通过基于数字孪生的图书馆智慧服务实时获得精准信息

非常不同意 □1 □2 □3 □4 □5 非常同意

PE2 我通过基于数字孪生的图书馆智慧服务提高学习或工作效率

非常不同意 □1 □2 □3 □4 □5 非常同意

PE3 我通过基于数字孪生的图书馆智慧服务提升学习或工作质量

非常不同意 □1 □2 □3 □4 □5 非常同意

2. 努力期望方面

EE1 我很容易接受基于数字孪生的图书馆智慧服务

非常不同意 □1 □2 □3 □4 □5 非常同意

EE2 我很容易通过基于数字孪生的图书馆智慧服务查询到我所需要的信息

非常不同意 □1 □2 □3 □4 □5 非常同意

EE3 我了解怎样使用基于数字孪生的图书馆智慧服务

非常不同意 □1 □2 □3 □4 □5 非常同意

3. 社会影响方面

SI1 对我而言很重要的人，将会影响我使用基于数字孪生的图书馆智慧服务的决定

非常不同意 □1 □2 □3 □4 □5 非常同意

SI2 如果同学或者同事推荐，我将使用基于数字孪生的图书馆智慧服务

非常不同意 □1 □2 □3 □4 □5 非常同意

SI3 传媒宣传推广会促使我使用基于数字孪生的图书馆智慧服务

非常不同意 □1 □2 □3 □4 □5 非常同意

4. 促成因素方面

FC1 我拥有使用基于数字孪生的图书馆智慧服务的设备基础

非常不同意 □1 □2 □3 □4 □5 非常同意

FC2 我拥有使用基于数字孪生的图书馆智慧服务所必需的能力和知识

非常不同意 □1 □2 □3 □4 □5 非常同意

FC3 我有使用基于数字孪生的图书馆智慧服务的需求

非常不同意 □1 □2 □3 □4 □5 非常同意

FC4 我有使用基于数字孪生的图书馆智慧服务的相关经验

非常不同意 □1 □2 □3 □4 □5 非常同意

5. 感知风险方面

PR1 我认为开通和使用基于数字孪生的图书馆智慧服务花费很多时间

非常不同意 □1 □2 □3 □4 □5 非常同意

PR2 我认为使用基于数字孪生的图书馆智慧服务所花费的设备资金比不使用时花费多

非常不同意 □1 □2 □3 □4 □5 非常同意

PR3 我担心基于数字孪生的图书馆智慧服务会造成个人信息泄露

非常不同意 □1 □2 □3 □4 □5 非常同意

PR4 我担心基于数字孪生的图书馆智慧服务体验效果

非常不同意 □1 □2 □3 □4 □5 非常同意

6. 感知交互性方面

PI1 我通过基于数字孪生的图书馆智慧服务提升虚实交互体验感

非常不同意 □1 □2 □3 □4 □5 非常同意

PI2 我将能够从基于数字孪生的图书馆智慧服务获得问题的相关启发

非常不同意 □1 □2 □3 □4 □5 非常同意

PI3 我将能够与基于数字孪生的图书馆智慧服务中其他对象(人、物、系统等)互动

非常不同意 □1 □2 □3 □4 □5 非常同意

PI4 我将能够从基于数字孪生的图书馆智慧服务中获得我需要的反馈

非常不同意 □1 □2 □3 □4 □5 非常同意

7. 感知信任方面

PT1 数字孪生技术可以更好地满足用户个性化需求

非常不同意 □1 □2 □3 □4 □5 非常同意

PT2 基于数字孪生的图书馆智慧服务可以提供我所需要的服务项目

非常不同意 □1 □2 □3 □4 □5 非常同意

PT3 我认为数字孪生技术可以在图书馆实现推广

非常不同意 □1 □2 □3 □4 □5 非常同意

PT4 我认为基于数字孪生的图书馆智慧服务是可以信赖的

非常不同意 □1 □2 □3 □4 □5 非常同意

8. 用户创新性方面

UI1 我对基于数字孪生的图书馆智慧服务感到好奇

非常不同意 □1 □2 □3 □4 □5 非常同意

UI2 我是一个勇于尝试新事物的人

非常不同意 □1 □2 □3 □4 □5 非常同意

UI3 我认为尝试基于数字孪生的图书馆智慧服务很有趣

非常不同意 □1 □2 □3 □4 □5 非常同意

UI4 我认为基于数字孪生的图书馆智慧服务能随着用户需求变化灵活调整和更新

非常不同意 □1 □2 □3 □4 □5 非常同意

9. 采纳意愿方面

AI1 我愿意了解和使用数字孪生技术

非常不同意 □1 □2 □3 □4 □5 非常同意

AI2 我愿意把基于数字孪生的图书馆智慧服务推荐给别人使用

非常不同意 □1 □2 □3 □4 □5 非常同意

AI3 我认为图书馆应该开展基于数字孪生的智慧服务

非常不同意 □1 □2 □3 □4 □5 非常同意

10. 采纳行为方面

AB1 我决定使用基于数字孪生的图书馆智慧服务

非常不同意 □1 □2 □3 □4 □5 非常同意

AB2 我将经常使用基于数字孪生的图书馆智慧服务(使用次数多)

非常不同意 □1 □2 □3 □4 □5 非常同意

AB3 我将大量使用基于数字孪生的图书馆智慧服务(使用量大)

非常不同意 □1 □2 □3 □4 □5 非常同意